全国托育行业职业教育"十四五"创新教材

顾　问　丁　樱
主　审　王艳华　郝义彬　秦元梅
总主编　杨英豪

托育政策与法规

（供婴幼儿托育服务与管理专业高职生用）

主编　都　晓　高　建　吕　素

全国百佳图书出版单位
中国中医药出版社
·北 京·

图书在版编目（CIP）数据

托育政策与法规 / 杨英豪总主编；都晓，高建，吕素主编. —北京：中国中医药出版社，2023.12.（2025.8 重印）

全国托育行业职业教育"十四五"创新教材

ISBN 978-7-5132-8479-0

Ⅰ.①托… Ⅱ.①杨… ②都… ③高… ④吕… Ⅲ.①学前教育—教育政策—中国—职业教育—教材 ②学前教育—教育法—中国—职业教育—教材 Ⅳ.①G61 ②D922.161

中国国家版本馆 CIP 数据核字（2023）第 189474 号

中国中医药出版社出版

北京经济技术开发区科创十三街 31 号院二区 8 号楼

邮政编码 100176

传真 010-64405721

北京盛通印刷股份有限公司印刷

各地新华书店经销

开本 787×1092 1/16 印张 13.5 字数 282 千字

2023 年 12 月第 1 版 2025 年 8 月第 2 次印刷

书号 ISBN 978-7-5132-8479-0

定价 66.00 元

网址 www.cptcm.com

服 务 热 线 010-64405510

购 书 热 线 010-89535836

维 权 打 假 010-64405753

微信服务号 zgzyycbs

微商城网址 https://kdt.im/LIdUGr

官 方 微 博 http://e.weibo.com/cptcm

天猫旗舰店网址 https://zgzyycbs.tmall.com

全国托育行业职业教育"十四五"创新教材

《托育政策与法规》编委会

主　编　都　晓　高　建　吕　素

副主编　李淑敏　陈　思　孙东侠　李海涛

编　委　（按姓氏笔画排序）

王　龙　　王浩然　　王景辉　　吕　素

孙东侠　　李海涛　　李淑敏　　杨　飞

杨英豪　　汪启富　　陈　思　　金焕君

胡爱萍　　都　晓　　高　建　　蔡利松

序

　　随着社会的发展和人们生活水平的提高，托育服务已经成为一个重要的民生问题。提高托育服务的质量和水平直接关系到民生福祉，是关乎千家万户的大事，是国家人口战略的重要一环。为此，中共中央、国务院出台了一系列政策法规，如2021年6月，中共中央、国务院印发了《关于优化生育政策促进人口长期均衡发展的决定》，明确将发展普惠托育服务体系作为积极生育支持措施。

　　那么，我们应该如何落实好这一重大民生工程呢？在传统的托育服务中，人们往往只关注婴幼儿的日常生活照顾和基础知识传授，而忽略了儿童身心健康和医疗保健的需求。当今社会，千万个家庭希望托育服务能够提供更加全面、专业的医疗服务，实现医育融合。

　　医育融合，是国家主导的托育方向，也是新时代人民群众的迫切要求。紧跟国家政策，顺应时代呼唤，紧扣医育融合主题，为医疗级托育服务和管理提供智力保障，则是我们卫生健康工作者应该面对的问题。为此，杨英豪教授和他的团队组织编写了以医育融合为特色的全国托育行业职业教育"十四五"创新教材，则是在以实际行动回答和落实这一问题。

　　作为一名长期从事儿童疾病诊治、健康促进的医疗、教育、科研工作者，我为有这样的教材感到欣慰。这套教材不仅内容丰富、科学实用，而且紧贴实际需求，对于培养优秀医育融合的人才，提高托育服务的质量和水平具有重要的意义。

　　医育融合是未来托育服务的必然趋势，也是我们肩负的历史使命。我相信，在广大教育工作者和社会各界的共同努力下，一定能够培养出更多具备医学素养、掌握医疗技能、富有爱心和责任心的优秀托育人，为千家万户的儿童提供更好的托育服务。同时，我也希望社会各界在推广使用本套教材的过程中，能够积极探索、勇于创新，将理论知识与实践经验相结合，共同推动我国托育事业的发展和进步。

　　在这个充满机遇与挑战的时代，让我们携手共进、共同努力，为实现医育融合的托育服务与管理做出应有的贡献！

丁樱

2023 年 8 月于郑州

前　言

党的二十大报告指出："我们深入贯彻以人民为中心的发展思想，在幼有所育、学有所教、劳有所得、病有所医、老有所养、住有所居、弱有所扶上持续用力……建成世界上规模最大的教育体系、社会保障体系、医疗卫生体系……人民群众获得感、幸福感、安全感更加充实、更有保障、更可持续，共同富裕取得新成效。"

幼有所育，离不开优秀的人才。学历教育作为系统化培养人才的摇篮，需要一套专业的培养方案，而高质量的教材是支撑这个培养方案的核心。编写教材首先要立足于行业分类，基于行业大类为人才搭建行业理论结构，再依据行业分工进行能力内容建设。按照教育部专业分类，托育服务与管理属于医药卫生大类。依据这个原则，在人才理论结构上就要按医药卫生原理进行选择，并严格与早期教育等传统误区进行区分，从而进行内容建设。同时本专业在医药卫生大类下归属于健康促进小类，这决定了托育在医药卫生行业的分工，是服务于婴幼儿的健康促进。在这里，又产生了一个内容的定义，就是如何定义婴幼儿健康的内容。

教材编写团队就中华人民共和国成立以来国家卫生健康委员会发布的涉及婴幼儿健康领域的行业标准进行整理。引起我们关注的是2018年4月开始实施的《0岁～6岁儿童发育行为评估量表》，国家已经把婴幼儿智力发育作为健康指标之一，这就要求我们要把生理健康和智力健康的服务能力建设作为教材能力培养的内容之一。完成大量的概念化工作之后，我们基本确定了"以医药卫生大类为底层逻辑""以健康促进能力为培养要求""以身体发育和智力发育为服务内容""以服务能力和管理能力并重为培养目标"的教材编写纲领。

同时，在教材编写与课程设计中，我们坚持立德树人、全面发展，遵循职业教育规律和学生身心发展规律，把培育和践行社会主义核心价值观融入教育教学全过程，关注学生职业生涯，以专业课程衔接为核心，以人才培养模式创新为关键，坚持工学结合、知行合一，强化教育教学的实践性和职业性。在教材编写中，我们引入项目教学、案例教学、情景教学、工作过程导向教学等思维，进行内容结构设计。

最后，我们也关注通识性知识的纳入，特别强调与家庭沟通的技巧和方法、家园共育等方面的内容，这些内容可以帮助学习者更好地了解家庭需求，建立良好的合作关系。我们相信，这些通识性的知识将帮助托育服务提供者更好地应对多样化的需求和挑战。

在此，我们由衷地感谢所有参与编写此系列教材的专家和学者们！感谢国医大师、儿科专家丁樱教授担任本教材顾问！感谢王艳华教授、郝义彬教授、秦元梅教授担任本系列教材主审！正是他们的辛勤工作和无私奉献，使得本系列教材得以付印。同时，我们也要感谢国家卫生健康委员会、教育部等相关部门对托育服务与管理的重视和支持。正是有了这样的支持，我们才有动力为托育行业的发展做出更大努力。

最后，我们衷心希望这套教材能够为托育服务与管理领域的学习者提供有益的帮助。希望每位学习者在这套教材的引领下，能够不断提升自己的专业素养和能力水平，为托育行业的持续发展和进步做出积极的努力，为婴幼儿的健康和发展贡献自己的力量！

全国托育行业职业教育"十四五"创新教材编委会

2023 年 8 月

编写说明

　　政策指导为发展指路护航。坚强有力、精准明晰的政策引导，是发展的"指南针"，为"中国号"大船保驾护航。近年来，随着一对夫妻可以生育三个子女政策的放开，托育行业也迎来新的发展机遇。面对一个新行业的诞生，需要更深入地了解国家下发的政策，以制定适应托育行业发展的规划。

　　本教材在编写思路和内容编排上主要特色如下：

　　本教材整合了国家及相关部门下发的政策，每篇按照政策发布时间顺序详细展示了国家、地方等不同层面给予托育的帮助，能够让读者深入理解发展婴幼儿托育行业的重要意义，掌握婴幼儿托育现状、发展趋势以及解决问题相应的对策。

　　第一篇为普惠托育政策，主要内容为国家及地方为促进托育服务工作健康有序发展而做出的相应的普惠托育计划，以提高人民群众的获得感、幸福感、安全感。

　　第二篇为人才培养政策，主要内容为教育部、国家卫生健康委员会等部门发布的关于教育支持社会服务产业发展提高紧缺人才培养培训质量的意见，以加强托育服务人才队伍建设。

　　第三篇为从业管理政策，主要内容包括托育机构的专业化、规范化建设以及托育从业人员职业行为准则政策，以进一步加强对托育机构工作的指导，提高托育机构服务质量，保障婴幼儿安全健康成长。

　　第四篇为媒体报道选编，主要内容是各大媒体发布的有关地方托育现状的内容，以促进读者对全国各地托育服务有进一步的了解。

　　由于编者水平有限，难免存在不足之处，恳请广大读者提出宝贵意见，以便再版时修订提高。

本书编委会

2023 年 9 月

目 录

第一篇 普惠托育政策

国务院办公厅关于促进 3 岁以下婴幼儿照护服务发展的指导意见

国办发〔2019〕15 号

各省、自治区、直辖市人民政府，国务院各部委、各直属机构：

3 岁以下婴幼儿（以下简称婴幼儿）照护服务是生命全周期服务管理的重要内容，事关婴幼儿健康成长，事关千家万户。为促进婴幼儿照护服务发展，经国务院同意，现提出如下意见。

一、总体要求

（一）指导思想。以习近平新时代中国特色社会主义思想为指导，全面贯彻党的十九大和十九届二中、三中全会精神，按照统筹推进"五位一体"总体布局和协调推进"四个全面"战略布局要求，坚持以人民为中心的发展思想，以需求和问题为导向，推进供给侧结构性改革，建立完善促进婴幼儿照护服务发展的政策法规体系、标准规范体系和服务供给体系，充分调动社会力量的积极性，多种形式开展婴幼儿照护服务，逐步满足人民群众对婴幼儿照护服务的需求，促进婴幼儿健康成长、广大家庭和谐幸福、经济社会持续发展。

（二）基本原则。

家庭为主，托育补充。人的社会化进程始于家庭，儿童监护抚养是父母的法定责任和义务，家庭对婴幼儿照护负主体责任。发展婴幼儿照护服务的重点是为家庭提供科学养育指导，并对确有照护困难的家庭或婴幼儿提供必要的服务。

政策引导，普惠优先。将婴幼儿照护服务纳入经济社会发展规划，加快完善相关政策，强化政策引导和统筹引领，充分调动社会力量积极性，大力推动婴幼儿照护服务发展，优先支持普惠性婴幼儿照护服务机构。

安全健康，科学规范。按照儿童优先的原则，最大限度地保护婴幼儿，确保婴幼儿的安全和健康。遵循婴幼儿成长特点和规律，促进婴幼儿在身体发育、动作、语言、认知、情感与社会性等方面的全面发展。

属地管理，分类指导。在地方政府领导下，从实际出发，综合考虑城乡、区域发展特点，根据经济社会发展水平、工作基础和群众需求，有针对性地开展婴幼儿照护服务。

（三）发展目标。到2020年，婴幼儿照护服务的政策法规体系和标准规范体系初步建立，建成一批具有示范效应的婴幼儿照护服务机构，婴幼儿照护服务水平有所提升，人民群众的婴幼儿照护服务需求得到初步满足。

到2025年，婴幼儿照护服务的政策法规体系和标准规范体系基本健全，多元化、多样化、覆盖城乡的婴幼儿照护服务体系基本形成，婴幼儿照护服务水平明显提升，人民群众的婴幼儿照护服务需求得到进一步满足。

二、主要任务

（一）加强对家庭婴幼儿照护的支持和指导。

全面落实产假政策，鼓励用人单位采取灵活安排工作时间等积极措施，为婴幼儿照护创造便利条件。

支持脱产照护婴幼儿的父母重返工作岗位，并为其提供信息服务、就业指导和职业技能培训。

加强对家庭的婴幼儿早期发展指导，通过入户指导、亲子活动、家长课堂等方式，利用互联网等信息化手段，为家长及婴幼儿照护者提供婴幼儿早期发展指导服务，增强家庭的科学育儿能力。

切实做好基本公共卫生服务、妇幼保健服务工作，为婴幼儿家庭开展新生儿访视、膳食营养、生长发育、预防接种、安全防护、疾病防控等服务。

（二）加大对社区婴幼儿照护服务的支持力度。

地方各级政府要按照标准和规范在新建居住区规划、建设与常住人口规模相适应的婴幼儿照护服务设施及配套安全设施，并与住宅同步验收、同步交付使用；老城区和已建成居住区无婴幼儿照护服务设施的，要限期通过购置、置换、租赁等方式建设。有关标准和规范由住房城乡建设部于2019年8月底前制定。鼓励通过市场化方式，采取公办民营、民办公助等多种方式，在就业人群密集的产业聚集区域和用人单位完善婴幼儿照护服务设施。

鼓励地方各级政府采取政府补贴、行业引导和动员社会力量参与等方式，在加快推进老旧居住小区设施改造过程中，通过做好公共活动区域的设施和部位改造，为婴幼儿照护创造安全、适宜的环境和条件。

各地要根据实际，在农村社区综合服务设施建设中，统筹考虑婴幼儿照护服务设施建设。

发挥城乡社区公共服务设施的婴幼儿照护服务功能,加强社区婴幼儿照护服务设施与社区服务中心(站)及社区卫生、文化、体育等设施的功能衔接,发挥综合效益。支持和引导社会力量依托社区提供婴幼儿照护服务。发挥网格化服务管理作用,大力推动资源、服务、管理下沉到社区,使基层各类机构、组织在服务保障婴幼儿照护等群众需求上有更大作为。

加大对农村和贫困地区婴幼儿照护服务的支持,推广婴幼儿早期发展项目。

(三)规范发展多种形式的婴幼儿照护服务机构。

举办非营利性婴幼儿照护服务机构的,在婴幼儿照护服务机构所在地的县级以上机构编制部门或民政部门注册登记;举办营利性婴幼儿照护服务机构的,在婴幼儿照护服务机构所在地的县级以上市场监管部门注册登记。婴幼儿照护服务机构经核准登记后,应当及时向当地卫生健康部门备案。登记机关应当及时将有关机构登记信息推送至卫生健康部门。

地方各级政府要将需要独立占地的婴幼儿照护服务设施和场地建设布局纳入相关规划,新建、扩建、改建一批婴幼儿照护服务机构和设施。城镇婴幼儿照护服务机构建设要充分考虑进城务工人员随迁婴幼儿的照护服务需求。

支持用人单位以单独或联合相关单位共同举办的方式,在工作场所为职工提供福利性婴幼儿照护服务,有条件的可向附近居民开放。鼓励支持有条件的幼儿园开设托班,招收2至3岁的幼儿。

各类婴幼儿照护服务机构可根据家庭的实际需求,提供全日托、半日托、计时托、临时托等多样化的婴幼儿照护服务;随着经济社会发展和人民消费水平提升,提供多层次的婴幼儿照护服务。

落实各类婴幼儿照护服务机构的安全管理主体责任,建立健全各类婴幼儿照护服务机构安全管理制度,配备相应的安全设施、器材及安保人员。依法加强安全监管,督促各类婴幼儿照护服务机构落实安全责任,严防安全事故发生。

加强婴幼儿照护服务机构的卫生保健工作。认真贯彻保育为主、保教结合的工作方针,为婴幼儿创造良好的生活环境,预防控制传染病,降低常见病的发病率,保障婴幼儿的身心健康。各级妇幼保健机构、疾病预防控制机构、卫生监督机构要按照职责加强对婴幼儿照护服务机构卫生保健工作的业务指导、咨询服务和监督检查。

加强婴幼儿照护服务专业化、规范化建设,遵循婴幼儿发展规律,建立健全婴幼儿照护服务的标准规范体系。各类婴幼儿照护服务机构开展婴幼儿照护服务必须符合国家和地方相关标准和规范,并对婴幼儿的安全和健康负主体责任。运用互联网等信息化手段对婴幼儿照护服务机构的服务过程加强监管,让广大家长放心。建立健全婴幼儿照护服务机构备案登记制度、信息公示制度和质量评估制度,对婴幼儿照护服务机构实施动态管理。依法逐步实行工作人员职业资格准入制度,对虐童等行为零容忍,对相关个人和直接管理人员实行终身禁入。婴幼儿照护服务机构设置标准和管理规范由国家卫生健康委制定,各地据此做好婴幼儿照护服务机构核准登记工作。

三、保障措施

（一）加强政策支持。充分发挥市场在资源配置中的决定性作用，梳理社会力量进入的堵点和难点，采取多种方式鼓励和支持社会力量举办婴幼儿照护服务机构。鼓励地方政府通过采取提供场地、减免租金等政策措施，加大对社会力量开展婴幼儿照护服务、用人单位内设婴幼儿照护服务机构的支持力度。鼓励地方政府探索试行与婴幼儿照护服务配套衔接的育儿假、产休假。创新服务管理方式，提升服务效能水平，为开展婴幼儿照护服务创造有利条件、提供便捷服务。

（二）加强用地保障。将婴幼儿照护服务机构和设施建设用地纳入土地利用总体规划、城乡规划和年度用地计划并优先予以保障，农用地转用指标、新增用地指标分配要适当向婴幼儿照护服务机构和设施建设用地倾斜。鼓励利用低效土地或闲置土地建设婴幼儿照护服务机构和设施。对婴幼儿照护服务设施和非营利性婴幼儿照护服务机构建设用地，符合《划拨用地目录》的，可采取划拨方式予以保障。

（三）加强队伍建设。高等院校和职业院校（含技工院校）要根据需求开设婴幼儿照护相关专业，合理确定招生规模、课程设置和教学内容，将安全照护等知识和能力纳入教学内容，加快培养婴幼儿照护相关专业人才。将婴幼儿照护服务人员作为急需紧缺人员纳入培训规划，切实加强婴幼儿照护服务相关法律法规培训，增强从业人员法治意识；大力开展职业道德和安全教育、职业技能培训，提高婴幼儿照护服务能力和水平。依法保障从业人员合法权益，建设一支品德高尚、富有爱心、敬业奉献、素质优良的婴幼儿照护服务队伍。

（四）加强信息支撑。充分利用互联网、大数据、物联网、人工智能等技术，结合婴幼儿照护服务实际，研发应用婴幼儿照护服务信息管理系统，实现线上线下结合，在优化服务、加强管理、统计监测等方面发挥积极作用。

（五）加强社会支持。加快推进公共场所无障碍设施和母婴设施的建设和改造，开辟服务绿色通道，为婴幼儿出行、哺乳等提供便利条件，营造婴幼儿照护友好的社会环境。企业利用新技术、新工艺、新材料和新装备开发与婴幼儿照护相关的产品必须经过严格的安全评估和风险监测，切实保障安全性。

四、组织实施

（一）强化组织领导。各级政府要提高对发展婴幼儿照护服务的认识，将婴幼儿照护服务纳入经济社会发展相关规划和目标责任考核，发挥引导作用，制定切实管用的政策措施，促进婴幼儿照护服务规范发展。

（二）强化部门协同。婴幼儿照护服务发展工作由卫生健康部门牵头，发展改革、教育、公安、民政、财政、人力资源社会保障、自然资源、住房城乡建设、应急管理、税务、市场监管等部门要按照各自职责，加强对婴幼儿照护服务的指导、监督和管理。积极发挥工会、共青团、妇联、计划生育协会、宋庆龄基金会等群团组织和行业组织的作用，加强社会监督，强化行业自律，大力推动婴幼儿照护服务的健康发展。

（三）强化监督管理。加强对婴幼儿照护服务的监督管理，建立健全业务指导、督促检查、考核奖惩、安全保障和责任追究制度，确保各项政策措施、规章制度落实到位。按照属地管理和分工负责的原则，地方政府对婴幼儿照护服务的规范发展和安全监管负主要责任，制定婴幼儿照护服务的规范细则，各相关部门按照各自职责负监管责任。对履行职责不到位、发生安全事故的，要严格按照有关法律法规追究相关人员的责任。

（四）强化示范引领。在全国开展婴幼儿照护服务示范活动，建设一批示范单位，充分发挥示范引领、带动辐射作用，不断提高婴幼儿照护服务整体水平。

国务院办公厅

2019 年 4 月 17 日

附件：

促进 3 岁以下婴幼儿照护服务发展工作部门职责分工

发展改革部门负责将婴幼儿照护服务纳入经济社会发展相关规划。

教育部门负责各类婴幼儿照护服务人才培养。

公安部门负责监督指导各类婴幼儿照护服务机构开展安全防范。

民政部门负责非营利性婴幼儿照护服务机构法人的注册登记，推动有条件的地方将婴幼儿照护服务纳入城乡社区服务范围。

财政部门负责利用现有资金和政策渠道，对婴幼儿照护服务行业发展予以支持。

人力资源社会保障部门负责对婴幼儿照护服务从业人员开展职业技能培训。按规定予以职业资格认定，依法保障从业人员各项劳动保障权益。

自然资源部门负责优先保障婴幼儿照护服务机构和设施建设的土地供应，完善相关规划规范和标准。

住房城乡建设部门负责规划建设婴幼儿照护服务机构和设施，完善相关工程建设规范和标准。

卫生健康部门负责组织制定婴幼儿照护服务的政策规范，协调相关部门做好对婴幼儿照护服务机构的监督管理，负责婴幼儿照护卫生保健和婴幼儿早期发展的业务指导。

应急管理部门负责依法开展各类婴幼儿照护服务场所的消防监督检查工作。

税务部门负责贯彻落实有关支持婴幼儿照护服务发展的税收优惠政策。

市场监管部门负责营利性婴幼儿照护服务机构法人的注册登记，对各类婴幼儿照护服务机构的饮食用药安全进行监管。

工会组织负责推动用人单位为职工提供福利性婴幼儿照护服务。

共青团组织负责针对青年开展婴幼儿照护相关的宣传教育。

妇联组织负责参与为家庭提供科学育儿指导服务。

计划生育协会负责参与婴幼儿照护服务的宣传教育和社会监督。

宋庆龄基金会负责利用公益机构优势，多渠道、多形式参与婴幼儿照护服务。

两部门关于印发
《支持社会力量发展普惠托育服务专项行动实施方案
（试行）》的通知

发改社会〔2019〕1606 号

各省、自治区、直辖市及计划单列市、新疆生产建设兵团、黑龙江省农垦总局发展改革委、卫生健康委：

为深入学习贯彻习近平新时代中国特色社会主义思想和党的十九大精神，落实政府工作报告任务要求，深入实施《国务院办公厅关于促进 3 岁以下婴幼儿照护服务发展的指导意见》，激发社会力量参与积极性，着力增加 3 岁以下婴幼儿普惠性托育服务有效供给，国家发展改革委、国家卫生健康委共同起草形成了《支持社会力量发展普惠托育服务专项行动实施方案（试行）》（以下简称《实施方案》）。

现印发给你们，请各地按照《实施方案》及附件《支持社会力量发展普惠托育服务专项行动项目和资金管理办法（试行）》要求，在教育现代化推进工程专项下，认真做好项目前期准备工作，加强对《实施方案》实施的监督检查，确保建设质量，提高资金使用效益。

国家发展改革委
国家卫生健康委
2019 年 10 月 9 日

支持社会力量发展普惠托育服务专项行动实施方案（试行）

为深入学习贯彻习近平新时代中国特色社会主义思想和党的十九大精神，落实政府工作报告任务要求，深入实施《国务院办公厅关于促进 3 岁以下婴幼儿照护服务发展的指导意见》，充分发挥中央预算内投资示范带动作用和地方政府引导作用，激发社会力量参与积极性，着力增加 3 岁以下婴幼儿普惠性托育服务有效供给，拟在全国开展支持社会力量发展普惠托育服务专项行动，制定本方案。

一、总体思路

3 岁以下托育服务属于非基本公共服务范围，是地方政府事权，要坚持社会化发展托育服务，围绕"政府引导、多方参与、社会运营、普惠可及"，深入开展城企合作。

国家通过中央预算内投资，支持和引导城市政府［包括设区市、自治州和县（市、区）等，下同］系统规划建设托育服务体系。城市政府提供全方位政策支持清单。企业（含企业、事业单位、社会组织等，下同）提供普惠托育服务清单，向社会公开、接受监督。城企双方签订合作协议，扩大普惠性托育服务有效供给，满足家庭多层次、多样化托育服务需求，增强人民群众获得感、幸福感和安全感。

二、基本原则

（一）普惠导向。支持面向社会大众的普惠性托育服务项目，为婴幼儿家庭提供质量有保障、价格可承受、方便可及的托育服务。

（二）自愿参加。鼓励有积极性的城市自愿申报，鼓励信用好、有投资意愿的企业按照给定条件自愿申请，鼓励有资质的金融机构自愿参与。对企事业单位、营利非营利机构、国企民企、内资外资均一视同仁。

（三）竞争择优。优先考虑规划科学、基础扎实、政策力度大的城市；优先支持诚实守信、项目优质、专业能力强的企业；优先选择融资成本低、服务质量好的金融机构。

（四）安全规范。牢固树立安全意识，把婴幼儿安全和健康摆在最为突出的位置，严格执行相关法律法规。明确责任主体，做到建设和运营规范，监管到位，确保项目安全运行。

三、工作目标

建成一批具有带动效应、承担一定指导功能的示范性托育服务机构，社区托育服务骨干网基本完善，普惠性托位数量大幅增加，服务内容不断丰富，服务质量明显提升，对专业人才队伍建设支撑更加有力，对家庭科学养育指导能力持续增强，更多更好惠及婴幼儿家庭。

四、中央预算内投资支持方式及内容

国家通过中央预算内投资，重点支持以下两类托育服务设施建设。

一是承担一定指导功能的示范性托育服务机构。示范性托育服务机构具备托育服务功能，设置一定规模的普惠性托位，并提供托育从业人员培训、托育机构管理咨询、家庭养育指导和社区亲子服务等服务。示范性托育服务机构可以选址新建，也可利用早期教育指导中心、妇女儿童活动中心、妇女儿童之家、家庭教育指导服务中心、学前教育机构、计划生育服务机构、月子中心、家政服务公司等资源改扩建（含改建、扩建，下同）。

二是社区托育服务设施。通过新建、改扩建，支持一批嵌入式、分布式、连锁化、专业化的社区托育服务设施建设，提供全日托、半日托、计时托、临时托等多样化的普惠托育服务。支持在新建居住区等配建托育服务设施；支持在老城区和已建成居住区新建、改扩建托育服务设施；支持学前教育机构等通过新建、改扩建等方式提供托育服务。鼓励托育服务设施与社区服务中心（站）及社区文化、体育、养老等设施共建共享。

政府机关、企事业单位利用自有土地或设施新建、改扩建托育服务设施，并对社会开放普惠性托位的，也可纳入以上两类支持范围。

五、工作任务

（一）明确参与主体及责任

——城市政府负责制定托育服务体系建设规划（方案），研究出台土地、场所、人才培养、财税优惠、包容审慎监管等全方位政策支持清单，提出发展目标并谋划一批普惠性托育服务项目，明确项目类型、规模、投融资方式、服务人群、计划开工时间以及服务要求及监管方式等。

——企业负责落实投资、明确建设内容及运营方案，并可通过自营、委托运营等方式提供普惠性托育服务。

城企双方签订合作协议，城市政府参照《地方政府支持政策清单》（附件1），明确政策支持具体内容，并确保优惠政策落实到位。《地方政府支持政策清单》分为必选项和自选项，必选项是城市申报专项行动的必要条件，自选项是专项行动择优遴选试点城市的重要参考依据，自选政策越多、政策含金量越高的城市优先纳入试点范围。

企业要参照《企业责任承诺清单》（附件2），明确普惠性托育服务具体内容，向社会公开、接受监督。参与企业有义务按照要求向政府有关部门报送进展情况。

（二）明确参与流程

——项目申报。有意愿的城市政府向省级发展改革委报送项目，提交政策承诺函。省级发展改革委牵头会同卫生健康委（或省政府明确的行业主管部门）组织审核后，按程序报送国家发展改革委，并抄送国家卫生健康委。建设项目具体要求按《支持社会力量发展普惠托育服务专项行动项目和资金管理办法（试行）》（附件3）执行。

——中央预算内投资适当补助。采用补助的方式，对于承担一定指导功能的示范性托育服务机构、社区托育服务设施，中央预算内投资按每个新增托位给予1万元的补助。

——资金下达。地方项目采用切块下达的方式，支持已开工或当年拟开工项目，即"XX省XX年支持社会力量发展普惠托育服务项目"，将中央预算内投资下达到相关省份，由省份在收到下达通知书20个工作日内将资金分解到具体项目。

——项目管理。城市政府对每个项目都要现场调研、查验，确保项目建设保时、保量、保质、保真，实施过程中的重大问题及时报省级和国家发展改革委、卫生健康委。城市政府需于参加专项行动当年年底前，完成本地区托育服务体系建设规划（方案）编制并报国家发展改革委备案。

（三）支持措施

——金融支持。形成金融机构推荐名单并实行动态管理，与国家发展改革委签订备忘录，对参与专项行动的托育机构提供普惠金融服务。

——信用评价。引入第三方信用服务机构，依托全国信用信息共享平台、国家企业信用信息公示系统和地方各级信用信息平台，整合公共信用信息和市场信用信息，对托育服务机构开展公共信用综合评价。推动实施托育服务行业守信联合激励和失信联合惩戒，建立托育服务机构及从业人员"黑名单"制度。

——试点示范。2020 年开展专项行动试点，参与试点城市要依托示范性托育服务机构和社区托育服务设施建设，充分吸引社会力量广泛参与，强化政策支持和服务监管，扩大托育服务有效供给。在试点基础上，遴选支持社会力量发展普惠托育服务重点联系城市，通过现场经验交流、典型案例征集等形式，及时总结推广典型经验和先进做法。

六、附则

本方案自公布之日起实施，根据实际情况适时调整。

附件：1. 地方政府支持政策清单
        2. 企业责任承诺清单
        3. 支持社会力量发展普惠托育服务专项行动项目和资金管理办法（试行）

附件 1

地方政府支持政策清单

严格落实中央支持政策，例如根据《关于养老、托育、家政等社区家庭服务业税收优惠政策的公告》（财政部 税务总局 发展改革委 民政部 商务部 卫生健康委公告 2019 年第 76 号），对社区托育服务落实税收优惠和费用减免政策。同时，在本辖区范围内明确地方具体支持政策如下。

一、必选项

（一）土地、规划政策

1. 允许教育、医卫、福利、商服等用地类别用于发展托育服务，纳入国土空间规划和年度用地指标，区分营利性和非营利性，优先安排土地利用计划。

2. 对符合《划拨用地目录》的非营利性托育用地，可采取划拨方式予以保障。对不符合《划拨用地目录》的托育用地，以有偿使用方式予以保障，其有偿使用底价按教育、医卫、福利等用地评估价评估后确定。出让方式取得的土地可以抵押，在符合不改变土地用途等相关规定下，若原企业退出，可由其他具备相关资质的托育企业承担。

3. 在新建居住区规划、建设托育服务设施及配套安全设施，与住宅同步验收、同步交付使用。

4. 创造条件允许在不调整规划的情况下，由企业利用城镇现有闲置且符合卫生、防护等标准的设施进行改造建设，举办托育服务机构。涉及土地手续的，可先建设后变更土地使用性质。

（二）报批建设政策

5. 依法简化社区托育服务登记备案程序，建立多部门开办手续一站式办理的绿色通道，切实缩短企业办证时间。

6. 对于托育企业开展连锁化、专业化服务的，在协议明确范围内开设单个服务实体，在登记部门实行备案制，不再单独报批，可合并到总公司统一纳税。

（三）人才支持政策

7. 推进高等院校和职业院校开设托育人才培养专业，培育相关管理、技术技能型应用人才。

8. 将托育从业人员列入急需紧缺职业（工种）目录和政府补贴性培训目录，把育婴员、保育员等托育从业人员纳入当地政府职业技能培训计划，按规定落实职业培训补贴、职业技能鉴定补贴。

（四）卫生、消防等支持政策

9. 卫生健康部门及其医疗、卫生、保健机构对辖区内托育机构进行管理和医疗、儿童保健、膳食营养、疾病防控等技术指导，为托育从业人员培训提供技术支持。托育机构可作为儿科等相关医护人员基层服务定点单位，服务时长作为基层服务时间，在医护人员申报专业技术高级职称时作为评分条件使用。

10. 做好托育机构消防审批服务，建立工作机制，对试点项目采用一事一议，提高审批效能。

（五）普惠托育服务价格

11. 按照质量有保障、价格可承受、方便可及的普惠性导向，综合考虑当地居民收入水平、服务成本、合理利润等因素，通过市场形成普惠托育服务价格。具备招标条件的，通过招标方式确定价格水平；不具备招标条件的，与企业通过协商确定价格水平。

（六）监督管理政策

12. 建立项目长期跟踪监管机制，原则上要确保支持项目长期可持续运营。因故确需退出的，应由其他托育机构承接。

二、自选项

（一）土地、规划政策

1. 提供公租房免费用于发展托育服务。

2. 可使用村集体建设用地用于托育机构建设，由企业与村集体约定土地使用和利益分配方案。

3. 鼓励支持采取政府和社会资本合作（PPP）方式的项目，发展普惠托育服务。

4. 人员密集地区的国有营业场地优先用于托育机构建设，纳入当地公共资源交易平台，限定租赁用途，以较低的租赁价格提供给托育服务机构，营业场地的租赁期限一般约定在10年及以上。

（二）报批建设政策

5. 对于利用老旧建筑改造为托育设施，采取"一事一议"的方式，简化规划等前期手续，加快办理施工许可证。

6. 充分利用社区资源，协调设置室外活动场地。

（三）财税补贴政策

7. 采取建设补贴、运营补贴或者以奖代补等形式支持普惠性托育机构发展。

8. 托育机构用电、用水、用气、用热按居民生活类价格执行；托育机构申请办理电、水、气、热等业务，实行限时办结制度。

9. 将托育从业人员相关技能培训项目列入职业技能培训补贴目录。

（四）金融支持政策

10. 协调地方金融机构为试点项目建设创新服务，提供低息贷款。

11. 将托育服务项目纳入政府出资或参股的融资担保机构的支持范围。

12. 鼓励商业保险机构开发托育机构综合责任保险。

（五）其他支持政策

13. 鼓励中心城区范围内的商务楼宇综合设置普惠托育机构，并合理延展租赁期，保障托育机构可持续运行。

14. 完善运营补贴、生均经费等优惠政策，支持存量托育机构发展普惠托育服务。

15. 有助于普惠托育发展的其他政策。例如，鼓励发展婴幼儿储蓄等支持婴幼儿健康成长的金融创新等。（请注明）

附件 2

企业责任承诺清单

一、必选项

1. 严格执行托育管理的相关政策和规范。

2. 承担一定指导功能的示范性托育服务机构科学测算年度培训任务、社区亲子活动和家庭托育指导任务，制定年度计划，并接受相关部门考核。

3. 确保将政府提供的托育用地或用房用于托育机构建设，不用于其他用途。

4. 按照质量有保障、价格可承受、方便可及的普惠性导向，综合考虑当地居民收入水平、服务成本、合理利润等因素，通过市场形成普惠托育服务价格。招标情况下，通过投标竞争方式确定价格水平；非招标情况下，与城市政府通过协商确定价格水平。

5. 严格按照相关政策要求使用补贴，确保各类补贴政策精准执行。

6. 建立安全制度，确保人身、食品、消防安全。

7. 强化诚信建设。

8. 加强从业人员管理，建立从业人员档案管理体系，完善从业人员评价制度，加强从业人员职业道德教育。

9. 符合《托育机构设置标准（试行）》《托育机构管理规范（试行）》要求。

10. 建立本机构托育服务日常管理制度和工作规范，提高服务能力，保障服务质量。

二、自选项

1. 承担一定指导功能的示范性托育服务机构协助地方政府建立家庭保育支持体系。

2. 丰富服务内容，根据需求提供个性化、多样化的托育服务等。

3. 为社区提供婴幼儿健康营养讲座、科学照护讲座等公益性服务。

4. 针对有特殊需求的婴幼儿及其家庭，提供个性化托育服务或家庭托育咨询。

5. 遵循婴幼儿成长特点和规律，促进婴幼儿在身体发育、动作、语言、认知、情感与社会性等方面的全面发展。

6. 建立从业人员职业上升通道。

7. 企业可采取的有助于促进普惠托育发展的其他措施（请注明）。

附件 3

支持社会力量发展普惠托育服务专项行动项目和资金管理办法（试行）

第一章　总则

第一条　为规范支持社会力量发展普惠托育服务专项行动实施方案（以下简称"实施方案"）项目和投资管理，加强组织实施，提高中央预算内投资使用效益，依据国家有关法律法规和《中央预算内投资补助和贴息项目管理办法》（国家发展和改革委员会令第 45 号，以下简称"45 号令"）等要求，制定本办法。

第二条　根据实施方案，2020 年开展专项行动试点，选择积极性高、前期基础扎实的城市择优实施项目建设，并可根据中央预算内投资安排情况和项目执行情况展期实施。

第三条　实施方案覆盖范围包括各省、自治区、直辖市及计划单列市，新疆生产建设兵团，黑龙江省农垦总局（以下简称"各省"）。

第四条　实施方案旨在增加普惠性托育服务供给，为婴幼儿家庭提供质量有保障、价格可承受、方便可及的托育服务，逐步形成布局合理、设施完善、服务便捷、保障有力的普惠托育服务体系。

第二章　管理职责和工作程序

第五条　国家发展改革委会同国家卫生健康委负责编制实施方案、制定项目和资金管理办法、组织实施和监督检查。

第六条　城市政府根据实施方案要求，进行项目储备，明确项目类型、规模、投融资方式、服务人群及计划开工时间等，并将符合条件的项目纳入三年滚动投资计划，列入国家重大建设项目库。

第七条　城市政府根据托育服务体系建设整体规划、合作协议向省级发展改革部门报送项目，经省级发展改革部门牵头会同卫生健康部门（或省级政府明确的行业主管部门）审核后向国家发展改革委报送中央预算内投资年度资金申请文件和项目；国家发展改革委按建设程序下达年度投资计划。

第八条　中央预算内投资采取切块下达的方式，由国家发展改革委下达到省级发展改革部门。投资计划一经下达，原则上不再调整。执行过程中确需调整的，由各省发展改革部门做出调整决定并报国家发展改革委备案。

第九条　各省发展改革部门是资金分解下达的责任主体，城市政府是项目申报、实施过程监管的责任主体。各省发展改革部门将中央预算内资金安排到具体项目的权力不得下放，需在收文后20个工作日内将资金分解到具体项目，分解下达投资计划时要明确项目建设地点、建设规模、建设工期及配套投资比例和数额，并向国家发展改革委报送备案文件；城市政府要加强对项目推进全过程监督与管理。

第三章　支持范围和遴选方式

第十条　通过中央预算内投资，重点支持两类托育服务设施建设项目：

一是承担一定指导功能的示范性托育服务机构。示范性托育服务机构具备托育服务功能，设置一定规模的普惠性托位，并提供托育从业人员培训、托育机构管理咨询、家庭养育指导和社区亲子服务等。示范性托育服务机构可以选址新建，也可利用早期教育指导中心、妇女儿童活动中心、妇女儿童之家、家庭教育指导服务中心、学前教育机构、计划生育服务机构、月子中心、家政服务公司等资源改扩建（含改建、扩建，下同）。

二是社区托育服务设施。通过新建、改扩建，支持一批嵌入式、分布式、连锁化、专业化的社区托育服务设施建设，提供全日托、半日托、计时托、临时托等多样化的普惠托育服务。支持在新建居住区等配建托育服务设施；支持在老城区和已建成居住区新建、改扩建托育服务设施；支持学前教育机构等通过新建、改扩建等方式提供托育服务。鼓励托育服务设施与社区服务中心（站）及社区文化、体育、养老等设施共建共享。

政府机关、企事业单位利用自有土地或设施新建、改扩建托育服务设施，并对社会开放普惠性托位的，也可纳入以上两类支持范围。

第十一条　项目遴选基本条件包括：

（一）项目要符合国土空间规划及社会事业发展规划要求，与当地人口、土地、环境、交通等实际状况相适宜，选址布局科学合理。

（二）项目建设必须符合国家有关法律法规要求，执行环境保护、节约土地、安全管理、节约能源等有关方面的规定。

（三）项目要符合 45 号令以及中央预算内投资管理的有关规定，已经开工建设或前期工作准备成熟，投资计划下达后当年即可开工建设，配套资金足额落实。

（四）项目要按照《国家发展改革委办公厅关于使用国家重大建设项目库加强项目储备编制三年滚动投资计划有关问题的通知》（发改办投资〔2015〕2942 号）要求，做好与三年滚动投资计划的衔接，并录入重大建设项目库。

第四章　项目建设要求和补助标准

第十二条　对于承担一定指导功能的示范性托育服务机构和社区托育服务设施，中央预算内投资按每个新增托位给予 1 万元的补助。

托育服务设施建设的功能布局、参数设置等应按照《托育机构设置标准（试行）》和抗震、防火、防洪等国家相关标准的规定执行，并可参考《托儿所、幼儿园建筑设计规范》（JGJ39）的规定。

第五章　资金安排原则和使用管理

第十三条　各省发展改革委要根据项目前期深度，优先遴选符合支持条件且前期成熟的项目纳入中央预算内投资支持范围。按照在建和开工前阶段（包括施工许可、施工合同签订、施工招投标等）、规划许可阶段（包括建设工程规划许可、建设用地规划许可、确定规划设计方案等）以及取得国有建设用地使用权阶段（包括土地出让合同或划拨决定书等）梯次对项目排序。具体项目申报程序，区分不同建设主体，按照原有规定管理。国家发展改革委按照项目成熟度，统筹考虑区域、人口等因素进行平衡。

第十四条　中央预算内投资实行专款专户管理，防止转移、侵占或者挪用，确保中央预算内资金的合理使用和项目建设顺利实施。

第十五条　中央预算内投资用于计划新开工或者在建项目，不得用于已完工项目。同一项目不得重复申请不同专项资金。

第六章　监督管理

第十六条　城市政府要对项目资金使用、实施效果负总责。应当加强项目的监督管理，采取事前、事中、事后相结合，日常监督和专项监督相结合的方式，对项目建设资金使用实施全过程监督管理。

第十七条　建设项目要严格执行项目法人责任制、招标投标制、工程监理制和合同管理制等建设管理法规，项目设计单位和施工单位必须具有相应资质，做到公平、公正、公开、透明。各地要加强项目竣工验收，适时将年度投资计划、竣工验收情况上报国家发展改革委。

第十八条　各地要定期对项目质量、进度、资金使用情况等进行监督检查，及时解决建设过程中存在的问题，确保建设项目保质保量如期完成。国家发展改革委会同国家卫生健康委适时对普惠托育项目执行情况进行监督检查。

第十九条 各地要通过投资项目在线审批监管平台（重大建设项目库模块）于每月10日前对项目年度投资计划执行情况进行调度，及时填报项目开工情况、投资完成情况、工程形象进度等数据。

第二十条 项目申报单位（省级发展改革部门）有下列行为之一的，国家发展改革委可根据情节，在一定时期和范围内不再受理其报送的资金申请报告，或者核减、收回或停止拨付中央预算内投资并予以通报。

（一）指令或授意项目单位提供虚假情况、骗取投资补助资金的；

（二）对申报项目审核不严，造成投资补助资金损失的；

（三）对于切块下达的年度投资计划分解和安排出现拖延或严重失误的；

（四）所在地区项目存在较多问题且督促整改不到位的；

（五）未按要求通过线审批监管平台报告相关项目信息的；

（六）其他违反国家法律法规的行为。

第二十一条 参与城市有下列行为之一的，国家发展改革委可根据情节，取消其专项行动试点城市资格，并在一定时期内不接受其参与申请。

（一）未按时制定托育服务体系建设整体规划的；

（二）未按时提交政策支持承诺函或违反承诺的。

第二十二条 参与企业有下列行为之一的，国家和省级发展改革部门可责令其限期整改；拒不整改或整改后仍不符合要求的，应当核减、收回或停止拨付投资补助资金，暂停受理其申报项目申请，将相关信息纳入全国信用信息共享平台和在国家企业信用信息公示系统依法公示，并视情节轻重提请或移交有关机关依法追究有关责任人的责任。

（一）提供虚假情况，骗取投资补助资金的；

（二）转移、侵占或者挪用投资补助资金的；

（三）擅自改变主要建设内容和建设标准的；

（四）项目建设规模、标准和内容发生较大变化而不及时报告的；

（五）无正当理由未及时建设实施的；

（六）拒不接受依法进行的稽查或者监督检查的；

（七）未按要求通过在线平台报告相关项目信息的；

（八）其他违反国家法律法规的行为。

第七章 附则

第二十三条 本办法由国家发展改革委负责解释。

第二十四条 本办法自发布之日起施行，有效期为2年。

上海市人民政府办公厅关于印发
《上海市托育服务三年行动计划（2020—2022年）》
的通知

沪府办发〔2020〕6号

各区人民政府，市政府有关委、办、局：

《上海市托育服务三年行动计划（2020—2022年）》已经市政府同意，现印发给你们，请认真按照执行。

上海市人民政府办公厅

2020年8月29日

上海市托育服务三年行动计划（2020—2022年）

托育服务事关婴幼儿健康成长，事关千家万户。为深入贯彻《国务院办公厅关于促进3岁以下婴幼儿照护服务发展的指导意见》（国办发〔2019〕15号），促进本市托育服务工作健康有序发展，制定本行动计划。

一、指导思想

以习近平新时代中国特色社会主义思想为指导，深入贯彻党的十九大和十九届二中、三中、四中全会精神以及习近平总书记视察上海重要讲话精神，践行"人民城市人民建，人民城市为人民"的重要理念，坚持政府引导、家庭为主、多方参与，以满足多层次、多元化、有质量的托育服务需求为导向，加快构建上海托育服务体系，有效推进上海"幼有善育"工作的整体进程。

二、发展目标

（一）总体目标

建设完善托育服务供给体系、管理体系、队伍建设体系和质量保障体系。扩大托幼一体规模，建立以社区为依托、机构为补充、普惠为主导的资源供给体系，完善规范有序、行业自律、合力共治的管理体制，打造一支素质优良、结构合理的托育服务队伍，构建教养医结合的专业化服务模式，提供多种形式的高质量科学育儿指导，努力让人民群众获得普惠、安全、优质的托育服务。

（二）发展要求

1. 合理布局，增加供给。以托幼一体为主，落实每年"新增 50 个普惠性托育点"市政府实事项目。到 2022 年，在中心城区每个街镇至少开设 1 个普惠性托育点的基础上，非中心城区街镇按照人口结构和服务需求布点，基本满足市民需求，全市街镇普惠性托育点覆盖率不低于 85%。在有条件的公办幼儿园开设托班，鼓励民办幼儿园开设普惠性托班，托幼一体园所在公民办幼儿园总量中占比不低于 50%。鼓励社会力量建设各类托育资源，满足适龄幼儿家庭多元化的入托需求。每个街镇配备 1 个家庭科学育儿指导站。全市每年至少建成 50 个具有示范效应的儿童友好社区示范点，实现各区至少 1 个、全市不少于 18 个儿童早期发展基地的建设目标。

2. 规范管理，协同共治。完善市—区—街镇三级联动的综合管理网络。各级托幼和学前教育工作联席会议每年开展对各项托育服务政策落实情况的督查。各相关部门形成对托育机构设点布局精准排摸的常态工作制度。各区、街镇每月对辖区内托育机构安全防控和卫生保健等项目开展"双随机"检查指导，每年对每个机构至少实地巡查指导 1 次。

3. 加强培训，完善队伍。在各高校和职业院校试点建设 3～5 个托育服务相关专业（方向）。完善托育从业人员职前职后一体化培养培训体系，实现从业人员持证上岗率达 100%，落实每年不少于 72 课时的综合技能培训、不少于 40 课时的职业道德教育。每年为托育服务培训人员、科学育儿指导服务培训人员提供至少 1 次专业培训。

4. 教养医结合，保障质量。印发《上海市 0—3 岁儿童发展指南》和《上海市托育机构一日活动方案》。每年为每个有需求的常住人口新生儿家庭提供至少 1 次上门指导。融合教育、医学、心理三大领域，每年举办 2 场市级、16 场区级线下科学育儿指导活动，各家庭科学育儿指导站为有需求的适龄婴幼儿家庭提供每年不少于 6 次的线下指导服务，线上科学育儿指导服务对有需求的适龄婴幼儿家庭全覆盖。建成一批具有示范效应的托育服务机构。

三、主要措施

（一）增加托育资源供给，丰富托育服务类型

1. 拓展普惠托育资源。积极推进托幼一体，新建和改扩建幼儿园原则上都要开设托班，尚未开设托班的公办幼儿园要积极创造条件增设托班，鼓励民办幼儿园开设普惠性托班。鼓励各区政府、街镇通过提供场地、减免租金等政府补贴措施，支持社区、企事业单位、园区、商务楼宇等多元主体开设公益普惠的托育点。

2. 发展多元托育服务。鼓励引导企事业单位、社会组织或个人单独或联合举办一批连锁化、专业化、高品质的托育服务机构，按需提供全日制、半日制、计时制等多元化服务。充分发挥社区服务功能，整合社区综合资源。落实家庭科学育儿指导服务进社区，发挥街镇家庭科学育儿指导站的作用。在街镇设立儿童服务中心，在社区内普遍设立独立儿童之家，打造环境安全、设施齐全、服务专业的 15 分钟社区托育服务圈，提供嵌入式、菜单式、分龄式的多元托育服务。

（二）健全管理规范体系，推动托育行业发展

1.完善综合管理机制。进一步完善托育服务的法规政策和标准规范体系。市有关部门制定各类托育机构全过程管理细则，明确各项优惠政策的实施办法，建立完备的风险预警和应急处理机制。行业协会等社会组织协调完成托育市场调研和需求研判，提供规划建议，约定依法诚信服务准则。各区街道办事处、乡镇政府依托各级托幼和学前教育工作联席会议实施联合执法，组织安全、卫生工作等专项检查，鼓励社会协同治理，保障托育行业规范有序发展。

2.制定机构管理规范。制定《上海市托育服务机构日常管理指南》，规定食药品安全、卫生保健、房屋场地、设施设备、消防安全、收费规范等方面的标准和管理要求。制定《上海市托育服务从业人员管理细则》，确定各类托育机构的人员配置要求，规范从业人员劳动聘用关系、社保缴纳、任职资格、外籍人员聘用标准、培训要求、考核办法及奖惩措施等方面的管理。

3.建立常态监测制度。升级改造上海市3岁以下幼儿托育服务信息管理平台，完成多部门数据互联互通，对托育机构的申办过程、综合监管、信息公开、诚信记录、人员信息、业务数据及质量评估结果进行信息化管理，实现信息及时更新和公示。各区托育服务指导中心视频监控系统与辖区内托育机构对接，及时了解机构运营情况，实现技术支撑下的有效监管。

4.研究配套支持政策。全面落实产假政策，鼓励用人单位采取灵活安排工作时间等积极措施，为家庭养育创造条件。支持脱产居家养育婴幼儿的父母重返工作岗位，并为其提供信息服务、就业指导和职业技能培训。

（三）加强专业培养培训，打造托育服务队伍

1.严格人员准入标准。研制托育从业人员职业资格准入标准与行为规范，对虐童等行为零容忍，对相关个人和直接管理人员实行终身禁入。建立从业人员资格审查机制和过程考核机制，所有从业人员均需持证上岗。

2.贯通职前职后培养。在有条件的高校和职业院校试点设立托育服务相关专业（方向），以培养育婴、保育、保健及托育管理等专业人才为目标，合理设置专业课程和教学内容。指导设有学前教育、健康护理等相关专业的高校和职业院校增开托育服务课程。高校、职业教育机构、社会培训机构与开放大学系统等形成合力，建立托育从业人员职前职后培训联盟和实训中心。每年为托育从业人员提供专业培训，课程内容包括职业道德、职业规范、职业技能、安全防范、心理健康等。建设培训资源库，构建线上线下相结合的从业人员一体化培养培训体系。

3.保障人员专业发展。联合行业协会建立托育从业人员岗位分级发展制度，研究打通托育服务与学前教育职业资格通道。通过多种方式，为托育服务培训人员、科学育儿指导服务培训人员等培训实施者提供专业培训。鼓励相关社会团体发布托育机构从业人员市场工资指导价，确保托育机构从业人员依法纳入社保体系。

4.提升家庭带养能力。家庭是婴幼儿托育的主要场所，家庭带养人是托育队伍的重要组成部分。为婴幼儿家庭开展新生儿访视、膳食营养、生长发育、预防接种、安全防

护、疾病防控等服务，提供各类公益性科学育儿资源，开发隔代养育课程，助力父母和祖辈成为会照料、会抚爱、会陪玩、会倾听、会沟通、会放手、会等待的"七会"合格家长。

（四）深化教养医结合，提高托育服务质量

1. 制定机构服务规范。依据《上海市0—3岁儿童发展指南》和《上海市托育机构一日活动方案》，指导托育机构树立科学的儿童观和育儿观，实现从入园到离园全过程操作与管理的规范化。制定公共卫生、消防安全、急症救治等突发事件应急预案，做好应急演练，确保婴幼儿健康安全。

2. 提供教养医结合服务。完善《上海市母子健康手册》，实现常住人口婴幼儿家庭发放全覆盖。全面开展"健康家庭——优生优育社区行"宣传指导服务，帮助家庭认识儿童早期发展各方面的影响因素，促进婴幼儿成长环境和养育方式的改进。提供齐全、连续、规范的医疗保健服务，统筹组织医疗保健机构等联动开展儿童早期发展基地创建申报工作。立足社区、面向家庭，配送科学育儿指导资源包，试点教养医结合指导服务。

3. 建立质量评价机制。制定托育机构服务质量评估办法和评价指标，强调对服务过程的评估与监测，形成动态的质量评价和分析反馈机制。通过机构自评、同行互评、委托评估等方式，评选出一批具有示范效应的优质托育机构。定期采集婴幼儿发展和健康数据，形成儿童早期发展质量分析报告。

4. 加强科学育儿指导。继续开展"育儿加油站""亲子嘉年华"等线下科学育儿指导公益活动，为本市有需要的适龄婴幼儿家庭提供面对面科学育儿指导服务。整合各类资源，建设与完善线上科学育儿指导公益平台，精准推送线上科学育儿资源，实现本市有需要的适龄婴幼儿家庭全覆盖。研制科学育儿资源包，在市、区早教指导中心和儿童早期发展基地应用，并通过教养医结合上门指导、在社区服务中心和儿童接种场所现场指导、科学育儿线下活动等多种方式积极推广。

5. 扩大国际交流合作。通过举办国际交流论坛、组织专题培训班等方式，开展相关项目合作。加强与境外有关托育服务机构、培训机构、研究机构的交流，分享借鉴国际托育服务的先进理念和专业经验，扩大托育服务队伍的国际视野，对标全球一流水平，提升上海托育服务的整体质量。

四、保障机制

（一）强化统筹协调

健全市、区两级托幼和学前教育工作联席会议制度，定期召开联席会议，建立跨部门合作的协调机制。将托育服务工作纳入经济社会发展相关规划，托育服务三年行动计划的落实情况纳入对区政府履行教育职责督导评估，关键指标纳入年度自评公报，确保实现托育服务工作各项目标。

（二）优化经费投入

将托育服务工作管理所需经费等纳入各级政府财政预算，落实托育机构综合奖补制

度。加大对开设托班的公办园所生均经费、编制等方面的保障力度。托育服务从业人员参加保育员、育婴员等项目培训并鉴定合格的，可按照紧缺培训补贴项目规定标准，给予培训费补贴。对符合条件的托育机构，予以享受相关的税收优惠政策。

（三）加强宣传引导

积极开展多视角、多渠道、多形式宣传，引导更多的资源和力量投入支持托育服务工作。传播科学育儿理念，宣传托育服务工作中的先进经验和示范典型，营造全社会共同关心重视托育服务工作的氛围。

上海市实施全国首个托育服务行动计划：
到 2022 年，力争全市一半以上的幼儿园都开设托班

上海市政府新闻办（9 月 16 日）举行上海市政府新闻发布会，上海市副市长陈群介绍了《上海市托育服务三年行动计划（2020—2022 年）》主要内容，市教委主任王平、市财政局副局长金为民、市卫生健康委二级巡视员张梅兴出席发布会，共同回答记者提问。

（一）制定托育服务三年行动计划，是加快实现"幼有善育"目标的重要举措。

3 岁以下幼儿是"社会最柔软的群体"。做好托幼工作事关幼儿的健康成长，事关广大家庭的切身利益，事关城市生活品质的提升。上海市委、市政府高度重视和关心少年儿童的健康成长，坚持把做好托育服务工作作为保障和改善民生的重中之重。近年来，上海在全国率先发布了托育服务工作"1+2"文件，构建形成了以"两个坚持"为基本特征的托育服务工作格局。各级早教中心常年为幼儿家庭提供 6 次以上免费线下育儿指导服务，并负责把线上科学育儿指导资源推送到每位幼儿家长手中。

随着"二孩"政策的全面施行，上海市人口规模和结构正在发生变化，市民群众对多元化的家庭育儿指导、普惠型托育服务的需求变得更为迫切。今年 6 月，上海市委出台的《关于深入贯彻落实"人民城市人民建，人民城市为人民"重要理念，谱写新时代人民城市新篇章的意见》，把促进"幼有善育"作为进一步提升城市温度、实现品质生活的重要抓手，赋予了托育服务工作新的时代内涵和使命责任。为此，教育、卫生健康、财政等部门共同制定了《上海市托育服务三年行动计划（2020—2022 年）》，现已经由市政府办公厅印发实施，这是上海市实施的第一轮托育服务三年行动计划，也是全国

首个托育服务行动计划，这份文件将从制度层面夯实上海托育服务工作的发展基础。

（二）聚焦两大关键领域，进一步增强托育资源供给、完善托育服务体系。

《三年行动计划》围绕加强普惠性托育资源供给和促进育儿指导"教养医"结合两大领域，明确了许多针对性举措，我们将以此为指导，持续增强托育服务供给，完善托育服务体系，不断满足市民群众多层次、多元化的托育服务需求。

一方面，继续扩大普惠性托育服务资源供给。社会上对安全、普惠、优质的托育服务一直有着旺盛的需求。对此，上海市将用3年左右时间，进一步整合优质资源，动员社会力量，持续扩大托育服务资源供给。一是大力推进普惠性托育点建设。2017年起，上海市连续多年把普惠性托育点建设纳入市政府实事项目，每年新增50个普惠性托育点。未来3年，我们将坚持这一做法，继续开展每年新增至少50个普惠性托育点的实事项目，并在此基础上，鼓励各区政府、各街镇通过提供场地、减免租金等政府补贴措施，支持社区、企事业单位、园区、商务楼宇等开设公益普惠托育点，力争到今年年底，实现中心城区"一街镇一普惠"工作目标，到2022年底，实现全市街镇普惠性托育点覆盖率不低于85%的目标。二是坚持托幼一体化方向增加托育服务供给。早在上世纪90年代，上海就开始在有条件的幼儿园开展托幼一体化工作，多年来形成了许多好经验、好做法。《三年行动计划》坚持托幼一体化方向，并明确了新的目标，即：到2022年，力争全市一半以上的幼儿园都开设托班。为此，公办幼儿园将在满足常住人口幼儿入园需求的基础上，增加或腾出一定的学位资源用于开办托班。同时，我们还将通过加强政策引导，鼓励支持更多的民办幼儿园举办托班，向社会提供更多的普惠性托额。三是加强多元化托育服务资源供给。落实综合奖补制度和税收优惠政策，支持企事业单位、社会组织或个人，单独或联合举办一批连锁化、专业化、高品质的托育服务机构。同时，发挥社区服务功能、整合社区综合资源，建设儿童友好社区示范点和下沉到街镇的儿童服务中心，打造社区托育服务圈，就近就便提供托育服务。

另一方面，不断提升家庭育儿指导和服务质量。家庭是3岁以下婴幼儿成长的主要场所。开展家庭教育指导服务工作，帮助家长树立科学的育儿观念，对于婴幼儿健康成长具有十分重要的意义。未来3年，我们将通过入户指导、亲子活动、家长课堂、空中课堂等方式，为不同年龄段幼儿家庭提供差异化服务，不断提升育儿指导的针对性、实效性。一是创新家庭育儿指导服务模式，教育、卫生等部门密切配合，共同建设集"教育、抚养、保健"于一体的家庭育儿指导服务资源，并免费向有需求的幼儿家庭开放。二是为家庭科学育儿提供指导支持，未来3年，每个街镇都将建设1个家庭科学育儿指导站，每年将为每个有需求的常住人口新生儿家庭提供至少1次上门指导服务，为有需求的婴幼儿家庭提供每年不少于6次线下指导服务，同步实现线上科学育儿指导服务全覆盖。同时，各区将至少建设1个、全市将至少建设18个儿童早期发展基地，推广和普及婴幼儿早期发展的理念、基本知识和育儿技能，为广大幼儿家庭提供优质的医疗保健服务。三是全面落实产假政策，鼓励用人单位采取灵活安排工作时间等措施，为家庭养育创造条件；支持脱产居家养育婴幼儿的父母重返工作岗位，并为其提供就业指导和职业技能培训等服务。

（三）完善四个保障机制，全力推动《三年行动计划》落实落地。

为确保全面完成各项既定目标任务，《三年行动计划》明确了四个方面的保障机制。

一是全面加强组织领导。健全市、区两级联席会议制度和跨部门协作机制，明确任务分工，层层压实责任，把托育服务纳入市、区两级经济社会发展相关规划，把托育服务工作落实情况纳入市对区履行教育职责的督导评估范畴，关键指标纳入年度自评公报范围，切实抓好督促落实。

二是扎实推进队伍建设。鼓励引导有条件的院校试点设立托育服务相关专业，培养育婴、保育、保健、托育管理等专业人才。每年为托育从业人员提供涵盖职业道德、职业规范、职业技能、安全防范、心理健康等主题的专业培训。支持发布托育机构从业人员市场工资指导价，将托育从业人员依法纳入社保体系。严格执行从业人员准入标准，所有从业人员均需持证上岗，坚决杜绝虐童等行为，对相关个人和直接管理人员实行终身禁入。

三是加大支持保障力度。加大对开设托班的公办园生均经费、编制等方面的保障力度，把开展托育服务所需经费纳入各级政府财政预算。同时，明确托育服务从业人员参加保育员、育婴员等项目培训合格的，可以按照紧缺培训补贴项目规定标准，给予一定的培训费补贴；符合条件的托育机构，可以享受相关的税收优惠政策。

四是切实强化安全管理。要求各托育机构加强幼儿从入园到离园的全过程管理，制定公共卫生、消防安全、急症救治等突发事件应急预案，加强应急演练，确保孩子的安全健康。各区托育服务指导中心视频监控系统与辖区内各托育机构联接，各区、各街镇每月对辖区内的托育机构开展安全防控和卫生保健"双随机"检查。各相关部门进一步协同配合，加强托育服务市场管理，帮助已经取得《依法开展托育服务告知书》的机构持续提高服务质量，指导符合条件的现有托育机构申领《告知书》，坚决关停存在安全隐患、不具备提供托育服务基本条件的机构，织密织牢幼儿安全防护网。

国务院办公厅关于促进养老托育服务健康发展的意见

国办发〔2020〕52 号

各省、自治区、直辖市人民政府，国务院各部委、各直属机构：

促进养老托育服务健康发展，有利于改善民生福祉，有利于促进家庭和谐，有利于培育经济发展新动能。为贯彻落实党中央、国务院决策部署，更好发挥各级政府作用，更充分激发社会力量活力，更好实现社会效益和经济效益相统一，持续提高人民群众的获得感、幸福感、安全感，经国务院同意，现提出以下意见。

一、健全老有所养、幼有所育的政策体系

（一）分层次加强科学规划布局。根据"一老一小"人口分布和结构变化，科学谋划"十四五"养老托育服务体系，促进服务能力提质扩容和区域均衡布局。省级人民政府要将养老托育纳入国民经济和社会发展规划统筹推进，并制定"十四五"养老托育专项规划或实施方案。建立常态化督查机制，督促专项规划或实施方案的编制和实施，确保新建住宅小区与配套养老托育服务设施同步规划、同步建设、同步验收、同步交付。

（二）统筹推进城乡养老托育发展。强化政府保基本兜底线职能，健全基本养老服务体系。优化乡村养老设施布局，整合区域内服务资源，开展社会化管理运营，不断拓展乡镇敬老院服务能力和辐射范围。完善老年人助餐服务体系，加强农村老年餐桌建设。探索在脱贫地区和城镇流动人口集聚区设置活动培训场所，依托基层力量提供集中托育、育儿指导、养护培训等服务，加强婴幼儿身心健康、社会交往、认知水平等方面早期发展干预。

（三）积极支持普惠性服务发展。大力发展成本可负担、方便可及的普惠性养老托育服务。引导各类主体提供普惠性服务，支持非营利性机构发展，综合运用规划、土地、住房、财政、投资、融资、人才等支持政策，扩大服务供给，提高服务质量，提升可持续发展能力。优化养老托育营商环境，推进要素市场制度建设，实现要素价格市场决定、流动自主有序、配置高效公平，促进公平竞争。

（四）强化用地保障和存量资源利用。在年度建设用地供应计划中保障养老托育用地需求，并结合实际安排在合理区位。调整优化并适当放宽土地和规划要求，支持各类主体利用存量低效用地和商业服务用地等开展养老托育服务。在不违反国家强制性标准和规定前提下，各地可结合实际制定存量房屋和设施改造为养老托育场所设施的建设标准、指南和实施办法。建立健全"一事一议"机制，定期集中处置存量房屋和设施改造手续办理、邻避民扰等问题。在城市居住社区建设补短板和城镇老旧小区改造中统筹推进养老托育服务设施建设，鼓励地方探索将老旧小区中的国企房屋和设施以适当方式转交政府集中改造利用。支持在社区综合服务设施开辟空间用于"一老一小"服务，探索允许空置公租房免费提供给社会力量供其在社区为老年人开展助餐助行、日间照料、康复护理、老年教育等服务。支持将各类房屋和设施用于发展养老托育，鼓励适当放宽最长租赁期限。非独立场所按照相关安全标准改造建设托育点并通过验收的，不需变更土地和房屋性质。

（五）推动财税支持政策落地。各地要建立工作协同机制，加强部门信息互通共享，确保税费优惠政策全面、及时惠及市场主体。同步考虑公建服务设施建设与后期运营保障，加强项目支出规划管理。完善运营补贴激励机制，引导养老服务机构优先接收经济困难的失能失智、高龄、计划生育特殊家庭老年人。对吸纳符合条件劳动者的养老托育

机构按规定给予社保补贴。

（六）提高人才要素供给能力。加强老年医学、老年护理、社会工作、婴幼儿发展与健康管理、婴幼儿保育等学科专业建设，结合行业发展动态优化专业设置，完善教学标准，加大培养力度。按照国家职业技能标准和行业企业评价规范，加强养老托育从业人员岗前培训、岗位技能提升培训、转岗转业培训和创业培训。加大脱贫地区相关技能培训力度，推动大城市养老托育服务需求与脱贫地区劳动力供给有效对接。深化校企合作，培育产教融合型企业，支持实训基地建设，推行养老托育"职业培训包"和"工学一体化"培训模式。

二、扩大多方参与、多种方式的服务供给

（七）增强家庭照护能力。支持优质机构、行业协会开发公益课程，利用互联网平台等免费开放，依托居委会、村委会等基层力量提供养老育幼家庭指导服务，帮助家庭成员提高照护能力。建立常态化指导监督机制，加强政策宣传引导，强化家庭赡养老年人和监护婴幼儿的主体责任，落实监护人对孤寡老人、遗弃儿童的监护责任。

（八）优化居家社区服务。发展集中管理运营的社区养老和托育服务网络，支持具备综合功能的社区服务设施建设，引导专业化机构进社区、进家庭。建立家庭托育点登记备案制度，研究出台家庭托育点管理办法，明确登记管理、人员资质、服务规模、监督管理等制度规范，鼓励开展互助式服务。

（九）提升公办机构服务水平。加强公办和公建民营养老机构建设，坚持公益属性，切实满足特困人员集中供养需求。建立入住综合评估制度，结合服务能力适当拓展服务对象，重点为经济困难的失能失智、高龄、计划生育特殊家庭老年人提供托养服务。完善公建民营机制，打破以价格为主的筛选标准，综合从业信誉、服务水平、可持续性等质量指标，引进养老托育运营机构早期介入、全程参与项目工程建设，探索开展连锁化运营。

（十）推动培训疗养资源转型发展养老服务。按照"应改尽改、能转则转"的原则，将转型发展养老服务作为党政机关和国有企事业单位所属培训疗养机构改革的主要方向。各地要加大政策支持和协调推进力度，集中解决资产划转、改变土地用途、房屋报建、规划衔接等困难，确保转养老服务项目2022年底前基本投入运营。鼓励培训疗养资源丰富、养老需求较大的中东部地区先行突破，重点推进。

（十一）拓宽普惠性服务供给渠道。实施普惠养老托育专项行动，发挥中央预算内投资引领作用，以投资换机制，引导地方政府制定支持性"政策包"，带动企业提供普惠性"服务包"，建设一批普惠性养老服务机构和托育服务机构。推动有条件的用人单位以单独或联合相关单位共同举办的方式，在工作场所为职工提供托育服务。支持大型园区建设服务区内员工的托育设施。

（十二）引导金融机构提升服务质效。鼓励政府出资产业投资基金及市场化的创业投资基金、私募股权基金等按照市场化、法治化原则，加大对养老托育领域的投资力度。创新信贷支持方式，在依法合规、风险可控、商业可持续前提下，推进应收账款质

押贷款，探索收费权质押贷款，落实好信贷人员尽职免责政策。鼓励金融机构合理确定贷款期限，灵活提供循环贷款、年审制贷款、分期还本付息等多种贷款产品和服务。扩大实施养老产业专项企业债券和养老项目收益债券，支持合理灵活设置债券期限、选择权及还本付息方式，鼓励发行可续期债券。引导保险等金融机构探索开发有针对性的金融产品，向养老托育行业提供增信支持。支持保险机构开发相关责任险及养老托育机构运营相关保险。

三、打造创新融合、包容开放的发展环境

（十三）促进康养融合发展。支持面向老年人的健康管理、预防干预、养生保健、健身休闲、文化娱乐、旅居养老等业态深度融合。发挥中医药独特优势，促进中医药资源广泛服务老年人群体。支持各类机构举办老年大学、参与老年教育，推动举办"老年开放大学""网上老年大学"，搭建全国老年教育资源共享和公共服务平台。

（十四）深化医养有机结合。发展养老服务联合体，支持根据老年人健康状况在居家、社区、机构间接续养老。为居家老年人提供上门医疗卫生服务，构建失能老年人长期照护服务体系。有效利用社区卫生服务机构、乡镇卫生院等基层医疗资源，开展社区医养结合能力提升行动。针对公共卫生突发事件，提升养老机构应急保障能力，增设隔离功能并配备必要的防控物资和设备，加强工作人员应急知识培训。

（十五）强化产品研发和创新设计。健全以企业为主体的创新体系，鼓励采用新技术、新工艺、新材料、新装备，增强以质量和信誉为核心的品牌意识，建立健全企业知识产权管理体系，推进高价值专利培育和商标品牌建设，培育养老托育服务、乳粉奶业、动画设计与制作等行业民族品牌。促进"一老一小"用品制造业设计能力提升，完善创新设计生态系统。

（十六）促进用品制造提质升级。逐步完善养老托育服务和相关用品标准体系，加强标准制修订，强化标准实施推广，探索建立老年用品认证制度。推进互联网、大数据、人工智能、5G等信息技术和智能硬件的深度应用，促进养老托育用品制造向智能制造、柔性生产等数字化方式转型。推进智能服务机器人后发赶超，启动康复辅助器具应用推广工程，实施智慧老龄化技术推广应用工程，构建安全便捷的智能化养老基础设施体系。鼓励国内外多方共建养老托育产业合作园区，加强市场、规则、标准方面的软联通，打造制造业创新示范高地。

（十七）培育智慧养老托育新业态。创新发展健康咨询、紧急救护、慢性病管理、生活照护、物品代购等智慧健康养老服务。发展"互联网＋养老服务"，充分考虑老年群体使用感受，研究开发适老化智能产品，简化应用程序使用步骤及操作界面，引导帮助老年人融入信息化社会，创新"子女网上下单、老人体验服务"等消费模式，鼓励大型互联网企业全面对接养老服务需求，支持优质养老机构平台化发展，培育区域性、行业性综合信息平台。发展互联网直播互动式家庭育儿服务，鼓励开发婴幼儿养育课程、父母课堂等。

（十八）加强宜居环境建设。普及公共基础设施无障碍建设，鼓励有条件的地区结

合城镇老旧小区改造加装电梯。加强母婴设施配套，在具备条件的公共场所普遍设置专席及绿色通道。引导房地产项目开发充分考虑养老育幼需求。指导各地加快推进老年人居家适老化改造。以满足老年人生活需求和营造婴幼儿成长环境为导向，推动形成一批具有示范意义的活力发展城市和社区。

四、完善依法从严、便利高效的监管服务

（十九）完善养老托育服务综合监管体系。以养老托育机构质量安全、从业人员、运营秩序等方面为重点加强监管。落实政府在制度建设、行业规划、行政执法等方面的监管责任，实行监管清单式管理，明确监管事项、监管依据、监管措施、监管流程，监管结果及时向社会公布。养老托育机构对依法登记、备案承诺、履约服务、质量安全、应急管理、消防安全等承担主体责任。健全行业自律规约，加强正面宣传引导和社会舆论监督，加快构建以信用为基础的新型监管机制。

（二十）切实防范各类风险。加强突发事件应对，建立完善养老托育机构突发事件预防与应急准备、监测与预警、应急处置与救援、事后恢复与重建等工作机制。将养老托育纳入公共安全重点保障范围，支持服务机构安全平稳运转。完善退出机制，建立机构关停等特殊情况应急处置机制。严防"一老一小"领域以虚假投资、欺诈销售、高额返利等方式进行的非法集资，保护消费者合法权益。

（二十一）优化政务服务环境。完善机构设立办事指南，优化办事流程，实施并联服务，明确办理时限，推进"马上办、网上办、就近办"。制定养老托育政务服务事项清单，推进同一事项无差别受理、同标准办理，力争实现"最多跑一次"。推进养老托育政务服务的"好差评"工作，完善评价规则，加强评价结果运用，改进提升政务服务质量。

（二十二）积极发挥多方合力。支持公益慈善类社会组织参与，鼓励机构开发志愿服务项目，建立健全"一老一小"志愿服务项目库。引导互联网平台等社会力量建立养老托育机构用户评价体系。以普惠为导向建立多元主体参与的养老和托育产业合作平台，在要素配置、行业自律、质量安全、国际合作等方面积极作为。发挥行业协会、商会等社会组织积极性，开展机构服务能力综合评价，引领行业规范发展，更好弘扬尊老爱幼社会风尚。

（二十三）强化数据资源支撑。依据养老产业统计分类，开展养老产业认定方法研究，推进重要指标年度统计。探索构建托育服务统计指标体系。利用智库和第三方力量加强研究，开展人口趋势预测和养老托育产业前景展望，通过发布年度报告、白皮书等形式，服务产业发展，引导社会预期。

坚持党委领导、政府主导，地方各级政府要建立健全"一老一小"工作推进机制，结合实际落实本意见要求，以健全政策体系、扩大服务供给、打造发展环境、完善监管服务为着力点，促进养老托育健康发展，定期向同级人民代表大会常务委员会报告服务能力提升成效。国务院各部门要根据职责分工，制定具体落实举措，推动各项任务落地。国家发展改革委要建立"一老一小"服务能力评价机制，加强对本意见落实工作的跟踪督促，及时向国务院报告。

附件：促进养老托育服务健康发展重点任务分工表

国务院办公厅
2020 年 12 月 14 日

附件：

促进养老托育服务健康发展重点任务分工表

序号	重点任务	责任单位
1	根据"一老一小"人口分布和结构变化，科学谋划"十四五"养老托育服务体系，促进服务能力提质扩容和区域均衡布局。	民政部、国家卫生健康委、国家发展改革委、财政部、住房城乡建设部、中国残联按职责分工负责，地方各级人民政府负责。
2	统筹推进城乡养老托育发展。	民政部、国家卫生健康委、国家发展改革委按职责分工负责，地方各级人民政府负责。
3	积极支持普惠性服务发展。	国家发展改革委、民政部、国家卫生健康委按职责分工负责，地方各级人民政府负责。
4	在年度建设用地供应计划中保障养老托育用地需求，并结合实际安排在合理区位。	自然资源部、民政部、国家卫生健康委、住房城乡建设部按职责分工负责，地方各级人民政府负责。
5	在城市居住社区建设补短板和城镇老旧小区改造中统筹推进养老托育服务设施建设。探索允许空置公租房免费提供给社会力量供其在社区为老年人开展助餐助行、日间照料、康复护理、老年教育等服务。	住房城乡建设部牵头，中直管理局、国家发展改革委、民政部、自然资源部、国家卫生健康委、应急部、国务院国资委、国管局参加。
6	支持将各类房屋和设施用于发展养老托育，鼓励适当放宽最长租赁期限。	民政部、国家卫生健康委、国家发展改革委、自然资源部、住房城乡建设部、应急部按职责分工负责，地方各级人民政府负责。
7	非独立场所按照相关安全标准改造建设托育点并通过验收的，不需变更土地和房屋性质。	国家卫生健康委、自然资源部、住房城乡建设部、应急部按职责分工负责，地方各级人民政府负责。
8	推动财税支持政策落地。	财政部、税务总局、民政部、国家卫生健康委、人力资源社会保障部按职责分工负责，地方各级人民政府负责。

续表

序号	重点任务	责任单位
9	提高人才要素供给能力。	教育部、人力资源社会保障部、国家发展改革委、民政部、商务部、国家卫生健康委按职责分工负责。
10	增强家庭照护能力。	民政部、国家卫生健康委、全国妇联按职责分工负责。
11	研究出台家庭托育点管理办法。	国家卫生健康委牵头，国家发展改革委、民政部、住房城乡建设部、应急部、市场监管总局参加。
12	加强公办和公建民营养老机构建设，建立入住综合评估制度。	民政部、国家发展改革委、财政部、国家卫生健康委按职责分工负责。
13	完善公建民营机制，引进养老托育运营机构早期介入、全程参与项目工程建设，探索开展连锁化运营。	民政部、国家卫生健康委、国家发展改革委按职责分工负责。
14	推动培训疗养资源转型发展养老服务。	国家发展改革委牵头，中直管理局、民政部、财政部、人力资源社会保障部、自然资源部、住房城乡建设部、国家卫生健康委、应急部、人民银行、国务院国资委、国管局参加。
15	实施普惠养老托育专项行动，建设一批普惠性养老服务机构和托育服务机构。	国家发展改革委牵头，民政部、自然资源部、住房城乡建设部、国家卫生健康委、国务院国资委参加。
16	引导金融机构提升服务质效。	人民银行、银保监会、国家发展改革委、财政部、住房城乡建设部、证监会按职责分工负责。
17	促进康养融合发展。	国家发展改革委牵头，教育部、民政部、住房城乡建设部、文化和旅游部、国家卫生健康委、体育总局参加。
18	开展社区医养结合能力提升行动。	国家卫生健康委牵头，国家发展改革委、民政部、住房城乡建设部、国家医保局参加；地方各级人民政府负责。
19	提升养老机构应急保障能力。	民政部、国家发展改革委、应急部按职责分工负责，地方各级人民政府负责。
20	促进用品制造提质升级，逐步完善养老托育服务和相关用品标准体系。	工业和信息化部、科技部、国家发展改革委、民政部、国家卫生健康委、市场监管总局、中国残联按职责分工负责。

续表

序号	重点任务	责任单位
21	培育托育服务、乳粉奶业、动画设计与制作等行业民族品牌。	国家卫生健康委牵头，国家发展改革委、教育部、工业和信息化部、文化和旅游部、市场监管总局参加。
22	推进智能服务机器人后发赶超，启动康复辅助器具应用推广工程，实施智慧老龄化技术推广应用工程。	民政部、工业和信息化部、科技部、国家发展改革委、市场监管总局、中国残联按职责分工负责。
23	鼓励国内外多方共建养老托育产业合作园区，加强市场、规则、标准方面的软联通，打造制造业创新示范高地。	国家发展改革委牵头，工业和信息化部、民政部、人力资源社会保障部、自然资源部、国家卫生健康委、人民银行、市场监管总局参加。
24	加强宜居环境建设。	住房城乡建设部、国家卫生健康委、交通运输部、民政部、中国残联按职责分工负责。
25	以满足老年人生活需求和营造婴幼儿成长环境为导向，推动形成一批具有示范意义的活力发展城市和社区。	国家发展改革委、住房城乡建设部牵头，民政部、国家卫生健康委参加。
26	完善养老托育服务综合监管体系。	民政部、国家卫生健康委、市场监管总局、住房城乡建设部、应急部按职责分工负责。
27	将养老托育纳入公共安全重点保障范围。	民政部、国家卫生健康委、国家发展改革委、应急部、市场监管总局按职责分工负责，地方各级人民政府负责。
28	严防"一老一小"领域非法集资。	民政部、国家卫生健康委、银保监会按职责分工负责，地方各级人民政府负责。
29	制定养老托育政务服务事项清单，推进养老托育政务服务的"好差评"工作。	民政部、国家卫生健康委、市场监管总局按职责分工负责，地方各级人民政府负责。
30	支持公益慈善类社会组织参与，建立健全"一老一小"志愿服务项目库。	全国总工会、共青团中央、中国残联、民政部、国家卫生健康委按职责分工负责。
31	以普惠为导向建立多元主体参与的养老和托育产业合作平台。	国家发展改革委牵头，工业和信息化部、民政部、自然资源部、住房城乡建设部、文化和旅游部、国家卫生健康委、国务院国资委、市场监管总局参加。
32	依据养老产业统计分类，开展养老产业认定方法研究，推进重要指标年度统计，探索构建托育服务统计指标体系。	国家统计局牵头，国家发展改革委、工业和信息化部、民政部、住房城乡建设部、国家卫生健康委、市场监管总局、中国残联参加。
33	建立"一老一小"服务能力评价机制，加强对本意见执行情况的跟踪督促。	国家发展改革委牵头，各相关部门参加。

中华人民共和国国民经济和社会发展第十四个五年规划和 2035 年远景目标纲要（节选）

第四十五章　实施积极应对人口老龄化国家战略

制定人口长期发展战略，优化生育政策，以"一老一小"为重点完善人口服务体系，促进人口长期均衡发展。

第一节　推动实现适度生育水平

增强生育政策包容性，推动生育政策与经济社会政策配套衔接，减轻家庭生育、养育、教育负担，释放生育政策潜力。完善幼儿养育、青少年发展、老人赡养、病残照料等政策和产假制度，探索实施父母育儿假。改善优生优育全程服务，加强孕前孕产期健康服务，提高出生人口质量。建立健全计划生育特殊困难家庭全方位帮扶保障制度。改革完善人口统计和监测体系，密切监测生育形势。深化人口发展战略研究，健全人口与发展综合决策机制。

第二节　健全婴幼儿发展政策

发展普惠托育服务体系，健全支持婴幼儿照护服务和早期发展的政策体系。加强对家庭照护和社区服务的支持指导，增强家庭科学育儿能力。严格落实城镇小区配套园政策，积极发展多种形式的婴幼儿照护服务机构，鼓励有条件的用人单位提供婴幼儿照护服务，支持企事业单位和社会组织等社会力量提供普惠托育服务，鼓励幼儿园发展托幼一体化服务。推进婴幼儿照护服务专业化、规范化发展，提高保育保教质量和水平。

"十四五"规划《纲要》名词解释之 231
——普惠托育服务体系

发布时间：2021-12-24　　来源：规划司

随着全面两孩政策的深入落实，老百姓对于质量可靠、方便可及、价格可承受的托育服务的需求更加迫切。"十四五"时期，将重点从六个方面增加普惠托育服务：

一是实施普惠托育专项行动，发挥中央投资引导作用，建设一批普惠性托育服务机构。

二是开展"全国婴幼儿照护服务示范城市创建活动"。

三是加大紧缺人才培养力度，建立健全从业人员职业资格准入制度、技能标准等制度规范。

四是推动"小而美""小而精"的社区托育点建设形成服务网络和体系，引导用人单位为职工提供托育服务，研究出台家庭托育点管理办法。

五是推动基层医疗卫生机构资源、服务、管理下沉，指导托育机构做好卫生保健、传染病防控等工作。

六是完善依法从严、便利高效的监管服务，依法加强事中事后监管，坚决守住安全健康的底线。

关于印发《"十四五"积极应对人口老龄化工程和
托育建设实施方案》的通知

发改社会〔2021〕895 号

各省、自治区、直辖市及计划单列市、新疆生产建设兵团发展改革委、民政厅（局）、卫生健康委，北大荒农垦集团有限公司：

为推进实施积极应对人口老龄化国家战略，以"一老一小"为重点完善人口服务体系，扩大养老托育服务有效供给，提升服务质量，完善服务体系，不断满足人民日益增长的美好生活需要，根据《中华人民共和国国民经济和社会发展第十四个五年规划和2035年远景目标纲要》和中共中央、国务院印发的《国家积极应对人口老龄化中长期规划》《国务院办公厅关于促进养老托育服务健康发展的意见》（国办发〔2020〕52号）等有关文件要求，国家发展改革委、民政部、国家卫生健康委共同制定了《"十四五"积极应对人口老龄化工程和托育建设实施方案》（以下简称《实施方案》）。

现印发你们，请结合《积极应对人口老龄化工程和托育建设中央预算内投资专项管理办法》（发改社会规〔2021〕525号）要求，认真做好项目前期准备工作，加强对《实施方案》实施的监督检查，确保建设质量，提高资金使用效益，适时开展评估工作。

国家发展改革委
民政部
国家卫生健康委
2021年6月17日

附件：

"十四五"积极应对人口老龄化工程和托育建设实施方案

为积极应对人口老龄化，聚焦"一老一小"领域扩大养老托育服务有效供给，提升服务质量，完善服务体系，根据《中华人民共和国国民经济和社会发展第十四个五年规划和2035年远景目标纲要》和党中央、国务院有关文件要求，制定"十四五"积极应对人口老龄化工程和托育建设实施方案。

一、实施背景

党中央、国务院高度重视保障和改善民生工作，习近平总书记多次就养老、托育作出重要批示，要求抓住重点难点问题，补齐养老托育短板弱项。李克强总理要求发展就近可及、普惠公平的"一老一小"服务。"十三五"以来，党中央、国务院印发了《国家积极应对人口老龄化中长期规划》，《关于全面放开养老服务市场提升养老服务质量的若干意见》（国办发〔2016〕91号）、《关于推进养老服务发展的意见》（国办发〔2019〕5号）、《关于促进3岁以下婴幼儿照护服务发展的指导意见》（国办发〔2019〕15号）、《关于促进养老托育服务健康发展的意见》（国办发〔2020〕52号）等政策文件也相继出台，为长期做好相关工作奠定了基础。

人口老龄化是今后较长一段时期我国的基本国情，"十四五"时期我国养老、托育服务体系建设面临的需求更为迫切。主要表现为，老龄化程度持续加深，2020年底，我国60岁以上的老年人口达2.6亿，今后5年60岁及以上老年人将以每年约1000万人的速度增长，高龄和失能失智老人数量不断增多，养老服务需求持续增长，对服务能力和质量提出更高要求；全面两孩政策实施以来，经济负担、婴幼儿照护和女性职业发展等经济社会因素已成为影响生育的重要因素，而当前托育服务仍处于起步阶段，既面临需求不断扩大、投资快速增长的发展机遇，也面临设施缺口大、运营成本高、人才供给不足等挑战。

"十四五"时期是实现"两个一百年"奋斗目标的历史交汇期，是全面建成小康社会后迈向基本实现社会主义现代化的关键阶段，是积极应对人口老龄化的重要战略机遇期。加强养老、托育服务体系建设，是在发展中保障和改善民生的基础性工程，是贯彻落实全面建设社会主义现代化强国任务要求的具体实践，对于实现老有所养、幼有所育，不断满足人民日益增长的美好生活需要具有重要意义。

二、总体思路

（一）指导思想。

以习近平新时代中国特色社会主义思想为指导，全面贯彻党的十九大和十九届二中、三中、四中、五中全会精神，坚持以人民为中心的发展思想，深入实施积极应对人口老龄化国家战略，进一步深化养老托育领域供给侧结构性改革，注重普惠性、基础性、兜底性，扩大服务供给，提升服务质量，完善服务体系，更好实现社会效益和经济效益相统一，逐步满足人民群众多层次、多样化需求，促进广大家庭和谐幸福、经济社会持续发展。

（二）发展目标。

到2025年，在中央和地方共同努力下，坚持补短板、强弱项、提质量，进一步改善养老、托育服务基础设施条件，推动设施规范化、标准化建设，增强兜底保障能力，增加普惠性服务供给，提升养老、托育服务水平，逐步构建居家社区机构相协调、医养康养相结合的养老服务体系，不断发展和完善普惠托育服务体系。

（三）基本原则。

1. 坚持统筹规划，科学布局。充分考虑本地国土空间规划、服务人口和半径等情况，优化资源配置，统筹"一老一小"服务设施数量、规模和布局，推动人民群众就近就便享受服务。

2. 坚持保障基本，适度普惠。强化政府保基本兜底线职能，补齐重点人群、重点领域、重点地区设施建设短板。引导发展质量有保障、价格可承受、方便可及的普惠养老、托育服务。

3. 坚持地方为主，中央支持。地方履行发展"一老一小"服务的主体责任。中央预算内投资发挥引导和带动作用，尽力而为、量力而行，建立激励机制，鼓励地方真抓实干。

4. 坚持改革创新，整体推进。创新优化中央预算内投资安排方式，以投资换机制，带动地方制定实施"一老一小"整体解决方案，明确目标责任，健全工作机制，优化发展环境。

三、建设任务和建设标准

（一）建设任务。

1. 养老服务体系。一是建设连锁化、标准化的社区居家养老服务网络，提供失能照护以及助餐助浴助洁助医助行等服务。二是新建或改扩建公办养老服务机构，提升公办养老服务机构护理能力和消防安全能力，强化对失能失智特困老年人的兜底保障。三是扩大普惠性养老服务供给，支持培训疗养机构改革转型发展养老，支持医疗机构开展医养结合服务。

2.托育服务体系。一是新建或利用现有机构设施、空置场地等改扩建，建设一批公办托育服务机构，支持承担指导功能的示范性、综合性托育服务中心项目建设。二是扩大普惠性托育服务供给，支持企事业单位等社会力量举办托育服务机构，支持公办机构发展普惠托育服务，探索发展家庭育儿共享平台、家庭托育点等托育服务新模式新业态。

3.儿童友好城市建设示范。一是支持儿童劳动教育、自然教育、课外实践、科技体验、素质拓展等校外活动场所设施建设。二是支持城市街区、道路、社区以及学校、医疗机构、公园、图书馆、绿地等公共空间和公共设施适儿化改造等。

4.落实重大决策部署的建设项目。党中央、国务院做出重大决策部署以及中央领导同志要求国家发展改革委落实的养老、托育服务重大工程和重大项目，现有建设任务暂未覆盖的，可另行制定具体实施方案，纳入积极应对人口老龄化工程和托育建设统筹实施。

（二）建设标准。

各地要科学规划公办养老、托育服务设施建设的用地、面积、功能和装备结构，依照《老年人照料设施建筑设计标准》（JGJ 450—2018）、《老年养护院建设标准》（建标144—2010）、《托儿所、幼儿园建筑设计规范》（JGJ 39）、《托育机构设置标准（试行）》等标准规范，以及"十四五"托育机构建设指导指南等，合理确定项目建设内容和建设规模，避免铺张浪费、贪大求洋。

普惠养老服务设施建设的功能布局、参数设置等可参考《老年养护院建设标准》（建标144—2010）相关规定，普惠托育服务设施建设的功能布局、参数设置等可参考相关标准规范，结合本地实际合理设定建设内容和建设规模。

建筑环境及消防设施配置要符合《建筑设计防火规范》（GB 50016—2018版）、《社会福利机构消防安全管理十项规定》（民函〔2015〕280号）、《建筑灭火器配置设计规范》（GB 50140）《消防安全标志》（GB 13495）、《消防控制室通用技术要求》（GB 25506—2010）等相关标准规范要求。

四、项目遴选要求

积极应对人口老龄化工程和托育建设专项项目遴选过程中，优先考虑京津冀协同发展、长江经济带发展、粤港澳大湾区建设、长三角一体化发展、海南全面深化改革开放、黄河流域生态保护和高质量发展等国家区域重大战略以及成渝地区双城经济圈建设要求，并积极向脱贫地区、民族地区、边境地区、革命老区等重点地区倾斜。同时，还要符合以下项目建设和测算要求。

（一）公办养老服务机构能力提升项目。

1.社区居家养老服务网络建设项目。支持多个公办社区养老服务机构组网建设运营，单个机构建设（含新建、改扩建）床位不少于30张护理型床位，床均面积控制在30～40平方米，投资按每床位12万元测算，不足12万元的按实际计算。

2.公办养老服务机构（含特困人员供养服务机构）建设项目。一是支持公办养老服务机构（含特困人员供养服务机构）建设和护理能力改造提升。建设（含新建、改扩建）床位控制在 500 张以内，床均面积在 42.5～50 平方米，建设规模控制在 21250 平方米以内，每张养老床位床均投资按 15 万元测算，不足 15 万元的按实际计算。二是支持公办养老服务机构消防安全改造提升。对已建成但未达到消防安全标准的公办养老服务机构（含特困人员供养服务机构）进行建筑消防设施改造，配备消防器材，改造安全疏散设施、微型消防站、消防安全标志等。消防安全改造提升按"400 元 / 平方米 × 建筑面积"测算，不足测算标准的按实际计算。

（二）普惠养老城企联动专项行动。

通过新建养老服务设施，以及改扩建适宜的培训疗养设施、厂房、医院、闲置校舍、办公用房及其他设施等方式，中央预算内投资重点支持"社区、医养、旅居、培疗转型养老"4 类项目：

1. 支持养老服务骨干网建设，夯实社区居家养老服务网络。发展集中管理运营的社区嵌入式、分布式、小型化的养老服务设施和带护理型床位的日间照料中心，支持连锁化、综合化、品牌化运营，增加家庭服务功能模块，强化助餐助浴助洁助医助行等服务能力，增强养老服务网络的覆盖面和服务能力。

2. 支持综合性养老服务机构建设。支持社会力量建设专业化、规模化、医养结合能力突出的养老服务机构，完善长期照护服务的标准规范，加强专业护理人才培养储备，提升信息化、智能化管理服务水平，促进康复辅助器具推广应用，强化对失能失智老年人的长期照护服务。

支持医疗机构开展医养结合服务，建设项目原则上床位数应在 50 张及以上，床均面积控制在 30～50 平方米，床位数可根据老年人需求或机构实际条件进行适当调整，可同时申请设备包。

3. 支持普惠旅居养老服务机构建设，结合各地区资源禀赋状况，形成季节性地方推介目录，加强跨区域对接联动，畅通全国普惠旅居养老服务。

4. 支持党政机关和国有企事业单位所属培训疗养机构转型发展普惠养老项目。《关于党政机关和国有企事业单位培训疗养机构改革的指导意见》（中办发〔2016〕60 号）提出，通过改革有效盘活国有资产存量，加快转型发展，促进公共资源向社会开放，支持转向健康养老等新型服务业。《关于推进党政机关和国有企事业单位培训疗养机构转型为养老服务设施的实施意见》（发改体改〔2020〕156 号）进一步明确将培训疗养机构转型为养老服务设施作为改革的主要方向。按照以上文件要求，对于中央所属培训疗养机构转型项目，可通过完成"先接后交"手续，视同资产承接方已具备项目产权或使用权，组织申报中央预算内投资，各地要加大政策支持和协调推进力度。同时，对于完成资产交接、前期手续完备、符合中央预算内投资相关要求的地方所属培训疗养机构转型项目成熟一批、储备一批，积极纳入支持范围。

（三）公办托育服务能力建设项目。

支持公办托育服务机构建设，鼓励采取公建民营、购买服务等方式运营。支持地市级及以上政府建设承担指导功能的示范性、综合性托育服务中心项目，设置一定规模的托位，并提供托育从业人员培训、托育机构管理咨询、托育产品研发和创新设计、家庭养育指导及婴幼儿早期发展等服务。

"十四五"期间将根据托育服务体系建设情况，在相关部门另行研究制定托育服务综合指导中心建设标准后，安排中央预算内投资予以支持。

（四）普惠托育服务专项行动。

支持社会力量发展社区托育服务设施和综合托育服务机构。新建、改扩建一批嵌入式、分布式、连锁化、专业化的托育服务设施，提供全日托、半日托、计时托、临时托等多样化的普惠托育服务。支持工业（产业）园区、用人单位等利用自有土地或设施新建、改扩建托育服务设施，普惠托位要向社会开放提供。培育承担一定指导功能的示范性托育服务机构，发展互联网直播互动式家庭育儿服务，鼓励开发婴幼儿养育课程、父母课堂等。

支持公办机构发展普惠托育服务。鼓励依托社区、幼儿园、妇幼保健机构等新建和改扩建嵌入式、分布式、连锁化、专业化的托育服务设施，原则上单个机构建设托位规模在150个以内为宜。

（五）儿童友好城市建设示范项目。

支持纳入国家儿童友好城市建设示范范围的城市加强儿童校外活动场所设施以及城市公共空间和公共设施适儿化改造等，项目建成后应向所在地全体适龄儿童提供公益或普惠性服务，营利性项目不纳入支持范围，重点支持能够补短板、强弱项，具有示范带动效应的项目建设，单项投资较小的一般项目不纳入支持范围。

五、资金安排

（一）资金渠道。

"十四五"积极应对人口老龄化工程和托育建设相关项目的实施责任主体负责落实建设资金，国家发展改革委将根据国家财力状况统筹安排中央预算内投资，逐年安排，滚动实施。建设任务可根据中央预算内投资安排情况和项目执行情况展期实施。地方政府、项目单位等要发挥主体责任，多渠道筹措资金，加大投入，加强规划组织实施。原则上，中央预算内投资重点布局支持省、市级（含区）养老托育服务体系建设，为落实党中央、国务院对摆脱贫困的县"设立五年过渡期"的指示精神，严格落实"四个不摘"要求，县级及以下重点支持832个原集中连片特困地区的片区县和片区外国家扶贫开发工作重点县的公办养老服务机构能力提升项目。

（二）中央预算内投资支持标准。

1. 公办养老服务机构能力提升项目，中央预算内投资原则上按照东、中、西部地区（含享受中、西部政策地区）分别不超过床均建设投资或平均总投资的30%、60%和80%的比例进行补助（设备包等定额补助项目除外）。其中，对低于床均建设投资或平均总投资的项目，按照实际投资给予相应比例的补助；对高于床均建设投资或平均总投资的项目，超出部分投资由各地自行解决。对于南疆四地州、涉藏地区、享受中西部待遇等政策地区的项目按有关规定执行。

公办养老服务设施公共卫生应急能力改造、应急救援设备配置项目，按照"分层分类、平战结合、高效协作"的原则构建覆盖全国的养老服务应急救援体系。地级市公办养老服务机构在新建和改扩建等过程中，可在同步改造和拓展现有服务设施基础上，成立市级养老应急救援中心，并可申请100万元应急救援设备包，用于配置应急救援设备和相关物资，每个项目仅限申请一个设备包且设备包不能单独申请。

2.普惠养老城企联动专项行动，采用定额补助的方式，按每张养老床位2万元的标准支持居家社区型和医养结合型机构建设，1万元的标准支持旅居型机构建设。项目同时符合多种支持类型的，按照最高标准进行补助。原则上每个城市年度补助床位数不超过10000张，高于年度补助床位数上限的按10000张补助，或者分年度实施。建设任务跨年度的项目，可以分年度安排。

3.公办托育服务能力建设项目，中央预算内投资原则上按照东、中、西部地区（含享受中、西部政策地区）分别不超过平均总投资的30%、60%和80%的比例进行补助。其中，对低于平均总投资的项目，按照实际投资给予相应比例的补助；对高于平均托位建设投资或平均总投资的项目，超出部分投资由各地自行解决。对于南疆四地州、涉藏地区、享受中西部待遇等政策地区的项目按有关规定执行。

4.普惠托育服务专项行动建设项目，采用定额补助的方式，按每个新增托位1万元的标准给予支持。

5.儿童友好城市建设示范项目，中央预算内投资原则上按照东、中、西部地区（含享受中、西部政策地区）分别不超过项目总投资的30%、60%和80%的比例进行补助。其中，中央预算内投资对儿童校外活动场所设施建设类单体项目补助上限按2000万元控制，对城市公共空间和公共设施适儿化改造类单体项目补助上限按1000万元控制。原则上每个示范城市中央预算内投资补助总额不超过1亿元，可以分年度安排。

（三）资金下达方式。

公办养老服务机构（含特困人员供养服务机构）和托育服务能力建设项目，中央预算内投资采取直接下达的方式安排。公办社区居家养老服务网络建设项目、公办养老服务机构消防安全改造提升项目、普惠养老城企联动专项行动、普惠托育服务专项行动及儿童友好城市建设示范项目采取切块下达的方式安排。

六、创新机制

（一）鼓励制定并承诺实施一揽子解决方案。

各地要统一规划养老、托育服务体系建设，制定城市"一老一小"整体解决方案，区分基本公共服务和非基本公共服务，对于基本养老服务，明确受益范围和基础标准，体现政府责任；对于非基本公共服务，提出发展目标，加大对社会力量的支持，谋划一批普惠养老和普惠托育服务项目，明确项目的类型、规模、融资方式、服务人群及计划开工时间等内容，扩大有效供给；引导社会力量提供适老化技术和产品，推广老年人居家适老化改造。普惠养老、普惠托育参与城市要出台政策支持包，与参加主体签订合作协议，将政策支持包落实到城企联动具体项目，保障参加主体享受到承诺的优惠政策，并明确参加主体责任。各地加强对整体解决方案的组织实施，列入方案的项目可集中申请中央预算内投资支持。

（二）鼓励明确项目运行方案。

申请中央预算内投资支持的养老、托育项目要"软""硬"结合，统筹考虑项目建设和运行，根据规定的标准和程序开展项目建设，鼓励在项目实施前形成项目运行方案，明确服务对象、内容、价格、模式以及人员、资金、设备设施保障等，确保项目建成后服务设施持续运行和良性发展。

（三）鼓励培育运营能力强的服务机构。

鼓励通过公建民营、民办公助等方式，引导社会力量参与推动养老、托育服务设施建设和运营，通过开展运营能力评价等方式，支持实力雄厚、项目优质、诚实守信的龙头机构，推动提升服务质量。

（四）引进金融机构降低企业成本。

引导金融机构对普惠养老、普惠托育企业和机构提供金融支持，鼓励银行、保险、基金等各类金融机构参与合作，充分发挥"投贷债租证"协同作用，对普惠养老、普惠托育专项行动提供多样化金融服务，降低企业和机构建设运营成本。引导战略合作机构积极对接项目，并针对性开展金融产品创新。

七、保障措施

（一）加强组织领导。

国家发展改革委、民政部和国家卫生健康委负责实施方案编制、组织实施和监督检查。国家发展改革委和民政部负责推进公办养老服务机构能力提升项目。国家发展改革委、民政部和国家卫生健康委负责推进普惠养老城企联动专项行动。国家发展改革委和国家卫生健康委负责推进公办托育服务能力建设项目和普惠托育服务专项行动。各地要充分发挥政府主导作用，将积极应对人口老龄化工程和托育建设摆上政府重要议事日程，纳入政府目标管理。各级民政、卫生健康部门要加强各自领域内项目建设管理，确保养老、托育设施规范运行、发挥效益。

（二）严格项目管理。

按照《国家发展改革委关于加强政府投资项目储备编制三年滚动投资计划的通知》（发改投资〔2015〕2463号）、《国家发展改革委办公厅关于使用国家重大建设项目库加强项目储备编制三年滚动投资计划有关问题的通知》（发改办投资〔2015〕2942号）要求，做好与三年滚动投资计划的衔接，并录入重大建设项目库，对不符合条件的项目不列入年度投资计划。按照《国家发展改革委关于印发社会领域相关专项中央预算内投资专项管理办法的通知》（发改社会规〔2021〕525号）中"积极应对人口老龄化工程和托育建设中央预算内投资专项管理办法"相关要求做好管理工作。项目单位被列入联合惩戒合作备忘录黑名单的，国家发展改革委不予受理其资金申请报告。严格执行项目法人责任制、招标投标制、工程监理制和合同管理制等建设管理的法律法规，加强设施建设监管，项目建设资金应足额及时到位，保证建设质量。完善项目事中事后监督管理，持续跟进掌握项目后续运营情况，适时组织项目调研、评估工作。各地要加强项目竣工验收，适时将年度投资计划竣工验收情况上报国家发展改革委、民政部和国家卫生健康委。

（三）建立保障机制。

要贯彻落实国家养老、托育服务政策措施，进一步制定出台相关保障措施。要管好用好养老、托育服务设施，完善配套服务功能。要健全综合监管体系，增加人力资源供给，健全服务规范，保障运行经费，发挥项目建设效益。

（四）加强监督评估。

各地要建立项目动态监督检查机制，要加大信息公开力度，按照"公开是常态，不公开是例外"的原则，实行实施方案公开和年度投资计划公开。对于切块、打捆方式下达的非涉密投资计划，各地要将分解落实到具体项目的非涉密敏感的投资计划按规定予以公开。国家发展改革委分别会同民政部、国家卫生健康委将按照有关规定加强项目督查，推动开展投资成本和效益的综合评估，及时总结各地实施情况。

中共中央　国务院关于
优化生育政策促进人口长期均衡发展的决定

中发〔2021〕30号

人口发展是关系中华民族发展的大事情。为贯彻落实党的十九大和十九届二中、三中、四中、五中全会精神，促进人口长期均衡发展，现就优化生育政策，实施一对夫妻可以生育三个子女政策，并取消社会抚养费等制约措施、清理和废止相关处罚规定，配套实施积极生育支持措施（以下简称实施三孩生育政策及配套支持措施），作出如下决定。

一、充分认识优化生育政策、促进人口长期均衡发展的重大意义

党和国家始终坚持人口与发展综合决策，科学把握人口发展规律，坚持计划生育基本国策，有力促进了经济发展和社会进步，为全面建成小康社会奠定了坚实基础。党的十八大以来，党中央高度重视人口问题，根据我国人口发展变化形势，作出逐步调整完善生育政策、促进人口长期均衡发展的重大决策，各项工作取得显著成效。当前，进一步适应人口形势新变化和推动高质量发展新要求，实施三孩生育政策及配套支持措施，具有重大意义。

（一）有利于改善人口结构，落实积极应对人口老龄化国家战略。老龄化是全球性人口发展大趋势，也是我国发展面临的重大挑战。预计"十四五"期间我国人口将进入

中度老龄化阶段，2035 年前后进入重度老龄化阶段，将对经济运行全领域、社会建设各环节、社会文化多方面产生深远影响。实施三孩生育政策及配套支持措施，有利于释放生育潜能，减缓人口老龄化进程，促进代际和谐，增强社会整体活力。

（二）有利于保持人力资源禀赋优势，应对世界百年未有之大变局。人口是社会发展的主体，也是影响经济可持续发展的关键变量。实施三孩生育政策及配套支持措施，有利于未来保持适度人口总量和劳动力规模，更好发挥人口因素的基础性、全局性、战略性作用，为高质量发展提供有效人力资本支撑和内需支撑。

（三）有利于平缓总和生育率下降趋势，推动实现适度生育水平。群众生育观念已总体转向少生优育，经济负担、子女照料、女性对职业发展的担忧等成为制约生育的主要因素。实施三孩生育政策及配套支持措施，促进生育政策与相关经济社会政策同向发力，有利于满足更多家庭的生育意愿，有利于提振生育水平。

（四）有利于巩固全面建成小康社会成果，促进人与自然和谐共生。今后一个时期，我国人口众多的基本国情不会改变，人口与资源环境承载力仍然处于紧平衡状态，脱贫地区以及一些生态脆弱、资源匮乏地区人口与发展矛盾仍然比较突出。实施三孩生育政策及配套支持措施，有利于进一步巩固脱贫攻坚和全面建成小康社会成果，引导人口区域合理分布，促进人口与经济、社会、资源、环境协调可持续发展。

二、指导思想、主要原则和目标

（五）指导思想。坚持以习近平新时代中国特色社会主义思想为指导，立足新发展阶段、贯彻新发展理念、构建新发展格局，实施积极应对人口老龄化国家战略，实施三孩生育政策及配套支持措施，改革服务管理制度，提升家庭发展能力，推动实现适度生育水平，促进人口长期均衡发展，为建设富强民主文明和谐美丽的社会主义现代化强国、实现中华民族伟大复兴的中国梦提供坚实基础和持久动力。

（六）主要原则。

——以人民为中心。顺应人民群众期盼，积极稳妥推进优化生育政策，促进生育政策协调公平，满足群众多元化的生育需求，将婚嫁、生育、养育、教育一体考虑，切实解决群众后顾之忧，释放生育潜能，促进家庭和谐幸福。

——以均衡为主线。把促进人口长期均衡发展摆在全党全国工作大局、现代化建设全局中谋划部署，兼顾多重政策目标，统筹考虑人口数量、素质、结构、分布等问题，促进人口与经济、社会、资源、环境协调可持续发展，促进人的全面发展。

——以改革为动力。着眼于我国人口发展面临的突出矛盾和问题，着眼于现代化建设战略安排，深化改革，破除影响人口长期均衡发展的思想观念、政策法规、体制机制等制约因素，提高人口治理能力和水平。

——以法治为保障。坚持重大改革于法有据、依法实施，将长期以来党领导人民在统筹解决人口问题方面的创新理念、改革成果、实践经验转化为法律，保障人民群众合法权益，保障新时代人口工作行稳致远，保障人口发展战略目标顺利实现。

（七）主要目标。

到 2025 年，积极生育支持政策体系基本建立，服务管理制度基本完备，优生优育服务水平明显提高，普惠托育服务体系加快建设，生育、养育、教育成本显著降低，生育水平适当提高，出生人口性别比趋于正常，人口结构逐步优化，人口素质进一步提升。

到 2035 年，促进人口长期均衡发展的政策法规体系更加完善，服务管理机制运转高效，生育水平更加适度，人口结构进一步改善。优生优育、幼有所育服务水平与人民群众对美好生活的需要相适应，家庭发展能力明显提高，人的全面发展取得更为明显的实质性进展。

三、组织实施好三孩生育政策

（八）依法实施三孩生育政策。修改《中华人民共和国人口与计划生育法》，提倡适龄婚育、优生优育，实施三孩生育政策。各省（自治区、直辖市）综合考虑本地区人口发展形势、工作基础和政策实施风险，做好政策衔接，依法组织实施。

（九）取消社会抚养费等制约措施。取消社会抚养费，清理和废止相关处罚规定。将入户、入学、入职等与个人生育情况全面脱钩。依法依规妥善处理历史遗留问题。对人口发展与经济、社会、资源、环境矛盾较为突出的地区，加强宣传倡导，促进相关惠民政策与生育政策有效衔接，精准做好各项管理服务。

（十）建立健全人口服务体系。以"一老一小"为重点，建立健全覆盖全生命周期的人口服务体系。加强基层服务管理体系和能力建设，增强抚幼养老功能。落实生育登记制度，做好生育咨询指导。推进出生医学证明、儿童预防接种、户口登记、医保参保、社保卡申领等"出生一件事"联办。

（十一）加强人口监测和形势研判。完善国家生命登记管理制度，健全覆盖全人群、全生命周期的人口监测体系，密切监测生育形势和人口变动趋势。依托国家人口基础信息库等平台，实现教育、公安、民政、卫生健康、医保、社保等人口服务基础信息融合共享、动态更新。建立人口长期均衡发展指标体系，健全人口预测预警制度。

四、提高优生优育服务水平

（十二）保障孕产妇和儿童健康。全面落实妊娠风险筛查与评估、高危孕产妇专案管理、危急重症救治、孕产妇死亡个案报告和约谈通报等母婴安全五项制度。实施妇幼健康保障工程，加快推进各级妇幼保健机构标准化建设和规范化管理，加强危重孕产妇、新生儿救治能力及儿科建设，夯实县乡村三级基层网络，加快补齐生育相关公共服务短板。促进生殖健康服务融入妇女健康管理全过程。加强儿童保健门诊标准化、规范化建设，加强对儿童青少年近视、营养不均衡、龋齿等风险因素和疾病的筛查、诊断、干预。做好儿童基本医疗保障工作。

（十三）综合防治出生缺陷。健全出生缺陷防治网络，落实三级预防措施。加强相关知识普及和出生缺陷防控咨询，强化婚前保健，推进孕前优生健康检查，加强产前筛查和诊断，推动围孕期、产前产后一体化管理服务和多学科协作。扩大新生儿疾病筛查病种范围，促进早筛早诊早治。做好出生缺陷患儿基本医疗和康复救助工作。

（十四）规范人类辅助生殖技术应用。强化规划引领，严格技术审批，建设供需平衡、布局合理的人类辅助生殖技术服务体系。加强人类辅助生殖技术服务监管，严格规范相关技术应用。开展孕育能力提升专项攻关，规范不孕不育诊治服务。

五、发展普惠托育服务体系

（十五）建立健全支持政策和标准规范体系。将婴幼儿照护服务纳入经济社会发展规划，强化政策引导，通过完善土地、住房、财政、金融、人才等支持政策，引导社会力量积极参与。以市地级行政区为单位制定整体解决方案，建立工作机制，推进托育服务健康发展。加大专业人才培养力度，依法逐步实行从业人员职业资格准入制度。发展智慧托育等新业态，培育托育服务、乳粉奶业、动画设计和制作等行业民族品牌。

（十六）大力发展多种形式的普惠服务。发挥中央预算内投资的引导和撬动作用，推动建设一批方便可及、价格可接受、质量有保障的托育服务机构。支持有条件的用人单位为职工提供托育服务。鼓励国有企业等主体积极参与各级政府推动的普惠托育服务体系建设。加强社区托育服务设施建设，完善居住社区婴幼儿活动场所和服务设施。制定家庭托育点管理办法。支持隔代照料、家庭互助等照护模式。支持家政企业扩大育儿服务。鼓励和支持有条件的幼儿园招收 2 至 3 岁幼儿。

（十七）加强综合监管。各类机构开展婴幼儿照护服务必须符合国家和地方相关标准和规范，并对婴幼儿安全和健康负主体责任。地方政府要承担监管责任，建立健全登记备案制度、信息公示制度、评估制度，加强动态管理，建立机构关停等特殊情况应急处置机制。

六、降低生育、养育、教育成本

（十八）完善生育休假与生育保险制度。严格落实产假、哺乳假等制度。支持有条件的地方开展父母育儿假试点，健全假期用工成本分担机制。继续做好生育保险对参保女职工生育医疗费用、生育津贴待遇等的保障，做好城乡居民医保参保人生育医疗费用保障，减轻生育医疗费用负担。

（十九）加强税收、住房等支持政策。结合下一步修改个人所得税法，研究推动将 3 岁以下婴幼儿照护费用纳入个人所得税专项附加扣除。地方政府在配租公租房时，对符合当地住房保障条件且有未成年子女的家庭，可根据未成年子女数量在户型选择等方面给予适当照顾。地方政府可以研究制定根据养育未成年子女负担情况实施差异化租赁和购买房屋的优惠政策。

（二十）推进教育公平与优质教育资源供给。推进城镇小区配套幼儿园治理，持续提升普惠性幼儿园覆盖率，适当延长在园时长或提供托管服务。推进义务教育优质均衡发展和城乡一体化，有效解决"择校热"难题。依托学校教育资源，以公益普惠为原则，全面开展课后文体活动、社会实践项目和托管服务，推动放学时间与父母下班时间衔接。改进校内教学质量和教育评价，将学生参加课外培训频次、费用等情况纳入教育督导体系。平衡家庭和学校教育负担，严格规范校外培训。

（二十一）保障女性就业合法权益。规范机关、企事业等用人单位招录、招聘行为，促进妇女平等就业。落实好《女职工劳动保护特别规定》，定期开展女职工生育权益保障专项督查。为因生育中断就业的女性提供再就业培训公共服务。将生育友好作为用人单位承担社会责任的重要方面，鼓励用人单位制定有利于职工平衡工作和家庭关系的措施，依法协商确定有利于照顾婴幼儿的灵活休假和弹性工作方式。适时对现行有关休假和工作时间的政策规定进行相应修改完善。

七、加强政策调整有序衔接

（二十二）维护好计划生育家庭合法权益。对全面两孩政策调整前的独生子女家庭和农村计划生育双女家庭，继续实行现行各项奖励扶助制度和优惠政策。探索设立独生子女父母护理假制度。加强立法，保障响应党和国家号召、实行计划生育家庭的合法权益。

（二十三）建立健全计划生育特殊家庭全方位帮扶保障制度。根据经济社会发展水平等因素，实行特别扶助制度扶助标准动态调整。对符合条件的计划生育特殊家庭成员，落实基本养老、基本医疗保障相关政策；优先安排入住公办养老机构，提供无偿或低收费托养服务；对住房困难的，优先纳入住房保障。有条件的地方可对计划生育特殊家庭成员中的生活长期不能自理、经济困难的老年人发放护理补贴。落实好扶助所需资金，有条件的地方可探索建立公益金或基金，重点用于帮扶计划生育特殊家庭。

（二十四）建立健全政府主导、社会组织参与的扶助关怀工作机制。通过公开招投标方式，支持有资质的社会组织接受计划生育特殊家庭委托，开展生活照料、精神慰藉等服务，依法代办入住养老机构、就医陪护等事务。深入开展"暖心行动"。建立定期巡访制度，落实计划生育特殊家庭"双岗"联系人制度，扎牢织密帮扶安全网。

八、强化组织实施保障

（二十五）加强党的领导。各级党委和政府要提高政治站位，增强国情、国策意识，坚持一把手亲自抓、负总责，坚持和完善目标管理责任制，加强统筹规划、政策协调和工作落实，推动出台积极生育支持措施，确保责任到位、措施到位、投入到位、落实到位。

（二十六）动员社会力量。加强政府和社会协同治理，充分发挥工会、共青团、妇联等群团组织在促进人口发展、家庭建设、生育支持等方面的重要作用。积极发挥计划生育协会作用，加强基层能力建设，做好宣传教育、生殖健康咨询服务、优生优育指导、计划生育家庭帮扶、权益维护、家庭健康促进等工作。鼓励社会组织开展健康知识普及、婴幼儿照护服务等公益活动。以满足老年人生活需求和营造婴幼儿健康成长环境为导向，开展活力发展城市创建活动。

（二十七）深化战略研究。面向建设社会主义现代化强国和实现中华民族伟大复兴，持续深化国家人口中长期发展战略和区域人口发展规划研究，完善人口空间布局，优化人力资源配置。加强新时代中国特色人口学科和理论体系建设，发展人口研究高端智库，促进国际交流合作。

（二十八）做好宣传引导。加强政策宣传解读，把各地区各部门和全社会的思想行动统一到党中央重大决策部署上来，引导社会各界正确认识人口的结构性变化，弘扬主旋律、汇聚正能量，及时妥善回应社会关切，营造良好氛围。弘扬中华民族传统美德，尊重生育的社会价值，提倡适龄婚育、优生优育，鼓励夫妻共担育儿责任，破除高价彩礼等陈规陋习，构建新型婚育文化。

（二十九）加强工作督导。各省（自治区、直辖市）要按照本决定要求，制定实施方案，狠抓任务落实，及时研究解决苗头性、倾向性问题，确保优化生育政策取得积极成效。各省（自治区、直辖市）党委和政府每年要向党中央、国务院报告本地区人口工作情况，中央将适时开展督查。

国家卫生健康委关于印发
托育机构保育指导大纲（试行）的通知

国卫人口发〔2021〕2 号

各省、自治区、直辖市及新疆生产建设兵团卫生健康委：

为指导托育机构为 3 岁以下婴幼儿提供科学、规范的照护服务，按照《国务院办公厅关于促进 3 岁以下婴幼儿照护服务发展的指导意见》（国办发〔2019〕15 号）的要求，我委组织制定了《托育机构保育指导大纲（试行）》（可从国家卫生健康委网站下载）。现予印发，请遵照执行、推动落实。

国家卫生健康委

2021 年 1 月 12 日

托育机构保育指导大纲（试行）

第一章　总则

一、为贯彻《国务院办公厅关于促进 3 岁以下婴幼儿照护服务发展的指导意见》，依据国家卫生健康委《托育机构设置标准（试行）》《托育机构管理规范（试行）》，指导托育机构为 3 岁以下婴幼儿（以下简称婴幼儿）提供科学、规范的照护服务，促进婴幼儿健康成长，特制定本大纲。

二、本大纲适用于经有关部门登记、卫生健康部门备案，为婴幼儿提供全日托、半日托等照护服务的托育机构。提供计时托、临时托等照护服务的托育机构可参照执行。

三、托育机构保育是婴幼儿照护服务的重要组成部分，是生命全周期服务管理的重要内容。通过创设适宜环境，合理安排一日生活和活动，提供生活照料、安全看护、平衡膳食和早期学习机会，促进婴幼儿身体和心理的全面发展。

四、托育机构保育应遵循以下基本原则：

（一）尊重儿童。坚持儿童优先，保障儿童权利。尊重婴幼儿成长特点和规律，关注个体差异，促进每个婴幼儿全面发展。

（二）安全健康。最大限度地保护婴幼儿的安全和健康，切实做好托育机构的安全防护、营养膳食、疾病防控等工作。

（三）积极回应。提供支持性环境，敏感观察婴幼儿，理解其生理和心理需求，并及时给予积极适宜的回应。

（四）科学规范。按照国家和地方相关标准和规范，合理安排婴幼儿的生活和活动，满足婴幼儿生长发育的需要。

第二章　目标与要求

托育机构保育工作应当遵循婴幼儿发展的年龄特点与个体差异，通过多种途径促进婴幼儿身体发育和心理发展。保育重点应当包括营养与喂养、睡眠、生活与卫生习惯、动作、语言、认知、情感与社会性等。

一、营养与喂养

（一）目标。

1. 获取安全、营养的食物，达到正常生长发育水平；

2. 养成良好的饮食行为习惯。

（二）保育要点。

1. 7～12个月

（1）继续母乳喂养，不能继续母乳喂养的婴儿使用配方奶喂养。

（2）及时添加辅食，从富含铁的泥糊状食物开始，遵循由一种到多种、由少到多、由稀到稠、由细到粗的原则。辅食不添加糖、盐等调味品。

（3）每引入新食物要密切观察婴儿是否有皮疹、呕吐、腹泻等不良反应。

（4）注意观察婴儿所发出的饥饿或饱足的信号，并及时、恰当回应，不强迫喂食。

（5）鼓励婴儿尝试自己进食，培养进餐兴趣。

2. 13～24个月

（1）继续母乳或配方奶喂养，可以引入奶制品作为辅食，每日提供多种类食物。

（2）鼓励和协助幼儿自己进食，关注幼儿以语言、肢体动作等发出进食需求，顺应喂养。

（3）培养幼儿使用水杯喝水的习惯，不提供含糖饮料。

3. 25～36个月

（1）每日提供多种类食物。

（2）引导幼儿认识和喜爱食物，培养幼儿专注进食习惯、选择多种食物的能力。

（3）鼓励幼儿参与协助分餐、摆放餐具等活动。

（三）指导建议。

1. 制定膳食计划和科学食谱，为婴幼儿提供与年龄发育特点相适应的食物，规律进餐，为有特殊饮食需求的婴幼儿提供喂养建议。

2. 为婴幼儿创造安静、轻松、愉快的进餐环境，协助婴幼儿进食，并鼓励婴幼儿表达需求、及时回应，顺应喂养，不强迫进食。

3. 有效控制进餐时间，加强进餐看护，避免发生伤害。

二、**睡眠**

（一）目标。

1. 获得充足睡眠；

2. 养成独自入睡和作息规律的良好睡眠习惯。

（二）保育要点。

1. 7～12个月

（1）识别婴儿困倦的信号，通过常规睡前活动，培养婴儿独自入睡。

（2）帮助婴儿采用仰卧位或侧卧位姿势入睡，脸和头不被遮盖。

（3）注意观察婴儿睡眠状态，减少抱睡、摇睡等安抚行为。

2. 13～24个月

（1）固定幼儿睡眠和唤醒时间，逐渐建立规律的睡眠模式。

（2）坚持开展睡前活动，确保幼儿进入较安静状态。

（3）培养幼儿独自入睡的习惯。

3. 25～36个月

（1）规律作息，每日有充足的午睡时间。

（2）引导幼儿自主做好睡眠准备，养成良好的睡眠习惯。

（三）指导建议。

1. 为婴幼儿提供良好的睡眠环境和设施，温湿度适宜，白天睡眠不过度遮蔽光线，设立独立床位，保障安全、卫生。

2. 加强睡眠过程巡视与照护，注意观察婴幼儿睡眠时的面色、呼吸、睡姿，避免发生伤害。

3. 关注个体差异及睡眠问题，采取适宜的照护方式。

三、**生活与卫生习惯**

（一）目标。

1. 学习盥洗、如厕、穿脱衣服等生活技能；

2. 逐步养成良好的生活卫生习惯。

（二）保育要点。

1. 7～12个月

（1）及时更换尿布，保持臀部和身体干爽清洁。

（2）生活照护过程中，注重与婴儿互动交流。

（3）识别及回应婴儿哭闹、四肢活动等表达的需求。

2. 13～24个月

（1）鼓励幼儿及时表达大小便需求，形成一定的排便规律，逐渐学会自己坐便盆。

（2）协助和引导幼儿自己洗手、穿脱衣服等。

（3）引导和帮助幼儿学会咳嗽和打喷嚏的方法。

3. 25～36个月

（1）培养幼儿主动如厕。

（2）引导幼儿餐后漱口，使用肥皂或洗手液正确洗手，认识自己的毛巾并擦手。

（3）鼓励幼儿自己穿脱衣服。

（三）指导建议。

1. 保持生活场所的安全卫生，预防异物吸入、烧烫伤、跌落伤、溺水、中毒等伤害发生。

2. 在生活中逐渐养成婴幼儿良好习惯，做好回应性照护，引导其逐步形成规则和安全意识。

3. 注意培养婴幼儿良好的用眼习惯，限制屏幕时间。

4. 注意培养婴幼儿良好的口腔卫生习惯，预防龋齿。

5. 在各生活环节中，做好观察，发现有精神状态不良、烦躁、咳嗽、打喷嚏、呕吐等表现的婴幼儿，要加强看护，必要时及时隔离，并联系家长。

四、动作

（一）目标。

1. 掌握基本的大运动技能；

2. 达到良好的精细动作发育水平。

（二）保育要点。

1. 7～12个月

（1）鼓励婴儿进行身体活动，尤其是地板上的游戏活动。

（2）鼓励婴儿自主探索从躺位变成坐位，从坐位转为爬行，逐渐到扶站、扶走。

（3）提供适宜的玩具，促进抓、捏、握等精细动作发育。

2. 13～24个月

（1）鼓励幼儿进行形式多样的身体活动，为幼儿提供参加爬、走、跑、钻、踢、跳等活动的机会。

（2）提供多种类活动材料，促进涂画、拼搭、叠套等精细动作发育。

（3）鼓励幼儿自己喝水、用小勺吃饭、自己翻书等。

3．25～36个月

（1）为幼儿提供参加走直线、跑、跨越低矮障碍物、双脚跳、单足站立、原地单脚跳、上下楼梯等活动的机会。

（2）提供多种类活动材料，促进幼儿搭建、绘画、简单手工制作等精细动作发育。

（3）鼓励幼儿自己用水杯喝水、用勺吃饭、协助收纳等。

（三）指导建议。

1．在各个生活环节中，创造丰富的身体活动环境，确保活动环境和材料安全、卫生。

2．充分利用日光、空气和水等自然条件，进行身体锻炼，保证充足的户外活动时间。

3．安排类型丰富的活动和游戏，并保证每日有适宜强度、频次的大运动活动。做好运动中的观察及照护，避免发生伤害。

4．关注患病婴幼儿。处于急慢性疾病恢复期的婴幼儿，及时调整活动强度和时间；发现运动发育迟缓婴幼儿，给予针对性指导，及时转介。

五、语言

（一）目标。

1．对声音和语言感兴趣，学会正确发音；

2．学会倾听和理解语言，逐步掌握词汇和简单的句子；

3．学会运用语言进行交流，表达自己的需求；

4．愿意听故事、看图书，初步发展早期阅读的兴趣和习惯。

（二）保育要点。

1．7～12个月

（1）经常和婴儿说话，引导其对发音产生兴趣，模仿和学习简单的发音。

（2）向婴儿复述生活中常见物品和动作，帮助其逐渐理解简单的词汇。

（3）引导婴儿使用简单的声音、表情、动作、语言表达自己的需求。

（4）为婴儿选择合适的图画书，朗读简单的故事或儿歌。

2．13～24个月

（1）培养幼儿正确发音，逐步将语言与实物或动作建立联系。

（2）鼓励幼儿模仿和学习使用词语或短句表达自己的需求。

（3）引导幼儿学会倾听并乐意执行简单的语言指令，积极使用语言进行交流。

（4）提供机会让幼儿多读绘本、多听故事、学念儿歌。

3．25～36个月

（1）指导幼儿正确地运用词语说出简单的句子。

（2）鼓励幼儿用语言表达自己的需求和感受。

（3）创造条件和机会，使幼儿多听、多看、多说、多问、多想，谈论生活中的所见所闻。

（4）培养幼儿阅读的兴趣和能力，学讲故事、学念儿歌。

（三）指导建议。

1.创设丰富和应答的语言环境，提供正确的语言示范，保持与婴幼儿的交流与沟通，引导其倾听、理解和模仿语言。

2.为不同月龄婴幼儿提供和阅读适合的儿歌、故事和图画书，培养早期阅读兴趣和习惯。

3.关注语言发展迟缓的婴幼儿，并给予个别指导。

六、认知

（一）目标。

1.充分运用各种感官探索周围环境，有好奇心和探索欲；

2.逐步发展注意、观察、记忆、思维等认知能力；

3.学会想办法解决问题，有初步的想象力和创造力。

（二）保育要点。

1. 7 ～ 12 个月

（1）提供有利于视、听、触摸等材料，激发婴儿的观察兴趣。

（2）鼓励婴儿调动各种感官，感知物体的大小、形状、颜色、材质等。

（3）引导婴儿观察周围的事物，模仿所看到的某些事物的声音和动作。

2. 13 ～ 24 个月

（1）引导幼儿运用各种感官探索周围环境，逐步发展注意、记忆、思维等认知能力。

（2）鼓励幼儿辨别生活中常见物体的大小、形状、颜色、软硬、冷热等明显特征。

（3）鼓励幼儿在操作、摆弄、模仿等活动中想办法解决问题。

3. 25 ～ 36 个月

（1）引导幼儿运用各种感官反复持续探索周围环境，逐步巩固和加深对周围事物的认识。

（2）启发幼儿观察辨别生活中常见物体的特征和用途，进行简单的分类，并感受生活中的数学。

（3）培养幼儿在感兴趣的事情上能够保持一定的专注力。

（4）通过各种游戏和活动，鼓励幼儿主动思考、积极提问并大胆猜想，激发幼儿的想象力和创造力。

（三）指导建议。

1.创设环境，促进婴幼儿通过视、听、触摸等多种感觉活动与环境充分互动，丰富认识和记忆经验。

2.保护婴幼儿对周围事物的好奇心和求知欲，耐心回应婴幼儿的问题，鼓励自己寻找答案。

3.在确保安全健康的前提下，支持和鼓励婴幼儿的主动探索。

七、情感与社会性

（一）目标。

1. 有安全感，能够理解和表达情绪；

2. 有初步的自我意识，逐步发展情绪和行为的自我控制；

3. 与成人和同伴积极互动，发展初步的社会交往能力。

（二）保育要点。

1. 7～12 个月

（1）观察了解不同月龄婴儿的需要，把握其情绪变化，尊重和满足其爱抚、亲近、搂抱等情感需求。

（2）引导婴儿理解和辨别高兴、喜欢、生气等不同情绪。

（3）敏感察觉婴儿情绪变化，理解其情感需求并及时回应。

（4）创设温暖、愉快的情绪氛围，促进婴儿交往的积极性。

2. 13～24 个月

（1）引导幼儿用表情、动作、语言等方式表达自己的情绪。

（2）培养幼儿愉快的情绪，及时肯定和鼓励幼儿适宜的态度和行为。

（3）拓展交往范围，引导幼儿认识他人不同的想法和情绪。

（4）引导幼儿理解并遵守简单的规则。

3. 25～36 个月

（1）谈论日常生活中幼儿感兴趣的人和事，引导其通过语言和行为等方式表达情绪情感。

（2）鼓励幼儿进行情绪控制的尝试，指导其学会简单的情绪调节策略。

（3）创设人际交往的机会和条件，使幼儿感受与人交往的愉悦。

（4）帮助幼儿理解和遵守简单的规则，初步学习分享、轮流、等待、协商，尝试解决同伴冲突。

（三）指导建议。

1. 观察了解每个婴幼儿独特的沟通方式和情绪表达特点，正确判断其需求，并给予及时、恰当的回应。

2. 与婴幼儿建立信任和稳定的情感联结，使其有安全感。

3. 建立一日生活和活动常规，开展规则游戏，帮助婴幼儿理解和遵守规则，逐步发展规则意识，适应集体生活。

4. 创造机会，支持婴幼儿与同伴和成人的交流互动，体验交往的乐趣。

第三章　组织与实施

一、托育机构是实施保育的场所，应当提供健康、安全、丰富的生活和活动环境，配置符合婴幼儿月龄特点的家具、用具、玩具、图书、游戏材料和安全防护措施，并根据场地条件合理确定收托规模，配备符合要求的保育人员。

二、托育机构负责人负责保育的组织与管理，指导、检查和评估保育人员的工作。

三、托育机构保育人员是保育工作的主要实施者，应当具有良好的职业道德和业务能力，身心健康。负责婴幼儿日常生活照料和活动组织，主动了解和满足婴幼儿不同的发展需求，平等对待每一个婴幼儿，呵护婴幼儿健康成长。

四、保育工作应当根据婴幼儿身心发展特点和规律，制订科学的保育方案，合理安排婴幼儿饮食、饮水、如厕、盥洗、睡眠、游戏等一日生活和活动，支持婴幼儿主动探索、操作体验、互动交流和表达表现，丰富婴幼儿的直接经验。

五、托育机构应当建立信息管理、健康管理、疾病防控和安全防护监控制度，制定安全防护、传染病防控等应急预案，切实做好室内外环境卫生，注意防范和避免伤害，确保婴幼儿的安全和健康。

六、托育机构应当与家庭、社区密切合作，充分整合各方资源支持托育机构保育工作，向家庭、社区宣传科学的育儿理念和方法，提供照护服务和指导服务，帮助家庭增强科学育儿能力。

关于开展全国婴幼儿照护服务示范城市创建活动的通知

国卫人口发〔2021〕17号

各省、自治区、直辖市及新疆生产建设兵团卫生健康委、发展改革委：

为贯彻落实党的十九大和十九届二中、三中、四中、五中全会精神，深入实施《国务院办公厅关于促进3岁以下婴幼儿照护服务发展的指导意见》（国办发〔2019〕15号）和《国务院办公厅关于促进养老托育服务健康发展的意见》（国办发〔2020〕52号），经全国评比达标表彰工作协调小组同意，国家卫生健康委、国家发展改革委决定开展全国婴幼儿照护服务示范城市（以下简称示范城市）创建活动。

一、总体要求

贯彻落实党中央、国务院决策部署，充分发挥政策和规划的引导作用，创新管理体制，健全服务机制，以满足人民群众对婴幼儿照护服务的需求为目标，以普惠服务为重点，建立完善促进婴幼儿照护服务发展的政策法规体系、标准规范体系和服务供给体系，调动社会力量的积极性，多种形式开展婴幼儿照护服务，形成一批可复制、可推广的典型经验，探索一批切实管用的政策举措。到2025年，婴幼儿照护服务的政策法规和标准规范体系基本健全，每千人口拥有3岁以下婴幼儿托位数达到4.5个，人民群众的婴幼儿照护服务需求得到进一步满足。

二、创建范围

示范城市创建以设区的市（地、州、盟）、直辖市的区（县）为单位开展，评选工作每 2 年为一个周期，每周期各省（区、市）推荐的示范城市不超过可参评单位总数的 10%。

三、创建内容

（一）完善支持政策。将婴幼儿照护服务纳入国民经济和社会发展规划，制定"十四五"托育服务体系建设专项规划或实施方案，明确托育服务体系建设目标、建设任务、资金来源和运营方式等。制定"一老一小"整体解决方案，加强组织实施，方案含金量及实施的情况将作为考评的重要方面。综合运用规划、土地、住房、财政、投资、融资、人才等支持政策，大力发展成本可负担、方便可及的普惠性托育服务。在年度建设用地供应计划中保障托育用地需求，并安排在合理区位。支持将各类房屋和设施用于发展托育，鼓励适当放宽最长租赁期限。非独立场所按照相关安全规定标准改造建设托育点并通过验收的，无需变更土地和房屋性质。托育服务各项税费优惠政策全面、及时惠及市场主体，对吸纳符合条件劳动者的托育机构按规定给予社保补贴。加强婴幼儿发展与健康管理、婴幼儿保育等学科建设，培养相关专业人才。支持保险机构开发相关责任险及托育机构运营相关保险。

（二）扩大服务供给。全面落实产假政策，探索试行与婴幼儿照护服务配套衔接的育儿假、产休假。通过入户指导、亲子活动、家长课堂等方式，为婴幼儿家庭提供经常性的、普惠可及的育儿指导，提高家庭科学育儿能力。将婴幼儿照护纳入城乡社区服务范围，加强社区婴幼儿照护服务设施与社区卫生等设施的功能衔接，鼓励开展家庭互助式服务。新建住宅小区与配套婴幼儿照护服务设施同步规划、同步建设、同步验收、同步交付，在城市居住社区建设补短板和城镇老旧小区改造中统筹推进婴幼儿照护服务设施建设。发展集中管理运营的托育服务网络，建设一批承担指导功能的普惠性托育机构，支持产业园区、用人单位等在工作场所为职工提供福利性托育服务，婴幼儿入托率、千人口托位数高于全省平均水平。

（三）推动创新融合。深化医育有机结合，加强对托育机构卫生保健工作的业务指导和人员培训。充分利用互联网、大数据、物联网、人工智能等技术，研发应用婴幼儿照护服务信息管理系统，推进"互联网＋托育服务"，支持优质托育机构平台化发展。开发科学育儿公益课程、父母课堂等，提供互联网直播互动式家庭育儿服务。加强公共场所母婴设施的建设和改造，开辟绿色通道，为婴幼儿出行、哺乳等提供便利条件。培育托育服务、乳粉奶业、动画设计与制作等行业民族品牌。

（四）完善监管服务。落实政府在制度建设、行业规划、行政执法等方面的监管责任。强化部门协同，卫生健康行政部门牵头，相关部门按照各自职责，定期对托育机构开展监督检查。健全托育机构备案登记制度、信息公示制度和质量评估制度，落实托育机构的安全管理主体责任。发挥群团组织和行业组织的作用，加强宣传教育和社会监督，强化行业自律。依法实施守信联合激励和失信联合惩戒，构建以信用为基础的新型监管机制。托育机构服务质量和声誉口碑好，婴幼儿家庭满意程度高，无安全责任事故。

四、工作要求

（一）加强组织领导。各省（区、市）卫生健康委、发展改革委要把示范城市创建活动作为贯彻落实党中央、国务院决策部署以及促进婴幼儿照护服务高质量发展的重要抓手，主要领导亲自抓，分管领导具体抓，明确相关部门责任，统筹协调、上下联动，广泛深入地开展创建活动。

（二）制定创建方案。要按照本通知要求，结合本地实际，制定具体创建方案，明确目标任务，细化评估内容，建立激励机制，积极组织党委政府重视程度高、工作基础条件好、创新意识强、群众需求大的城市进行申报。

（三）认真组织实施。要加强创建活动全过程的调研指导，坚持好中选优、宁缺毋滥，严格评审标准和程序，确保创建活动的质量和生命力。认真总结示范城市的经验做法，鼓励因地制宜、创新发展，加强宣传与推介，营造良好社会氛围。

各省（区、市）卫生健康委、发展改革委要高度重视、认真组织好第一批示范城市评选工作。2021年9月30日前，将创建活动方案报送国家卫生健康委、国家发展改革委。2022年9月30日前，将推荐的示范城市申报材料报送国家卫生健康委、国家发展改革委；2022年年底前，国家卫生健康委、国家发展改革委将命名第一批全国婴幼儿照护服务示范城市。

联系人：国家卫生健康委人口家庭司　陈晨
联系方式：010-62030586

国家卫生健康委　国家发展改革委
2021年4月30日

关于推进儿童友好城市建设的指导意见

发改社会〔2021〕1380号

各省、自治区、直辖市人民政府，新疆生产建设兵团：

儿童友好是指为儿童成长发展提供适宜的条件、环境和服务，切实保障儿童的生存权、发展权、受保护权和参与权。建设儿童友好城市，寄托着人民对美好生活的向往，事关广大儿童成长发展和美好未来。为落实党中央、国务院决策部署，推进儿童友好城市建设，让儿童成长得更好，经国务院同意，提出以下意见。

一、总体要求

（一）指导思想

坚持以习近平新时代中国特色社会主义思想为指导，全面贯彻党的十九大和十九届二中、三中、四中、五中全会精神，坚持以人民为中心的发展思想，坚持以立德树人为根本，坚持儿童优先发展，从儿童视角出发，以儿童需求为导向，以儿童更好成长为目标，完善儿童政策体系，优化儿童公共服务，加强儿童权利保障，拓展儿童成长空间，改善儿童发展环境，全面保障儿童生存、发展、受保护和参与的权利，让儿童友好成为全社会的共同理念、行动、责任和事业，让广大儿童成长为德智体美劳全面发展的社会主义建设者和接班人，不断为实现中华民族伟大复兴的中国梦贡献力量。

（二）基本原则

——儿童优先，普惠共享。坚持公共事业优先规划、公共资源优先配置、公共服务优先保障，推动儿童优先原则融入社会政策。坚持公益普惠导向，扩大面向儿童的公共服务供给，让广大适龄儿童享有公平、便利、安全的服务。

——中国特色，开放包容。立足国情和发展实际，促进儿童参与，探索中国特色儿童友好城市建设路径模式。结合推进"一带一路"建设，坚持世界眼光，借鉴有益经验，强化交流互鉴，以儿童友好促进民心相通。

——因地制宜，探索创新。适应城市经济社会发展水平，结合资源禀赋特点，因城施策推进儿童友好城市建设。鼓励有条件的城市改革创新，先行先试，探索建设模式经验，积极发挥示范引领作用。

——多元参与，凝聚合力。坚持系统观念，强化儿童工作"一盘棋"理念，发挥党委领导、政府主导作用，健全完善多领域、多部门工作协作机制，积极引入社会力量，充分激发市场活力，形成全社会共同推进儿童友好城市建设的合力。

（三）建设目标

到2025年，通过在全国范围内开展100个儿童友好城市建设试点，推动儿童友好理念深入人心，儿童友好要求在社会政策、公共服务、权利保障、成长空间、发展环境等方面充分体现。展望到2035年，预计全国百万以上人口城市开展儿童友好城市建设的超过50%，100个左右城市被命名为国家儿童友好城市，儿童友好成为城市高质量发展的重要标识，儿童友好理念成为全社会共识和全民自觉，广大儿童享有更加美好的生活。

二、推进社会政策友好，推动全社会践行儿童友好理念

（四）推动儿童优先发展。制定城市经济社会发展规划优先考虑儿童需求，推进公共资源配置优先满足儿童需要。健全推进儿童优先发展工作协调机制，重点在政策协调、资金投入、项目实施等方面形成合力。在城市发展重大规划、政策、项目决策中引

入儿童影响评价。探索应用数字化手段创新儿童工作方式方法。

（五）城市规划建设体现儿童视角。引入"1米高度看城市"儿童视角，推进儿童友好理念融入城市规划建设。制定城市各类儿童友好空间与设施规划建设标准，完善城市功能布局，优化公共空间设计，推进城市建设适应儿童身心发展，满足儿童服务和活动需求。

（六）推动儿童全方位参与融入城市社会生活。建立健全儿童参与公共活动和公共事务机制，畅通儿童参与渠道，涉及儿童的重大事项事先听取儿童及监护人意见。在制定社会政策、发展公共服务中尊重儿童的独立人格，全面保障儿童在社会生活、社区发展、家庭事务中的知情权、表达权和参与权。

（七）发动全社会力量共同致力儿童发展。坚持以普惠为导向，鼓励政府、企事业单位、家庭和个人参与，整合全社会资源增进儿童福祉。积极培育为儿童服务的社会组织、专业社会工作者、少先队校外辅导员和志愿者队伍，发展儿童公益慈善事业。

三、推进公共服务友好，充分满足儿童成长发展需要

（八）支持发展普惠托育服务。鼓励支持企事业单位和社会组织、社区等提供普惠托育和婴幼儿照护服务。探索实施父母育儿假制度，加强家庭科学育儿指导服务。

（九）促进基础教育均衡发展。完善普惠性学前教育保障机制，进一步提高普及普惠水平，严格落实城镇小区配套幼儿园政策，补齐资源短板，提高保教质量。完善义务教育免试就近入学制度，精准做好控辍保学，保障流动儿童平等接受教育权利。加强特殊教育资源建设，"一人一案"做好适龄残疾儿童入学安置。落实政府举办义务教育的主体责任，强化学校教育主阵地作用，提高学校课堂教学质量，全面压减作业总量和时长，提升学校课后服务水平，全面规范校外培训行为，进一步减轻义务教育阶段学生作业负担和校外培训负担。开展儿童友好学校建设。

（十）加强儿童健康保障。关注生命早期1000天健康保障，加强婚前、孕前、孕产期保健和儿童早期发展服务。推进实施出生缺陷综合防治、母乳喂养促进行动，提高优生优育服务水平，建设母婴友好医院。建设儿童保健服务网络，做好儿童健康管理，规范预防接种和防治龋齿，降低近视及肥胖发生率。关注儿童心理健康，开展儿童生命教育、性教育，培养珍爱生命意识，提升自我情绪调适能力。

（十一）服务儿童看病就医和医疗保障。以儿童医院、妇幼保健机构、综合医院儿科、乡镇卫生院、社区卫生服务中心为重点，以儿科和儿童保健科为支撑，加强儿童医疗服务网络建设，提供优质诊疗服务。加强新生儿科等儿科医师培训，完善相关人才发展激励机制。强化基本医保、大病保险与医疗救助三重制度综合保障功能，做好儿童基本医疗保障工作。开展儿童友好医院建设。

（十二）丰富儿童文体服务供给。合理规划文体设施布局和功能，推进图书馆、文化馆、美术馆等向儿童免费开放，推动有条件的公共体育设施向儿童低收费或免费开放，组织面向儿童的阅读推广、文艺演出、展览游览等活动。制修订面向儿童的体育设施器材等标准，加强儿童体质监测，丰富儿童体育赛事活动，加强从业人员队伍建设。

四、推进权利保障友好，完善公益普惠儿童福利体系

（十三）关爱孤儿和事实无人抚养儿童。深化孤儿助医助学项目，探索推进事实无人抚养儿童助医助学，优化完善社会散居孤儿、事实无人抚养儿童家庭走访、监护评估、家庭培训和监护保护制度。完善儿童收养登记管理，推进实施收养评估制度。推进儿童福利机构优化提质，支持建造家庭式居所，推广家庭式养育模式。

（十四）推进残疾儿童康复服务。协同推进儿童残疾预防、早期筛查、诊疗康复，鼓励有条件的地方扩大残疾儿童康复救助项目及年龄范围，提高救助标准，鼓励公办机构开展康复业务，支持社会力量举办康复机构，加强康复救助定点服务机构管理。

（十五）加强困境儿童分类保障。建立健全困境儿童信息台账，落实定期上门查访，加大对困难家庭的重病、残疾儿童基本生活保障和专项救助力度。落实孤儿、留守儿童、困境儿童基本医疗保障政策，实施分类救助。加强流浪未成年人救助保护。

五、推进成长空间友好，提升城市空间品质和服务效能

（十六）推进城市公共空间适儿化改造。加强城市街区、社区、道路以及学校、医院、公园、公共图书馆、体育场所、绿地、公共交通等各类服务设施和场地适儿化改造。建设适合儿童的服务设施和标识标牌系统，推动公共场所建设母婴室、儿童厕位及洗手池、儿童休息活动区等。加强儿童友好街区建设。

（十七）改善儿童安全出行体验。完善慢行交通体系，加强人行道、自行车道规划建设，优化校园周边步行线路规划和人行设施，保障儿童出行安全。加快完善城市公共交通场站、过街无障碍设施。加强交通安全教育，增强儿童安全出行能力。

（十八）拓展儿童人文参与空间。拓展儿童阅读空间，在公共图书馆设置儿童阅览区，鼓励设置少儿图书馆，提供适宜残疾儿童的阅读资源，开展儿童友好图书馆建设。扩充儿童美育资源，鼓励学校与美术馆、博物馆、音乐厅等共建校外教育基地。增加儿童校外活动空间，加强儿童劳动教育、课外实践、科技体验、素质拓展等校外活动场所设施建设。

（十九）开展儿童友好社区建设。建设社区儿童之家等公共空间，为儿童提供文体活动和阅读娱乐场所。增加社区儿童"微空间"，鼓励社区打造儿童"游戏角落"，提供适龄儿童步行路径和探索空间，合理增设室内外安全游戏活动设施。

（二十）开展儿童友好自然生态建设。建设健康生态环境，推动开展城市儿童活动空间生态环境风险识别与评估评价。推动建设具备科普、体验等多功能的自然教育基地。开展儿童友好公园建设，推进城市和郊野公园设置游戏区域和游憩设施，合理改造利用绿地，增加儿童户外活动空间。

（二十一）提升灾害事故防范应对能力。推动落实儿童密集场所安全主体责任和行业监管责任，有效防范应对各类灾害事故风险。强化防灾减灾安全教育，增强儿童防灾减灾意识和自救互救能力。储备面向儿童需求的重要应急物资。

六、推进发展环境友好，优化儿童健康成长社会环境

（二十二）推进家庭家教家风建设。深入实施家家幸福安康工程，建设文明家庭、实施科学家教、传承优良家风。构建学校家庭社会协同育人体系，加强家庭教育指导服务，增强家庭监护责任意识和能力，建立良好亲子关系，培养儿童良好思想品行和生活习惯。

（二十三）培养健康向上的精神文化。鼓励创作符合儿童特点的优秀文化产品，加强社会主义核心价值观教育。组织开展优秀传统文化进校园、进课堂活动，深入开展共青团、少先队实践活动。普及发展青少年健身运动，让更多儿童经常性参与体育锻炼。

（二十四）持续净化网络环境。加强网络环境保护，聚焦网络直播、网络游戏等儿童上网重点环节和应用，及时发现处置危害儿童身心健康的不良信息，严厉查处违法违规行为。加大儿童用户量集中的网络平台日常监管，规范涉儿童相关网站管理，压实互联网企业维护网络环境责任。

（二十五）筑牢安全发展屏障。开展中小学生安全教育日活动，深化少年警校建设，推进"护校安园"专项行动，加强校园、校舍和校车安全管理。落实食品安全校（园）长负责制，保障在校学生安全营养用餐。强化儿童用品安全监管，加强监督检查，及时向社会公示。

（二十六）防止儿童意外和人身伤害。健全儿童交通、溺水、跌落、烧烫伤、中毒等重点易发意外事故预防和处置机制。做好学生欺凌防治工作，有效防范性侵、家暴事件，严格落实侵害未成年人案件强制报告制度，保障儿童合法权益。及时受理、依法查处儿童失踪案事件，严厉打击拐卖儿童等犯罪行为。

（二十七）积极预防未成年人犯罪。推进实施未成年人违法犯罪分级干预机制，及时发现、制止未成年人不良行为和严重不良行为。对涉罪未成年人坚持依法惩戒与精准帮教相结合，增强教育矫治效果，预防重新犯罪。

七、组织实施

（二十八）加强组织领导。国家发展改革委、国务院妇儿工委办公室、住房城乡建设部等统筹协调儿童友好城市建设工作。建立健全儿童友好城市建设、认定、评估、监测等机制，研究儿童友好城市认定办法。行业主管部门按职能开展相关领域儿童友好行动，制定标准体系或建设指南。省级政府有关部门制定本地区儿童友好城市建设实施方案。城市政府履行建设主体责任，整体制定落实建设方案。

（二十九）完善政策支持。中央财政统筹利用现有资金渠道，发挥中央预算内投资的引导和撬动作用，对儿童友好城市建设予以积极支持。对价格普惠且具有一定收益的儿童服务设施项目，符合条件的可纳入地方政府专项债券支持范围。地方要统筹中央相关转移支付资金和自有财力，强化政策支持。强化公益普惠类儿童服务项目规划用地保障。鼓励地方政府以购买服务、租金减免等方式发展普惠性儿童服务。

（三十）分批推进建设。制定实施国家儿童友好城市建设行动方案，支持有建设意愿、基础较好的城市先行探索，分批分期滚动推进实施。对于不具备整体建设条件的城

市，鼓励从儿童友好社区建设起步，以点带面夯实基础。对建设成效突出的城市命名为国家儿童友好城市。支持有条件的城市发起"一带一路"儿童友好城市联盟。

（三十一）加强监测评估。组织制定儿童友好城市建设评估指标体系，适时调整完善政策措施。开展儿童友好建设的城市及时收集、整理、分析儿童数据信息，对本地方儿童发展整体情况实施动态监测，探索制定符合地方特点的儿童友好城市建设标准和分领域建设指南，开展建设情况评估。

（三十二）强化宣传交流。开展儿童友好城市公益宣传，提高公众知晓度和参与度，把儿童友好的理念向全社会推广。总结国内城市建设经验，推广具有重大示范效应的建设模式。借鉴国际有益做法，加强对外交流合作，全面提升中国儿童友好城市国际影响力。

国家发展改革委　国务院妇儿工委办公室

住房城乡建设部　中央宣传部

中央网信办　教育部　公安部

民政部　财政部　自然资源部

生态环境部　交通运输部

文化和旅游部　国家卫生健康委

应急部　市场监管总局　广电总局

体育总局　国家医保局

国家林草局　共青团中央

全国妇联　中国残联

2021 年 9 月 30 日

关于进一步完善和落实积极生育支持措施的指导意见

国卫人口发〔2022〕26 号

各省、自治区、直辖市人民政府，国务院各部委、各直属机构，军队各有关单位：

为深入贯彻《中共中央国务院关于优化生育政策促进人口长期均衡发展的决定》，落实人口与计划生育法，进一步完善和落实积极生育支持措施，经国务院同意，现提出如下意见：

一、总体要求

坚持以习近平新时代中国特色社会主义思想为指导，认真贯彻落实党中央、国务院决策部署，深入实施一对夫妻可以生育三个子女政策及配套支持措施，将婚嫁、生育、养育、教育一体考虑，尽力而为、量力而行，综合施策、精准发力，完善和落实财政、税收、保险、教育、住房、就业等积极生育支持措施，落实政府、用人单位、个人等多方责任，持续优化服务供给，不断提升服务水平，积极营造婚育友好社会氛围，加快建立积极生育支持政策体系，健全服务管理制度为推动实现适度生育水平、促进人口长期均衡发展提供有力支撑。

二、提高优生优育服务水平

（一）改善优生优育全程服务。实施母婴安全行动提升计划，全面落实母婴安全五项制度。

推进妇幼保健机构能力建设，各省、市、县级均应设置1所政府举办、标准化的妇幼保健机构。加强高质量产科建设，全面改善住院分娩条件推动落实出生缺陷三级防治策略，健全"县级筛查、市级诊断、省级指导、区域辐射"的出生缺陷防治网络，提升婚前保健、孕前保健、产前筛查和产前诊断服务水平，针对重点疾病推动围孕期、产前产后一体化管理服务和多学科诊疗协作，强化新生儿遗传代谢病、听力障碍和先天性心脏病筛查和诊断。

（二）提高儿童健康服务质量。实施健康儿童行动提升计划。加强0～6岁儿童和孕产妇健康管理服务，提高服务质量和资金使用效率。加强基层儿童保健服务网络建设。推进基层医疗机构儿童保健门诊（儿童保健室）标准化建设，提高乡镇卫生院、社区卫生服务中心专业从事儿童保健和基本医疗服务的医生配备水平。"十四五"期间，中央预算内投资支持开展10个左右儿科类国家区域医疗中心建设项目，推进儿科医疗联合体建设，促进优质儿科医疗资源下沉和均衡布局。开展母婴友好医院和儿童友好医院建设。做好新生儿参加居民医保服务管理工作。

（三）加强生殖健康服务。扩大分娩镇痛试点，规范相关诊疗行为，提升分娩镇痛水平。指导推动医疗机构通过健康教育、心理辅导、中医药服务、药物治疗、手术治疗、辅助生殖技术等手段，向群众提供有针对性的服务，提高不孕不育防治水平。推进辅助生殖技术制度建设，健全质量控制网络，加强服务监测与信息化管理。开展生殖健康促进行动，增强群众保健意识和能力。加强生殖健康宣传教育和服务预防非意愿妊娠，减少非医学需要的人工流产。

（四）提高家庭婴幼儿照护能力。建立完善健康科普专家库和资源库，通过广播、电视、报刊、网络、新媒体等多种渠道，普及科学育儿知识与技能。鼓励地方采取积极措施支持隔代照料、家庭互助等照护模式。扩大家政企业上门居家婴幼儿照护服务供给。鼓励有条件的托育机构与家政企业等合作，提供上门居家婴幼儿照护服务。鼓励有资质的服务机构、行业协会和专业人员，依托村（居）委会等基层力量通过家长课堂、养育照护小组活动、入户指导等方式，提高婴幼儿照护能力。充分发挥公益慈善类社会组织等社会力量积极作用，加大对农村和欠发达地区婴幼儿照护服务的支持。

三、发展普惠托育服务体系

（五）增加普惠托育服务供给。2022 年，全国所有地市要印发实施"一老一小"整体解决方案。通过中央预算内投资支持和引导，实施公办托育服务能力建设项目和普惠托育服务专项行动，带动地方政府基建投资和社会投资。公办托育机构收费标准由地方政府制定，加强对普惠托育机构收费的监管。拓展社区托育服务功能，完善婴幼儿照护设施等基本公共服务设施。支持有条件的用人单位为职工提供福利性托育服务。加快制定出台家庭托育点管理办法。在满足学前教育普及的基础上，鼓励和支持有条件的幼儿园招收 2 ～ 3 岁幼儿。

（六）降低托育机构运营成本。"十四五"时期，拓宽托育建设项目申报范围，中央预算内投资加大支持力度给予建设补贴。科学布局社区综合服务设施，落实社区托育服务发展税费优惠政策。完善土地、住房、财政、金融、人才等政策，鼓励地方对普惠托育机构予以支持。托育机构用水、用电、用气、用热按照居民生活类价格执行。鼓励社会资本设立托育服务事业发展基金，向托育行业提供增信支持。各地要建立托育机构关停等特殊情况应急处置机制，落实疫情期间托育企业纾困政策。

（七）提升托育服务质量。深入开展全国婴幼儿照护服务示范城市创建活动，形成一批可复制、可推广的典型经验研究制定托育服务相关制度规范，大力发展多种形式的托育服务。鼓励有条件的普通高等学校和职业院校开设托育服务相关专业，加快培养专业人才。依法逐步实行托育从业人员职业资格准入制度。深入实施康养职业技能培训计划，加强托育岗位人员技能培训。各级医疗卫生机构、疾病预防控制机构等要加强对托育机构卫生保健工作的业务指导、咨询服务和监督检查，预防控制传染病，降低常见病的发病率，保障婴幼儿的身心健康。严格落实托育机构消防安全指南等一系列规范性文件，加强部门综合监管，严防安全事故发生。加强社会监督，促进行业自律。

四、完善生育休假和待遇保障机制

（八）优化生育休假制度。各地要完善生育休假政策，从保障职工生育权益和保护生育职工健康权的功能定位出发，体现保护生育和养育过程，帮助职工平衡工作和家庭关系促进公平就业和职业发展。要结合实际完善假期用工成本合理分担机制，明确相关各方责任，采取切实有效措施保障职工假期待遇。

（九）完善生育保险等相关社会保险制度。国家统一规范并制定完善生育保险生育津贴支付政策，强化生育保险对参保女职工生育医疗费用、生育津贴待遇等保障作用，保障生育保险基金安全。有条件的地方可探索参加职工基本医疗保险的灵活就业人员同步参加生育保险。未就业妇女通过参加城乡居民基本医疗保险享受生育医疗待遇。为领取失业保险金人员缴纳职工基本医疗保险费（含生育保险费），保障其生育权益，所需资金从失业保险基金列支。指导地方综合考虑医保（含生育保险）基金可承受能力、相关技术规范性等因素，逐步将适宜的分娩镇痛和辅助生殖技术项目按程序纳入基金支付范围。

五、强化住房、税收等支持措施

（十）加快完善住房保障体系。加快发展保障性租赁住房，促进解决新市民、青年人等群体住房困难。进一步完善公租房保障对促进积极生育的支持措施，各地在配租公租房时对符合条件且有未成年子女的家庭，可根据其未成年子女数量，在户型选择方面给予适当照顾；优化公租房轮候与配租规则，将家庭人数及构成等纳入轮候排序或综合评分的因素，对符合条件且子女数量较多的家庭可直接组织选房；完善公租房调换政策，对因家庭人口增加、就业、子女就学等原因需要调换公租房的，根据房源情况及时调换。

（十一）精准实施购房租房倾斜政策。住房政策向多子女家庭倾斜，在缴存城市无自有住房且租赁住房的多子女家庭，可按照实际房租支出提取住房公积金；对购买首套自住住房的多子女家庭，有条件的城市可给予适当提高住房公积金贷款额度等相关支持政策。加快发展长租房市场，多渠道增加长租房供应，推进租购权利均等。各地可结合实际，进一步研究制定根据养育未成年子女负担情况实施差异化租赁和购买房屋的优惠政策。

（十二）发挥好税收、金融等支持作用。实施好3岁以下婴幼儿照护费用个人所得税专项附加扣除政策。建立对依法保障职工生育权益用人单位激励机制。向提供母婴护理、托育服务以及相关职业培训、消费品生产的企业加大金融支持力度。

六、加强优质教育资源供给

（十三）提高学前教育普及普惠水平。继续实施"十四五"学前教育发展提升行动计划，着力补齐农村地区和城市新增人口集中地区普惠性资源短板。切实落实各级政府发展学前教育责任，健全政府投入为主、家庭合理分担、其他多渠道筹措经费的机制。优化完善财政补助政策，逐步提高学前教育财政投入水平，保障普惠性学前教育有质量可持续发展。健全学前教育资助制度，切实保障家庭经济困难儿童接受普惠性学前教育。

（十四）提高义务教育均衡发展水平。依法落实政府举办义务教育的主体责任，优化义务教育结构，确保义务教育学位主要由公办学校提供和政府购买学位方式提供。继续落实"两免一补"政策，降低学生就学成本。进一步减轻义务教育阶段学生作业负担和校外培训负担，发挥学校教育主阵地作用，提升课后服务质量，按规定保障课后服务经费。严格落实义务教育阶段学科类校外培训收费实行政府指导价管理政策。加强非学科类校外培训监管，规范培训机构收费行为。加强对家长的家庭教育指导，树立科学育儿观念。

（十五）加强生理卫生等健康教育。针对在校学生的心理生理特点，通过定期举办专题讲座、开设公共选修课程等方式，开展生理卫生教育、青春期教育或者性健康教育，加强婚恋观、家庭观正向引导。

七、构建生育友好的就业环境

（十六）鼓励实行灵活的工作方式。用人单位可结合生产和工作实际，通过与职工协商，采取弹性上下班、居家办公等工作方式，为有接送子女上下学、照顾生病或居家子女等需求的职工提供工作便利，帮助职工解决育儿困难。

（十七）推动创建家庭友好型工作场所。推动用人单位将帮助职工平衡工作和家庭关系相关措施纳入集体合同和女职工权益保护专项集体合同条款。实施母乳喂养促进行动。女职工比较多的用人单位应当建立孕妇休息室、哺乳室，配备必要母婴服务设施，更好满足孕产期、哺乳期女职工的需求。鼓励有条件的用人单位、学校、社区、群团组织等开展寒暑假托管服务。

（十八）切实维护劳动就业合法权益。推动完善促进妇女就业的制度机制，加强对女性劳动者特别是生育再就业女性相关职业技能培训。持续开展就业性别歧视约谈工作，依法查处侵权行为。督促用人单位依法依规落实对孕产期、哺乳期女职工关于工作时间、工资待遇、劳动强度等方面的特殊劳动保护。加强监管执法，健全司法救济机制，探索开展妇女平等就业权益保护检察公益诉讼，维护妇女劳动和社会保障权益。强化工会劳动法律监督，推动职工权益保护法律法规贯彻落实。

八、加强宣传引导和服务管理

（十九）积极营造生育友好社会氛围。充分发挥各类媒体作用和群团组织优势，积极开展人口基本国情宣传教育，弘扬中华民族传统美德，提倡适龄婚育、优生优育，倡导尊重生育的社会价值、尊重父母、儿童优先、夫妻共担育儿责任。推进婚俗改革和移风易俗，破除婚嫁大操大办、高价彩礼等陈规陋习，倡导积极婚育观念。组织创作一批积极向上的文艺作品，讲好新时代美好爱情、和谐家庭、幸福生活的中国故事。推进儿童友好城市建设。开展全国生育友好工作先进单位表彰活动，评选一批工作扎实、成效明显、群众满意的先进典型，鼓励和带动基层积极创新，营造生育友好的社会环境。

（二十）建立健全人口服务体系。以"一老一小"为重点，建立健全覆盖全生命周期的人口服务体系。加强政府和社会协同治理，强化乡镇（街道）、村（社区）等基层人口管理体系和服务能力建设。完善生育登记制度，全面落实出生医学证明、儿童预防接种、户口登记、医保参保、社保卡申领等"出生一件事"集成化办理。强化基层人口信息管理职责，促进入户、入学、婚姻登记、卫生健康等基础信息融合共享，科学研判生育形势和人口变动趋势。维护计划生育家庭合法权益，建立健全政府主导、社会组织参与的计划生育特殊家庭扶助关怀工作机制，建立健全生活、养老、医疗、精神慰藉等全方位帮扶保障制度，动员各级计划生育协会深入开展"暖心行动"。

各地各有关部门要深刻认识完善和落实积极生育支持措施的重要性和紧迫性，切实提高政治站位，把人口工作摆上重要议事日程，密切协同配合，加快完善积极生育支持措施各地要坚持一把手亲自抓、负总责，加强统筹规划、政策协调和工作落实，结合实际及时完善具体政策措施，周密组织实施，确保责任到位、措施到位、投入到位、落实到位。各有关部门要加强对地方的指导，总结推广好的经验做法，及时细化配套措施，推动解决工作中面临的问题，不断完善服务管理制度。立足国情，加强评估论证，促进生育政策和相关经济社会政策配套衔接。完善跨部门协调机制，强化重要政策统筹研究和督促落实。完善优化生育政策目标管理责任制，研究建立指标体系，监测评估积极生育支持措施的成效。加强政策宣传解读。及时妥善回应社会关切，营造良好氛围。重要情况及时报告。

国家卫生健康委　国家发展改革委

中央宣传部　教育部

民政部　财政部

人力资源社会保障部　住房城乡建设部

中国人民银行　国务院国资委

国家税务总局　国家医保局

中国银保监会　全国总工会

共青团中央　全国妇联

中央军委后勤保障部

2022 年 7 月 25 日

《关于进一步完善和落实积极生育支持措施的指导意见》解读问答

发布时间：2022-08-16　　来源：卫生健康委网站

一、《关于进一步完善和落实积极生育支持措施的指导意见》出台的背景是什么？

2021 年 6 月，中共中央、国务院印发《关于优化生育政策促进人口长期均衡发展的决定》（以下简称《决定》）实施一对夫妻可以生育三个子女政策，配套实施积极生育支持措施。2021 年 8 月，全国人大常委会修改人口与计划生育法，规定"国家采取财政、税收、保险、教育、住房、就业等支持措施，减轻家庭生育、养育、教育负担"。2021 年 12 月，中央经济工作会议强调"推动新的生育政策落地见效，积极应对人口老龄化"。2022 年政府工作报告提出"完善三孩生育政策配套措施"。实施三孩生育政策及配套支持措施受到群众的热烈欢迎，但同时也反映希望进一步加大生育支持力度。为进一步贯彻落实党中央、国务院决策部署，满足人民群众新的期盼，国家卫生健康委、国家发展改革委会同相关部门研究起草了《关于进一步完善和落实积极生育支持措施的指导意见》（以下简称《指导意见》），加快建立积极生育支持政策体系，为推动实现适度生育水平、促进人口长期均衡发展提供有力支撑。

二、在提高优生优育服务水平方面有哪些举措？

优化生育直接关系到广大家庭的幸福和人口整体素质提升。《指导意见》在提高优生优育服务水平方面提出了改善优生优育全程服务、提高儿童健康服务质量、加强生殖健康服务、提高家庭婴幼儿照护能力等 4 项措施。推进妇幼保健机构能力建设，各省、市、县级均应设置 1 所政府举办、标准化的妇幼保健机构。加强高质量产科建设，全面改善住院分娩条件。推进基层医疗机构儿童保健门诊（儿童保健室）标准化建设，提高专业从事儿童保健和基本医疗服务医生配备水平。"十四五"期间中央预算内投资支持开展 10 个左右儿科类国家区域医疗中心建设项目。扩大分娩镇痛试点推进辅助生殖技术制度建设。加强生殖健康宣传教育和服务，预防非意愿妊娠，减少非医学需要的人工流产。建立完善健康科普专家库和资源库，普及科学育儿知识与技能。

三、《决定》将发展普惠托育服务体系，作为积极生育支持措施的重要内容，《指导意见》此次有哪些部署？

3 岁以下婴幼儿阶段是一个人全面发展的开端，是人生发展的重要时期。托育服务事关婴幼儿的健康成长，事关千家万户的切身利益，事关国家和民族的未来。《指导意见》从增加普惠托育服务供给、降低托育机构运营成本、提升托育服务质量等 3 方面推动托育服务体系加快发展。提出 2022 年全国所有地市印发实施"一老一小"整体解决方案。实施公办托育服务能力建设项目和普惠托育服务专项行动，带动地方政府基建投资和社会投资。公办托育机构收费标准由地方政府制定，加强对普惠托育机构收费的监管。支持有条件的用人单位为职工提供福利性托育服务。加快制定出台家庭托育点管理办法。鼓励和支持有条件的幼儿园招收 2～3 岁幼儿。拓宽托育建设项目申报范围，中央预算内投资加大支持力度给予建设补贴。托育机构用水、用电、用气、用热按照居民生活类价格执行。鼓励社会资本设立托育服务事业发展基金向托育行业提供增信支持。落实疫情期间托育企业纾困政策。依法逐步实行托育从业人员职业资格准入制度。深入开展全国婴幼儿照护服务示范城市创建活动。鼓励有条件的普通高等学校和职业院校开设托育服务相关专业。严格落实托育机构消防安全指南等一系列规范性文件，加强部门综合监管，严防安全事故发生。

四、如何进一步完善生育休假和待遇保障机制？

《指导意见》主要从优化生育休假制度、完善生育保险等相关社会保险制度两方面来进一步完善生育休假和待遇保障机制。提出各地要完善生育休假政策，帮助职工平衡工作和家庭关系，促进公平就业和职业发展。结合实际完善假期用工成本合理分担机制，明确相关各方责任，采取切实有效措施保障职工假期待遇。国家统一规范并制定完善生育保险生育津贴支付政策，强化生育保险对参保女职工生育医疗费用、生育津贴待遇等保障作用，保障生育保险基金安全。有条件的地方可探索参加职工医保的灵活就业人员同步参加生育保险。未就业妇女通过参加城乡居民医保享受生育医疗待遇。为领取失业保险金人员缴纳职工基本医疗保险费（含生育保险费），保障其生育权益，所需资金从失业保险基金列支。指导地方综合考虑医保（含生育保险）基金可承受能力、相关技术规范性等因素，逐步将适宜的分娩镇痛和辅助生殖技术项目按程序纳入基金支付范围。

五、提出了哪些住房、税收等支持措施？

提出加快完善住房保障体系，精准实施购房租房倾斜政策，发挥好税收、金融等支持作用等 3 项措施。优化公租房轮候与配租规则，将家庭人数及构成等纳入轮候排序或综合评分的因素，对符合条件且子女数量较多的家庭可直接组织选房；完善公租房调换政策，对因家庭人口增加、就业、子女就学等原因需要调换公租房的，根据房源情况及时调换住房政策向多子女家庭倾斜，在缴存城市无自有住房且租赁住房的多子女家庭，可按照实际房租支出提取住房公积金；对购买首套自住住房的多子女家庭，有条件的城市可给予适当提高住房公积金贷款额度等相关支持政策。实施好3岁以下婴幼儿照护费用个人所得税专项附加扣除政策；建立对依法保障职工生育权益用人单位激励机制；向提供母婴护理托育服务以及相关职业培训、消费品生产的企业加大金融支持力度。

六、如何加强优质教育资源供给？

包括提高学前教育普及普惠水平、提高义务教育均衡发展水平、加强生理卫生等健康教育等3项措施。提出继续实施"十四五"学前教育发展提升行动计划。健全政府投入为主、家庭合理分担、其他多渠道筹措经费的机制。优化完善财政补助政策，逐步提高学前教育财政投入水平。健全学前教育资助制度，切实保障家庭经济困难儿童接受普惠性学前教育。优化义务教育结构，确保义务教育学位主要由公办学校提供和政府购买学位方式提供。进一步减轻义务教育阶段学生作业负担和校外培训负担，提升课后服务质量，按规定保障课后服务经费。加强非学科类校外培训监管。加强对家长的家庭教育指导，树立科学育儿观念。开展生理卫生教育、青春期教育或者性健康教育，加强婚恋观、家庭观正向引导。

七、在构建生育友好的就业环境方面提出了哪些要求？

生育友好的就业环境有利于职工平衡工作和家庭关系。《指导意见》提出鼓励实行灵活的工作方式、推动创建家庭友好型工作场所、切实维护劳动就业合法权益等3项措施。用人单位可结合生产和工作实际，通过与职工协商，采取弹性上下班、居家办公等工作方式，为有接送子女上下学、照顾生病或居家子女等需求的职工提供工作便利，帮助职工解决育儿困难。推动用人单位将帮助职工平衡工作和家庭关系相关措施纳入集体合同和女职工权益保护专项集体合同条款。实施母乳喂养促进行动。配备必要母婴服务设施。鼓励有条件的用人单位、学校、社区、群团组织等开展寒暑假托管服务。加强对女性劳动者特别是生育再就业女性相关职业技能培训。加强监管执法，健全司法救济机制，探索开展妇女平等就业权益保护检察公益诉讼。

八、如何做好宣传引导和服务管理工作？

实施积极生育支持措施，需要积极营造生育友好社会氛围，建立健全人口服务体系。《指导意见》就以上两方面工作做了具体安排，提出充分发挥各类媒体作用和群团组织优势，提倡适龄婚育、优生优育，倡导尊重生育的社会价值、尊重父母、儿童优先、夫妻共担育儿责任。推进婚俗改革和移风易俗，倡导积极婚育观念。组织创作一批积极向上的文艺作品。推进儿童友好城市建设。开展全国生育友好工作先进单位表彰活动。加强政府和社会协同治理，强化乡镇（街道）、村（社区）等基层人口管理体系和服务能力建设。强化基层人口信息管理职责，促进基础信息融合共享，科学研判生育形势和人口变动趋势。建立健全生活、养老、医疗、精神慰藉等全方位帮扶保障制度，动员各级计划生育协会深入开展"暖心行动"。

九、如何确保《指导意见》中各项政策措施落地落实？

《指导意见》要求，各地各有关部门要深刻认识完善和落实积极生育支持措施的重要性和紧迫性，切实提高政治站位，把人口工作摆上重要议事日程，密切协同配合，加快完善积极生育支持措施。各地要坚持一把手亲自抓、负总责，加强统筹规划、政策协调和工作落实，结合实际及时完善具体政策措施，周密组织实施，确保责任到位、措施到位、投入到位、落实到位。各有关部门要加强对地方的指导，总结推广好的经验做法，及时细化配套措施，推动解决工作中面临的问题，不断完善服务管理制度。立足国情，加强评估论证，促进生育政策和相关经济社会政策配套衔接。完善跨部门协调机制，强化重要政策统筹研究和督促落实。完善优化生育政策目标管理责任制，研究建立指标体系，监测评估积极生育支持措施的成效。加强政策宣传解读。及时妥善回应社会关切，营造良好氛围。重要情况及时报告。

发展普惠托育服务　减轻生育养育负担
郑州印发《关于促进3岁以下婴幼儿照护服务发展的实施意见》

发布时间：2022-02-14　　来源：郑州市卫生健康委员会网站

近日，中共郑州市委办公厅、郑州市人民政府办公厅印发《关于促进3岁以下婴幼儿照护服务发展的实施意见》，主要内容如下：

为深入贯彻落实《中共中央、国务院关于优化生育政策促进人口长期均衡发展的决定》和《河南省人民政府关于促进3岁以下婴幼儿照护服务发展的实施意见》（豫政办〔2020〕8号），结合我市实际，制定以下意见。

一、指导思想

以习近平新时代中国特色社会主义思想为指导，坚持以人民为中心，以发展普惠托育服务体系为主导，逐步建立健全婴幼儿照护服务发展的政策体系、标准体系和供给体系，着力减轻家庭生育、养育负担，切实促进人口长期均衡发展。

二、总体目标

按照就近可及、普惠公平的原则，以构建公办机构为引领、公建民营和民办公助为主体、多种社会力量广泛参与的普惠托育发展体系为目标，"十四五"期间实现"五年三跨越"，每千人口托位数分阶段达到"2、4、6"个，即：2022年年底，市内各区、郑东新区、郑州经开区、高新区至少要建成2家，各县（市）和上街区、郑州航空港区至少要建成 1 家不少于 50 个托位规模、质量有保障、价格可承受、方便可及、具有示范效应的普惠托育服务机构，且辖区每千人口托位数达到 2 个；到 2023 年，每个街道至少建成 1 家不少于 50 个托位规模、每个乡镇至少建成 1 家不少于 30 个托位规模、有示范效应的普惠托育服务机构，且辖区每千人口托位数达到 4 个；到 2025 年，全市婴幼儿照护服务发展的政策体系基本健全，每个社区均建有不少于 20 个托位规模的托育服务机构，且辖区每千人口托位数达到 6 个。全市普惠托位数占比不低于 90%，郑州市创建成全国婴幼儿照护服务示范城市。

三、主要任务

（一）完善生育支持政策

1. 健全生育假期制度。全面落实"98 天 +3 个月"的产假、护理假、育儿假。婴幼儿 12 个月之前，每天给予女职工不少于 2 个小时的哺乳时间。用人单位要将生育友好作为承担社会责任、企业文化建设的重要内容，制定有利于职工平衡工作和家庭关系的措施，实施有利于照顾婴幼儿的灵活休假和弹性工作方式。强化生育友好措施的宣传和落实机制，将生育假期的落实、女职工权益保障、母婴设施配备等纳入合法经营评价、享受税费减免等各项优惠政策的评选条件，引导文明单位在生育友好措施落实中发挥示范表率作用。〔责任单位：市人社局、市医保局、市财政局、市税务局、市文明办、市市场监管局、市卫健委、市总工会、市妇联、各开发区管委会、各区县（市）人民政府〕

2. 强化婴幼儿早期发展指导。依托社区卫生服务中心（卫生院）建立"科学育儿指导服务中心"，组建科学育儿指导团队，针对婴幼儿保健护理、膳食营养、生长发育、预防接种、安全防护、疾病防控等方面，制作开发通俗易懂的育儿宣教知识，利用微信公众号、短视频等信息化手段，通过亲子活动、家庭课堂等形式，为辖区婴幼儿家庭、托育机构提供全程、科学、常态化的育儿指导服务，切实增强科学保育能力。要充分利用人口监测、预防接种等人口信息数据，提高育儿知识推送的精准度。每个"科学育儿指导服务中心"要开通 1 个微信公众号和短视频公众号，及时更新发布各类科学育儿信息或婴幼儿健康管理动态，切实提高公众号的实用性和活跃度。建立育儿指导常态化机制，每年组织到社区、托育机构开展保育指导、亲子活动、家长课堂等线下育儿指导活动不少于 4 次，且对辖区社区楼院、托育机构线下指导全覆盖。〔责任单位：各开发区管委会、各区县（市）人民政府、市卫健委〕

（二）提高普惠托育服务供给能力

1. 市县两级可依托妇幼保健机构建设"托育指导中心"，负责定期对辖区内托育机构从业人员进行培训、开展托育产品研发和创新设计、家庭养育及婴幼儿早期发展等各项业务指导的职能。强化公办托育服务机构引领作用，市、各开发区、各区县（市）均要新建至少 1 所公办托育机构，新建的公办托育机构建设要有示范性、标杆性、辐射性和带动性。〔责任单位：各开发区管委会、各区县（市）人民政府、市卫健委、市财政局、市发展改革委、市资源规划局、市城建局〕

2. 各区（含开发区）及各县（市）主城区所辖乡镇（街道）可采取公办、公建民营、民办公助等多种形式，按照辖区常住人口"每千人托位 6 个"的标准建设"社区托育点"，要根据"半径 300 米托育服务圈"的要求，合理确定"社区托育点"的数量、规模和布局，实现人民群众就近便利享受服务。对于面积充裕、条件具备的或新建的社区党群服务中心，各乡镇（街道）村（社区）要在充分听取辖区居民群众意见的基础上，积极推进普惠"社区托育点"建设，不断提高覆盖率，2025 年前实现应建尽建，其中公办和公建民营托位数占比不低于 50%。〔责任单位：市卫健委、市委社治委、市发展改革委、市财政局、市资源规划局、市城建局、各开发区管委会、各区县（市）人民政府〕

3. 支持公办机构发展普惠托育服务。各级政府机关、事业单位、国有企业要带头单独或联合在工作场所或附近支持开办普惠性的托育机构。支持有条件的公办幼儿园率先增设托班，推进幼托一体化，逐步引导更多的普惠幼儿园举办托班。支持工业（产业）园区、用人单位等利用自有土地或设施新建、改扩建托育服务设施。〔责任单位：市卫健委、市财政局、市事管局、市教育局、市资源规划局、市城建局、市国资委〕

4. 普惠托位要向社会开放提供。各类托育机构托位设置规模原则上不超过 150 人，根据需求提供全日托、半日托、计时托、临时托等多元化照护服务。〔责任单位：市卫健委、各开发区管委会、各区县（市）人民政府〕

（三）推进托育机构规范化建设

1. 各类托育服务机构要按照相关规定实施登记备案制。事业单位性质的，向县级以上机构编制部门申请审批和登记；社会服务机构性质的，向县级以上民政部门申请注册登记；营利性质的，向县级以上市场监督管理部门申请注册登记。核准登记后，应及时向机构所在地的县级卫生健康部门登记备案。各有关部门要根据实际情况，优化登记备案要素和流程，切实提高全市托育机构备案率。各类托育机构的建设和设置须符合相关行业标准和规定。〔责任单位：市卫健委、市委编办、市民政局、市市场监管局、市城建局〕

2. 强化卫生保健工作，推进医育结合。贯彻保育为主、保教结合的方针，托育机构要按实际收托的规模比例，配备专（兼）职的卫生保健人员。收托 100 人以下的至少要配备 1 名兼职卫生保健人员，收托 100 人（含）以上的至少要配备 1 名专职的卫生保健人员。市场监管、妇幼保健、疾病预防控制、卫生监督等机构要建立联合办公机制，协同开展对托育机构的儿童膳食、体格锻炼、健康体检、卫生消毒、疾病预防、卫生监督等卫生保健工作的业务指导、监督管理及卫生评价评审，为婴幼儿创造良好的生活环境，保障婴幼儿身心健康。托育机构可作为儿科等相关医护人员基层服务定点单位，服务时长作为基层服务时间，在医护人员申报专业高级职称时作为评分条件使用。〔责任单位：市卫健委、市人社局、市妇联〕

3. 依法加强安全监管。各级政府要按属地管理原则，对托育机构的规范发展和安全生产承担监管责任，建立安全检查、安全保障和责任追究制度。各托育机构开展婴幼儿照护服务必须符合国家和地方相关标准和规范，并对婴幼儿安全和健康负主体责任，必须建立安全生产管理制度，责任到岗、到人，必须配备与实际收托规模相适应的专（兼）职安保人员和物防技防设施，收托 100 人以下至少配备 1 名兼职的保安员，收托 100 人（含）以上的至少配备 1 名专职保安员。监控报警系统要 24 小时设防，对托育区域视频全覆盖，录像资料保存期不少于 90 天。托育机构违反托育服务相关标准和规范的，依法给予处罚。构成犯罪的，依法追究刑事责任。〔责任单位：市市场监管局、市应急局、市人社局、市卫健委、各开发区管委会、各区县（市）人民政府〕

4. 实施质量评估。建立全市统一的托育机构质量评估制度，定期开展托育机构质量评估工作。逐步实施托育机构从业人员职业资格准入制度和黑名单制度，建立全市托育行业信息管理平台，将托育机构质量评估及从业人员的诚信档案纳入平台信息管理。〔责任单位：市卫健委、市发展改革委、市市场监管局、市人社局、市公安局〕

5. 开展示范化创建。积极申报创建全国婴幼儿照护服务示范城市。持续开展婴幼儿照护服务示范活动。市卫健委、市教育局要率先支持系统内单位开办托育服务，并鼓励对社会开放，市国资委要积极支持国有企业投资兴办以托育服务为主的企业，通过示范引领、带动辐射作用，不断提高全市婴幼儿照护服务整体水平。大力推进儿童友好城市建设示范项目，推进公共场所母婴设施的建设和改造，开设母婴绿色通道，推进城市街区、道路、学校、医院、公园、图书馆、旅游景区、车站等场所的公共设施和优惠政策适儿化改造和调整，推进儿童劳动教育、自然教育、课外实践、素质拓展等校外活动场所设施建设。〔责任单位：各开发区管委会、各区县（市）人民政府、市卫健委、市总工会、市妇联、市国资委、市教育局、市城建局、市文化广电和旅游局、市交通局、市发展改革委、市资源规划局〕

四、支持政策

建立健全支持普惠型托育机构发展的政策体系。普惠托育入托价格（含餐费）实行最高限价，最高限价根据全市经济社会发展水平、居民收入水平、财政补贴标准、机构运营成本及合理利润测算后，统一发布，并适时调整。

（一）土地用房支持政策

在年度建设用地供应计划中要有托育用地，并结合实际安排在合理区位；依法调整优化并适当放宽土地和规划要求，支持各类主体利用存量用地和商业服务用地等开展托育服务。对符合《划拨用地目录》的婴幼儿照护服务设施和非营利性婴幼儿照护服务机构建设用地，采取划拨方式予以保障，对于不符合《划拨用地目录》，以有偿使用方式予以保障，其有偿使用底价按宗地控制性详细规划批准的教育、医卫、福利等用途评估后确定价格。2021 年以后，在农村社区综合改造建设和城镇新建住宅小区要按照"千人口 6 个托位"的标准及每规划托位建筑面积不低于 6 ㎡、室外活动面积不小于 2 ㎡的标准配套规划、建设与人口规模相适应的托育服务房屋和设施，可与幼儿园用地合并规划设置，要坚持同步规划、同步建设、同步验收、同步交付，交付所在地乡镇（街道）用于托育服务。配建的托育服务设施不符合相关标准和要求的，及时整改，整改到位之前，不得办理竣工验收手续，确保新建小区托育设施配套率 100%。老城区和已建成的居民区，各区县（市）政府要通过购置、置换、租赁等方式免费提供与人口规模相适应的普惠托育用房，确因困难无法提供专门室外场地的，用房每规划托位建筑面积应不低于 8m²，并在室内设置符合婴幼儿年龄特点、专门用于体能活动的公共活动空间。经相关部门审批同意后，国有场所、机关（事业单位）闲置的用房，可免费或优先提供给相关机构开办普惠托育机构。支持各类房屋用于发展托育，允许空置公租房及配套设施用于开展托育服务，非独立场所按相关安全标准改造建设成托育机构并应通过验收，不需要变更土地和房屋性质。〔责任单位：各开发区管委会、各区县（市）人民政府、市资源规划局、市城建局、市国资委、市事管局、市卫健委、市发展改革委、市财政局〕

（二）财税支持政策

1. 对依托社区开办的公建民营、民办公助等普惠型"社区托育点"，采取定额补助方式，对没有享受上级建设补贴的，按照每个规划托位补助 1 万元给予一次性建设补贴；公办机构用自有资金和场地开办普惠托育的，对没有享受上级建设补贴的，按建设总投资 60% 比例进行补助。以上两类建设补贴不重复享受。对符合条件的普惠托育机构根据质量评估结果给予奖补。以上财政补助资金，由市和机构所在区按 5∶5 比例承担，县（市）自行承担。

2. 对通过备案的托育机构用水、用电、用气实行居民价格；符合条件的，按照国家对提供保育和教育服务、社区家庭服务业有关增值税优惠政策免征增值税；提供社区托育取得的收入，在计算应纳税所得额时减按 90% 计入收入总额。对于符合条件的，为社区提供托育服务的机构，承受房屋、土地用于社区托育的，按照规定免征契税。对于符合条件的，为社区提供托育服务的机构，自有或通过承租、免费使用等方式取得并用于提供社区托育服务的房产、土地，按照政策规定免征房产税、城镇土地使用税。符合条件的托育服务机构可向税务部门申请办理非营利组织免税资格，经财政、税务部门确认后，可按照规定享受非营利组织有关收入免征企业所得税政策。企业内部开办的职工福利性质的托育机构所发生的设备、设施和人员费用，可作为职工福利费，按规定在税前扣除。〔责任单位：各开发区管委会、各区县（市）人民政府、市财政局、市卫健委、市发展改革委、市税务局、市城建局、市国资委〕

（三）人才支持政策

鼓励和支持市属高等院校和职业院校（含技工院校）加快开设婴幼儿照护服务相关专业，培养专业人才。利用专业机构、社会职业培训机构、开放大学系统等加强婴幼儿照护服务从业人员培训，将托育从业人员列入急需紧缺职业（工种）目录和政府补贴性培训目录，把育婴员、保育员等纳入政府职业技能培训计划，落实职业培训补贴、职业技能鉴定补贴。把职业道德教育作为从业人员岗前入职、在岗及转岗培训的必修课，提升从业人员的婴幼儿照护服务能力和水平。持有教育部门认证发放的幼教、婴幼儿照护相关专业（含婴幼儿照护类 1+X 证书）等毕业证书或幼师资格证书的人员均可在托育机构上岗。婴幼儿照护服务机构要依法为从业人员办理并交纳社会保险。〔责任单位：市教育局、市人社局、市卫健委〕

（四）金融保险支持政策

将托育服务项目纳入政府出资或参股的融资担保机构的支持范围。政府出资产业投资基金及市场化的创业投资基金、私募股权基金等按照市场化、法治化原则，要加大对托育领域的投资力度。创新信贷支持方式，在依法合规、风险可控、商业可持续前提下，推进应收账款质押贷款，探索收费权质押贷款，落实好信贷人员尽职免责政策。金融机构对托育机构要合理确定贷款期限，灵活提供循环贷款、年审制贷款、分期还本付息等多种贷款产品和服务。托育行业企业可通过郑州中小微企业金融综合服务平台注册认证后申报融资需求。金融机构要探索开发有针对性的金融产品，向托育行业提供增信支持。商业保险机构要积极开发托育机构运营的综合责任保险。〔责任单位：市金融局、市财政局、市发展改革委〕

（五）消防审验和报批建设支持政策

根据《中华人民共和国消防法》《建设工程消防设计审查验收管理暂行规定》《消防监督检查规定》等法律法规规定，对社会单位进行日常消防监督检查。既有建筑内的托育机构在卫健部门备案时按照国家规定提供消防安全检查合格证明，由相关部门依据规定对托育机构落实消防安全职责进行日常消防监督检查。大力简化托育机构服务登记备案程序，推进多部门一站式办理绿色通道，切实缩短办证时间。托育企业开展连锁服务的，可办理分支机构登记，若在同一登记监管区域内，也可选择备案登记，不再单独报批，可合并到总公司统一纳税。对新建建设工程，依法依规进行消防设计审查验收或备案抽查；对于既有建筑改造为托育设施的，采取"一事一议"的方式，简化前期手续，加快办理施工许可证。〔责任单位：市城建局、市资源规划局、市市场监管局、市税务局、市民政局、卫健委、市应急局、市公安局、市消防救援支队〕

五、组织实施

（一）强化组织领导

各级要提高政治站位，加强对发展婴幼儿照护服务的认识，将婴幼儿照护服务工作列入各级政府议事日程，主要领导亲自抓，各部门要畅通机制、明确职责、分工配合、形成合力，确保任务有效落实。

（二）强化督导考评

各级单位要对所承担的任务进行认真研究，进一步细化工作任务，制定工作方案，建立工作台账，明确工作要求、工作措施、工作进度、时间节点等，按任务、按节点、按目标进行跟踪督查，定期盘点对账，确保各项工作任务不折不扣落地见效。将婴幼儿照护服务工作纳入全市经济社会发展规划，将各有关部门、各开发区、各区县（市）年度目标任务列入民生实事专项绩效考核目标，纳入全市综合考评。

（三）强化宣传引导

各级每年定期开展婴幼儿照护服务集中宣传活动，充分利用各类媒体大力宣传婴幼儿照护服务的先进典型和行业标兵，营造良好的婴幼儿照护服务舆论氛围，提高全社会对婴幼儿照护服务的认知度和知晓率。

关于养老、托育、家政等社区家庭服务业
税费优惠政策的公告

财政部公告 2019 年第 76 号

为支持养老、托育、家政等社区家庭服务业发展，现就有关税费政策公告下：

一、为社区提供养老、托育、家政等服务的机构，按照以下规定享受税费优惠政策。

（一）提供社区养老、托育、家政服务取得的收入，免征增值税。

（二）提供社区养老、托育、家政服务取得的收入，在计算应纳税所得额时，减按90% 计入收入总额。

（三）承受房屋、土地用于提供社区养老、托育、家政服务的，免征契税。

（四）用于提供社区养老、托育、家政服务的房产、土地，免征不动产登记费、耕地开垦费、土地复垦费、土地闲置费；用于提供社区养老、托育、家政服务的建设项目，免征城市基础设施配套费；确因地质条件等原因无法修建防空地下室的，免征防空地下室易地建设费。

二、为社区提供养老、托育、家政等服务的机构自有或其通过承租、无偿使用等方式取得并用于提供社区养老、托育、家政服务的房产、土地，免征房产税、城镇土地使用税。

三、本公告所称社区是指聚居在一定地域范围内的人们所组成的社会生活共同体，包括城市社区和农村社区。

为社区提供养老服务的机构，是指在社区依托固定场所设施，采取全托、日托、上门等方式，为社区居民提供养老服务的企业、事业单位和社会组织。社区养老服务是指为老年人提供的生活照料、康复护理、助餐助行、紧急救援、精神慰藉等服务。

为社区提供托育服务的机构，是指在社区依托固定场所设施，采取全日托、半日托、计时托、临时托等方式，为社区居民提供托育服务的企业、事业单位和社会组织。社区托育服务是指为 3 周岁（含）以下婴幼儿提供的照料、看护、膳食、保育等服务。

为社区提供家政服务的机构，是指以家庭为服务对象，为社区居民提供家政服务的企业、事业单位和社会组织。社区家政服务是指进入家庭成员住所或医疗机构为孕产妇、婴幼儿、老人、病人、残疾人提供的照护服务，以及进入家庭成员住所提供的保洁、烹饪等服务。

四、符合下列条件的家政服务企业提供家政服务取得的收入，比照《营业税改征增值税试点过渡政策的规定》（财税〔2016〕36 号附件）第一条第（三十一）项规定，免

征增值税。

（一）与家政服务员、接受家政服务的客户就提供家政服务行为签订三方协议。

（二）向家政服务员发放劳动报酬，并对家政服务员进行培训管理。

（三）通过建立业务管理系统对家政服务员进行登记管理。

五、财政、税费征收机关可根据工作需要与民政、卫生健康、商务等部门建立信息共享和工作配合机制，民政、卫生健康、商务等部门应积极协同配合，保障优惠政策落实到位。

六、本公告自2019年6月1日起执行至2025年12月31日。

财政部　税务总局　发展改革委　民政部　商务部　卫生健康委

2019年6月28日

关于编报积极应对人口老龄化工程和托育建设
2021年中央预算内投资计划建议的通知

发改办社会〔2021〕544号

各省、自治区、直辖市及计划单列市、新疆生产建设兵团发展改革委、民政厅（局）、卫生健康委，黑龙江北大荒农垦集团有限公司：

为推进实施《"十四五"积极应对人口老龄化工程和托育建设实施方案》（发改社会〔2021〕895号，以下简称《实施方案》），2021年国家发展改革委安排中央预算内投资支持养老和托育服务体系设施建设。现将编报投资计划建议方案的有关要求通知如下：

一、总体要求

（一）计划建议方案必须符合《实施方案》及《积极应对人口老龄化工程和托育建设中央预算内投资专项管理办法》（发改社会规〔2021〕525号）相关要求，遴选前期工作成熟、具备开工条件的项目，确保投资计划下达后能尽快开工，不符合专项建设条件、前期工作不完备的项目一律不纳入安排范围。

（二）计划建议方案要按照《中央预算内投资计划编制管理暂行办法》《国家发展改革委关于加强政府投资项目储备编制三年滚动投资计划的通知》《国家发展改革委办公厅关于使用国家重大建设项目库加强项目储备编制三年滚动投资计划有关问题的通知》要求做好衔接，未纳入国家重大建设项目库的项目，不得列入本次建议方案。

（三）2021年投资要严格防范由此增加的地方政府债务风险。各地要统筹财力，避免重复安排，确保落实中央预算内投资项目的地方资金。对直接下达的项目，各地上报的投资计划建议方案文件中地方政府或地方行政主管部门的配套资金承诺函中需注明："经认真审核，所报投资计划符合我省（区、市）财政承受能力和政府投资能力，不会造成地方政府隐性债务。"

（四）安排地方的中央预算内投资属于奖补性质，资金安排将与各地"一老一小"整体解决方案的编制和实施情况、培训疗养机构转型发展养老服务的进展和绩效挂钩。各地方对项目负有主体责任。要落实项目实施和监管责任，在中央预算内投资计划下达后，应明确每一个项目的项目（法人）单位及项目责任人、日常监管直接责任单位及监管责任人，及时开展调度。

二、工作安排

（一）请各地发展改革部门根据上述要求，会同民政、卫生健康部门按要求提出建议方案，上报国家发展改革委、民政部、国家卫生健康委。

（二）各地在编报建议方案过程中，地级行政区要同步编制"一老一小"整体解决方案，编制培训疗养机构转型发展养老服务实施方案，于2021年底前印发实施，由省级发展改革部门汇总后上报国家发展改革委备案。国家发展改革委将会同民政部、国家卫生健康委等部门，对"一老一小"整体解决方案实施情况适时开展评估。

（三）对于投资切块下达的项目，建议方案只需上报投资总需求等内容，不再单独上报单个具体项目情况及可研批复、项目真实性声明、配套资金承诺函等附件；对于投资直接下达的项目，请填写每个单体项目的建议方案，并提交项目可研批复、项目真实性声明、配套资金承诺函等单行材料附件。

（四）计划建议方案需使用重大建设项目库进行编报。各地要确保上报项目与通过重大建设项目库上报的三年滚动投资计划一致。拟申请补助的投资项目一定要选择"年度投资计划"，并准确填写申请资金年份等内容。若未准确选择相关指标，将导致无法从库中遴选出相关项目。

（五）请各单位根据填报说明及时填报绩效表（每个省份填写一份，详见附件）。

（六）请各地抓紧开展工作，在2021年7月16日前，将年度申报项目通过国家重大建设项目库推送国家发展改革委，报送投资计划建议方案EXCEL电子版（见附件）和直接下达项目的单行材料；并同步报送2021年投资计划建议方案和所附单行材料等纸质正式文件。建议方案表必须从国家重大建设项目库的年度投资计划编报区选择"2021年中央预算内投资计划申报表"进行打印，不得更改，并将建议方案表EXCEL电子版以电子邮件形式分送国家发展改革委（社会发展司）、民政部（规划财务司）、国家卫生健康委（老龄健康司、人口监测与家庭发展司）。

联系方式：国家发展改革委社会发展司周建 010-68501412，forkful_shs@ndrc.gov.cn，崔文通 010-68502590；民政部规划财务司付晓媛 010-58123312，mztj@mca.gov.cn；国家卫生健康委老龄健康司曹群 010-62030676，caoqun@nhc.gov.cn，人口监测与家庭

发展司李欣航 010-62030920，rkjtsjtc@nhc.gov.cno

　　附件：1. 积极应对人口老龄化工程和托育建设 2021 年中央预算内投资计划建议方案表

　　　　　2. 积极应对人口老龄化工程和托育建设 2021 年中央预算内投资绩效目标表

国家发展改革委办公厅

民政部办公厅

国家卫生健康委办公厅

2021 年 7 月 6 日

附件 1

××省（区、市）积极应对人口老龄化工程和托育建设 2021 年中央预算内投资计划建议方案表

单位：万元

重要性序号	项目名称	建设性质	建设规模	开工年份	建成年份	投资类别	总投资	已下达投资	累计完成投资	本次申请投资计划	年度建设内容	项目（法人）单位及项目责任人	日常监督直接监管责任单位及监管责任人	备注
	合计（×××个）					合计 中央预算内投资 地方投资 其他投资								
1	例：××老年养护院（含特困人员供养服务机构）项目		例：新建老年养护楼，总建筑面积××平米，建设床位××张，床均面积×××平方米		××	合计 中央预算内投资 地方投资 其他投资					土建及设备购置			请填写：产权单位及性质，运营主体质及性质。
2	××省（区、市）2021年公办养老服务体系切块下达项目		支持社区居家养老服务网络建设、支持公办养老服务机构消防安全改造提升		××	合计 中央预算内投资					土建及设备购置			
3	××省（区、市）2021年普惠养老城企联动建设项目		支持养老服务骨干网、综合性养老服务机构、普惠性养老旅居养老服务机构等建设		××	合计 中央预算内投资					土建及设备购置			

续表

重要性序号	项目名称	建设性质	建设规模	开工年份	建成年份	投资类别	总投资	已下达投资	累计完成投资	本次申请投资计划	年度建设内容	项目（法人）单位及项目责任人	日常监管直接监管责任单位及监管责任人	备注
4	××省（区、市）2021年托育服务建设项目		支持具有一定指导功能的示范性托育服务机构、社区托育服务机构等建设	××	××	合计 中央预算内投资					土建及设备购置			

注：1. 日常监管直接监管责任单位相关负责人员即为监管责任人，不能填报具体办事人员。

2. 中央预算内投资申报表应从表内申报重大建设项目库生成，对于直接安排到具体项目的，项目（法人）单位、项目责任人、日常监管直接责任单位、日常监管直接责任单位监管责任人须填报文件一并报送，对于切块打捆项目，日常监管直接责任单位须填报。

3. 由中央部门作为项目单位的中央本级建设项目，日常监管直接责任单位仍为本部门。由中央部门的直属单位作为项目单位的中央本级建设项目，日常监管直接责任单位为本部门。

4. 在向我委申报投资计划时，切块打捆项目日常监管直接责任单位为省级发展改革部门或省级有关行业主管部门，我委投资计划下达后，各省级发展改革部门按照分解后的单个具体项目日常监管直接责任单位认可后启填报入库，由省级发展改革部门承担日常监管直接责任。经日常监管直接责任单位及监管责任人，未分解落实责任的，由省级发展改革部门承担日常监管直接责任。

5. 本表中的"地方投资"包含国家重大建设项目库中地方预算内投资、地方专项建设基金、其他地方财政性建设资金，"其他投资"包含国家重大建设项目库中企业自有投资、银行贷款、利用外资和其他投资。

6. 建设性质分别填写：新建、改建、扩建、改扩建等。

7. 产权单位填报该设施建成后，该设施的产权登记单位。机构性质包括：地方政府及相关部门、事业单位、其他公办机构（具体说明）等。

8. 运营主体指指该设施建成后，使用该设施开展服务的运营机构。机构性质包括：事业单位、其他公办机构（具体说明）、民办非企业单位等非营利机构。

9. 请备注中标注是否有PPP、公建民营。

附件 2

积极应对人口老龄化工程和托育建设 2021 年中央预算内投资绩效目标表

（2021 年度）

专项名称	积极应对人口老龄化工程和托育建设
下达地方或单位	
下达中央预算内投资（万元）	

总体目标	目标 1：进一步改善社会服务基础设施条件，推动设施规范化、标准化建设，增强兜底保障能力，提升社会服务水平。 目标 2：在做好"保基本、兜底线"的基础上，继续推动增加普惠养老、普惠托育服务有效供给，形成支持社会力量发展普惠养老托育的有效合作新模式。			

	一级指标	二级指标	三级指标	指标值
绩效指标	实施效果指标	产出指标	项目数量	
			建设项目验收合格率	≥ 95%
			新建设施达到当地抗震设防要求	100%
		效益指标	养老托育服务基础设施条件	不断改善
	过程管理指标	计划管理指标	投资计划分解（转发）用时	≤ 20 个工作日
			"两个责任"按项目落实到位率	≥ 95%
		资金管理指标	中央预算内投资支付率	≥ 60%
			总投资完成率	≥ 50%
		项目管理指标	项目开工率	≥ 90%
			超规模、超标准、超概算项目比例	≤ 10%
		监督检查指标	审计、督查、巡视等指出问题项目比例	≤ 1%

国家发展改革委等部门印发
《养老托育服务业纾困扶持若干政策措施》的通知

发改财金〔2022〕1356号

各省、自治区、直辖市及计划单列市人民政府，新疆生产建设兵团，国务院各部门、各直属机构：

促进养老托育服务健康发展，解决好"一老一小"问题，对保障和改善民生、促进人口长期均衡发展具有重要意义。受新冠肺炎疫情等因素影响，养老托育服务业面临较多困难。为切实推动养老托育服务业渡过难关、恢复发展，更好满足人民群众日益增长的养老托育服务需求，经国务院同意，现提出以下政策措施。

一、房租减免措施

（一）养老服务机构和托育服务机构（以下简称养老托育服务机构）属于中小微企业和个体工商户范畴、承租国有房屋的，一律免除租金到2022年底。其中承租国有经营用房的，各地区可在此基础上研究出台进一步减免措施。教育、科研等系统的有关单位和机构出租房屋的，鼓励其对养老托育服务小微企业和个体工商户进行租金减免。出租人减免租金的可按规定减免当年房产税、城镇土地使用税，对减免养老托育小微企业和个体工商户承租人房屋租金的出租人，鼓励国有银行按照其资质水平和风险水平给予优惠利率质押贷款等支持。因减免租金影响国有企事业单位业绩的，在考核中根据实际情况予以认可。

（二）鼓励非国有房屋租赁主体在平等协商的基础上合理分担疫情带来的损失。非国有房屋减免租金的出租人可同等享受上述各项政策优惠。有条件的地方要采取管用举措，支持非国有房屋出租人减免租金。

（三）鼓励各地探索将街道社区公共服务设施、国有房屋等物业以适当方式转交政府集中改造利用，免费或低价提供场地，委托专业化养老托育服务机构经营。对存在房屋租金支付困难的养老托育服务机构，鼓励合同双方通过平等协商方式延期收取。探索允许空置公租房免费提供给社会力量供其在社区为老年人开展助餐助行、日间照料、康复护理、老年教育等服务。

二、税费减免措施

（四）2022年，各地对符合条件的养老托育服务机构按照50%税额顶格减征资源税、城市维护建设税、房产税、城镇土地使用税、印花税（不含证券交易印花税）、耕地占用税和教育费附加、地方教育附加等"六税两费"。

（五）养老托育服务机构可按规定享受《关于养老、托育、家政等社区家庭服务业税费优惠政策的公告》（财政部税务总局发展改革委民政部商务部卫生健康委公告 2019 年第 76 号）规定的税费优惠政策。

（六）养老托育行业纳税人可按规定享受按月全额退还增量留抵税额、一次性全额退还存量留抵税额的留抵退税政策。

（七）严格落实养老托育服务机构用电、用水、用气、用热按居民生活类价格执行的政策，鼓励地方 2022 年视情给予进一步减免优惠。落实对受疫情影响封闭管理的养老托育服务机构用电、用水、用气"欠费不停供"政策，设立 6 个月费用缓缴期，并可根据本地实际进一步延长，缓缴期间免收欠费滞纳金。养老托育服务机构申请办理电、水、气、热等业务，实行限时办结制度。

三、社会保险支持措施

（八）延续实施阶段性降低失业保险、工伤保险费率政策。对不裁员、少裁员的养老托育服务机构，实施普惠性失业保险稳岗返还政策。

（九）受疫情影响经营出现暂时困难的养老托育服务机构，可申请阶段性缓缴养老保险、失业保险、工伤保险单位缴费部分，缓缴期间免收滞纳金。对符合条件的养老托育服务机构，"免申即享"缓缴职工医保单位缴费 3 个月，缓缴期间免收滞纳金。

（十）以个人身份参加企业职工基本养老保险的养老托育服务机构从业人员、养老服务从业人员等各类灵活就业人员，2022 年缴纳费款确有困难的，可自愿暂缓缴费，2022 年未缴费月度可于 2023 年底前进行补缴，缴费基数在 2023 年当地个人缴费基数上下限范围内自主选择，缴费年限累计计算。

四、金融支持措施

（十一）开展普惠养老专项再贷款试点，支持金融机构通过融资信用服务平台网络向普惠养老服务机构提供贷款，根据试点情况，在对政策进行评估完善后进一步扩大试点范围。

（十二）引导商业银行等金融机构继续按市场化原则与养老托育领域的中小微企业（含中小微企业主）和个体工商户自主协商，对其贷款实施延期还本付息努力做到应延尽延，延期还本付息日期原则上不超过 2022 年底。

（十三）鼓励地方结合财力实际，给予养老托育服务机构贷款贴息支持，缓解养老托育服务机构融资困难。

（十四）鼓励政府性融资担保机构按市场化原则为养老托育服务机构提供融资增信支持，积极为受疫情影响企业提供融资担保支持。支持地方结合财力实际向政府性融资担保机构注资、提供融资担保费用补贴。

（十五）养老服务机构的综合责任保险承保机构，2022 年对养老服务机构提升理赔效率、应赔尽赔。鼓励地方通过政府购买服务，按照竞争择优原则，为托育服务机构提供相关保险。对 2022 年被列为疫情中高风险区所在的县级行政区域内的养老托育服务机构，鼓励保险机构在风险可控、市场化和商业自愿前提下，根据实际情况适当延长保单到期日或延期收取保费。

（十六）支持符合条件的养老企业发行公司信用类债券，拓宽养老企业多元化融资渠道。

五、防疫支持措施

（十七）地方各级人民政府应在物资调配、转运隔离、医疗救治等疫情防控工作部署方面对养老托育服务机构予以倾斜，提供技术支持和必要保障。

（十八）地方各级人民政府根据疫情防控规定组织辖区内养老托育服务机构定期开展核酸检测，并视情况增加检测频次。养老托育服务机构按规定储备必备防疫物资，引导公益慈善组织为养老托育服务机构捐赠防疫物资。

（十九）对因疫情防控要求实施封闭管理、无法正常运营的养老托育服务机构的防疫物资、消杀支出，地方人民政府可给予适当支持。

（二十）地方各级民政部门视疫情情况，除涉及安全管理情况外，适度考虑疫情对养老服务机构满意度评价的影响，合理调整运营补贴发放条件，推动及时足额发放运营补贴。

六、其他支持措施

（二十一）中央预算内投资加大对养老托育设施建设支持力度，将养老托育设施建设项目纳入地方政府专项债券支持范围。鼓励各地优先通过公建民营方式，引导运营能力强的机构参与养老托育设施建设和运营，减轻养老托育服务机构建设投入成本，提升服务质量。

（二十二）地方各级人民政府组织心理医生、社会工作者等团队，通过现场或视频方式，根据需要及时为不具备心理咨询条件的养老服务机构提供心理疏导服务，帮助缓解入住老年人及员工因长期封闭出现的焦虑等心理健康问题。

（二十三）鼓励餐饮企业为不具备餐饮自制能力的养老服务机构和居家养老的老年人提供助餐服务，地方可结合实际因地制宜对老年人助餐服务给予适当支持。

（二十四）鼓励家政企业积极参与规范化居家上门养老托育服务，有效提升社区居家养老托育服务水平。鼓励地方探索对参与养老托育服务的家政企业给予适当支持。

（二十五）支持养老托育服务机构探索新业态、发展新模式。地方各级人民政府引导养老托育服务机构线上线下融合发展，支持养老领域企业发展智慧养老模式，帮助对接互联网医疗、康复辅助器具制造等资源，提供智慧化服务；支持托育服务机构创新服务形式，发展互联网直播互动式家庭育儿服务，鼓励开发婴幼儿养育课程、父母课堂等，拓展线上服务。有条件的地方可结合实际探索发放养老托育服务消费券。

（二十六）支持养老托育服务机构依托职业院校共建产教融合实训基地，中央预算内投资按照"十四五"教育强国推进工程有关要求予以支持。探索工学一体化的培训模式，推动解决养老托育行业用工难问题。

　　各地区要结合实际情况和养老托育服务业领域特点，抓好政策贯彻落实，明确各项政策措施申请条件和实施路径，充分发挥全国一体化政务服务平台"助企纾困服务专区"等数字化平台作用，及时跟踪研判相关困难行业恢复情况，出台有针对性的专项配套支持政策，确保政策有效传导至市场主体。各有关部门要各负其责、加强配合，及时协调解决政策落实中的难点堵点问题，主动回应社会关切。国家发展改革委、民政部、国家卫生健康委等部门牵头统筹协调，会同相关方面做好政策解读和宣传引导，加大力度推动政策措施细化落实，不断做好行业运行形势分析和政策储备研究。充分发挥行业组织桥梁纽带作用，做好相关指导服务工作，反馈行业发展共性问题和政策落实情况。

国家发展改革委　教育部

科技部　民政部

人力资源社会保障部　住房城乡建设部

卫生健康委　人民银行

国务院国资委　税务总局

市场监管总局　银保监会

2022 年 8 月 29 日

财政部关于下达 2022 年积极应对
人口老龄化工程和托育建设（儿童友好城市建设）
中央基建投资预算的通知

财建〔2022〕257 号

有关省、直辖市财政厅（局）：

　　根据《国家发展改革委关于下达积极应对人口老龄化工程和托育建设（儿童友好城市建设）2022 年中央预算内投资计划的通知》（发改投资〔2022〕999 号），下达你省（市）2022 年中央基建投资（项目代码：Z135060000070）预算指标（具体项目见附件），专项用于积极应对人口老龄化工程和托育建设（儿童友好城市建设）。请按规定用途安排使用，分别列入 2022 年支出功能分类科目和支出经济分类科目，并接受财政部当地监管局的监督。

　　为提高中央基建资金使用效益，请迅速将资金分解下达，加快预算执行进度，强化资金绩效管理与监督。按照党中央、国务院关于全面实施预算绩效管理的决策部署，请在组织预算执行中对照发改投资〔2022〕999号文件所列的绩效目标做好绩效监控，确保年度绩效目标如期实现和项目建设顺利实施。同时，请参照中央做法，会同你省（市）发展改革等部门及时做好绩效目标对下分解，并将有关绩效目标和指标抄送财政部当地监管局。

附件：1. 2022年中央基建投资预算总表

2. 2022年中央基建投资预算表

3. 中央基建投资绩效目标汇总表

财政部

2022年7月15日

附件 1

2022年中央基建投资预算总表

单位：万元

地区	金额
总计	10,000
河北省	1,000
浙江省	1,000
福建省	1,000
山东省	1,000
河南省	1,000
湖南省	1,000
广东省	1,000
重庆市	1,500
甘肃省	1,500

附件 2

2022年中央基建投资预算表

单位：万元

项目名称	金额	支出功能分类科目
河北省	**1,000**	
河北省儿童友好城市建设项目	1,000	208.社会保障和就业支出

2022 年中央基建投资预算表

单位：万元

项目名称	金额	支出功能分类科目
浙江省	**1,000**	
浙江省儿童友好城市建设项目	1,000	208.社会保障和就业支出

2022 年中央基建投资预算表

单位：万元

项目名称	金额	支出功能分类科目
福建省	**1,000**	
福建省儿童友好城市建设项目	1,000	208.社会保障和就业支出

2022 年中央基建投资预算表

单位：万元

项目名称	金额	支出功能分类科目
山东省	**1,000**	
山东省儿童友好城市建设项目	1,000	208.社会保障和就业支出

2022 年中央基建投资预算表

单位：万元

项目名称	金额	支出功能分类科目
河南省	**1,000**	
河南省儿童友好城市建设项目	1,000	208.社会保障和就业支出

2022 年中央基建投资预算表

单位：万元

项目名称	金额	支出功能分类科目
湖南省	1,000	
湖南省儿童友好城市建设项目	1,000	208.社会保障和就业支出

2022 年中央基建投资预算表

单位：万元

项目名称	金额	支出功能分类科目
广东省	1,000	
广东省儿童友好城市建设项目	1,000	208.社会保障和就业支出

2022 年中央基建投资预算表

单位：万元

项目名称	金额	支出功能分类科目
重庆市	1,500	
重庆市儿童友好城市建设项目	1,500	208.社会保障和就业支出

2022 年中央基建投资预算表

单位：万元

项目名称	金额	支出功能分类科目
甘肃省	1,500	
甘肃省儿童友好城市建设项目	1,500	208.社会保障和就业支出

附件 3

中央基建投资绩效目标汇总表

（2022 年度）

专项名称	积极应对人口老龄化工程和托育建设			
下达中央基建投资（万元）	10000			
总体目标	加强城市公共空间和公共设施适儿化改造，拓展儿童室内外活动场所，推动儿童公共服务。成长空间、发展环境等更加友好			
绩效指标	一级指标	二级指标	三级指标	指标值
	实施效果指标	产出指标	建设项目验收合格率	≥ 95%
		效益指标	城市公共空间和公共设施适儿化程度	不断改善
	过程管理指标	计划管理指标	投资计划分解（转发）用时	≤ 20 个工作日
			"两个责任"按项目落实到位率	≥ 95%
		资金管理指标	中央基建投资支付率	≥ 65%
			总投资完成率	≥ 80%
		项目管理指标	项目开工率	≥ 90%
			超规模，超标准。超概算项目比例	≤ 5%
		监督检查指标	审计、督查、巡视等指出问题项目比例	≤ 1%

第二篇 人才培养政策

教育部办公厅等七部门发布《关于教育支持社会服务产业发展提高紧缺人才培养培训质量》的意见

教职成厅〔2019〕3 号

各省、自治区、直辖市教育厅（教委）、发展改革委、民政厅（局）、商务厅（局、委）、卫生健康委、中医药管理局、妇联，新疆生产建设兵团教育局、发展改革委、民政局、商务局、卫生健康委、妇联：

社会服务产业是涉及亿万群众福祉的民生事业和具有巨大发展潜力的朝阳产业，大力发展社会服务产业对更好满足人民群众日益增长的美好生活需要、高水平全面建成小康社会具有重要意义。为贯彻党中央、国务院关于促进家政服务业提质扩容、推进养老服务发展、促进婴幼儿照护服务发展等的决策部署，落实《国家职业教育改革实施方案》等，加快推进社会服务产业人力资源供给侧结构性改革，教育部、国家发展改革委、民政部、商务部、国家卫生健康委、国家中医药局、全国妇联办公厅就教育支持社会服务产业发展，提高家政、养老、育幼等领域紧缺人才培养培训质量提出如下意见。

一、总体要求

（一）指导思想

以习近平新时代中国特色社会主义思想为指导，全面贯彻党的十九大精神，落实全国教育大会精神，坚持以人民为中心，贯彻党的教育方针，主动适应家政服务业与养老、育幼、物业、快递等融合发展新模式，居家为基础、社区为依托、机构为补充、医养相结合的养老服务体系建设新要求，家政电商、"互联网＋家政""物业＋养老服务""互联网＋养老"等新业态，不断满足城乡社区居民多样化、个性化、中高端新需求，以社区为重点依托，聚焦专业人才供给，拓展社会服务产业发展空间，以职业教育为重点抓手，提高教育对社会服务产业提质扩容的支撑能力，加快建立健全家政、养老、育幼等紧缺领域人才培养培训体系，扩大人才培养规模，全面提高人才培养质量，支撑服务产业发展，增强广大人民群众的获得感、幸福感和安全感。

（二）基本原则

政府主导，协调发展。加强统筹规划，将社会服务产业紧缺领域人才培养培训工作与学科专业调整，招生、培养、就业联动机制建设，教育脱贫攻坚等同步设计，优先部署，促进协调发展。

对接需求，分类施策。针对行业发展不同领域、不同模式、不同业态对人才的差异化需求，以服务家政服务、健康管理、养老照护、母婴照护等一线高素质技术技能人才为重点，兼顾考虑储备社会服务新业态急需人才，分层分类推进培养培训。

育训结合，统筹推进。坚持学历教育与职业培训并举并重，统筹推进专业设置、课程体系建设、师资队伍建设、学生资助、实习实训基地建设等人才培养培训各环节，提高专业人才供给规模和质量。

（三）工作目标

到2022年，教育支持社会服务产业发展的能力有效增强，紧缺领域相关学科专业体系进一步完善，结构进一步优化，布局进一步拓展，培养培训规模显著扩大，内涵进一步提升，教师教材教法改革、产教融合校企合作不断深化，为社会服务产业紧缺领域培养和输送一大批层次结构合理、类型齐全、具有较高职业素养和专业能力的高素质人才。

二、任务措施

1.完善学科专业布局。健全专业随产业发展的动态调整机制，调整优化学科专业目录，及时增设相关领域本专科专业。以面向社区居民的家政服务、养老服务、中医药健康服务、托育托幼等紧缺领域为重点，对接管理、经营、服务、供应链等岗位需求，合理确定中职、高职、本科、研究生等不同类型、层次学历教育相关专业和职业培训的人才培养目标、规格。在一流本科专业建设"双万计划"、中国特色高水平高职学校和专业建设计划等项目实施过程中，向家政、养老、育幼等相关领域专业倾斜。

2.重点扩大技术技能人才培养规模。鼓励引导有条件的职业院校积极增设护理（老年护理方向、中医护理方向）、家政服务与管理、老年服务与管理、智能养老服务、健康管理、中医养生保健、中医营养与食疗、助产、幼儿发展与健康管理、幼儿保育、学前教育、康复治疗技术、中医康复技术、康复辅助器具技术、康养休闲旅游服务、健身指导与管理等社会服务产业相关专业点。鼓励院校根据医养结合、安宁疗护、心理慰藉、家庭理财、收纳管理、服饰搭配和衣物管理、室内适老化设计、社区服务网点规划设计等产业发展新岗位、新需求，灵活设置专业方向。每个省份要有若干所职业院校开设家政服务、养老服务类专业,引导围绕社会服务产业链打造特色专业群。扩大中高职贯通培养招生专业和规模。引导应用型本科高校、本科层次职业教育试点院校开设相关专业,加快培养高端家政服务人才,养老机构、家政机构、大型康养综合体经营管理等急需人才。

3. 加快培养适应新业态、新模式需要的复合型创新人才。鼓励引导普通本科高校主动适应社会服务产业发展需要,设置家政学、中医康复学、中医养生学、老年医学、康复治疗学、心理学、护理学和社会工作等相关专业。原则上每个省份至少有 1 所本科高校开设家政服务、养老服务、托育服务相关专业。鼓励普通本科高校电子信息类、机械类、材料类等专业,高职院校电子信息大类、装备制造大类等专业增设相关课程,加快培养家庭服务机器人、健康监测、家用智能监控等健康养老、家政服务领域智能设施设备的研发制造人才,促进人工智能技术、虚拟现实(VR)技术、智能硬件、新材料等在社会服务业深度应用。在普通本科高校金融学类、高职院校财经商贸大类专业中增设相关课程,不断满足养老金融创新急需人才。鼓励有条件的普通高校探索辅修专业或双学士学位等培养模式,加快培养社会服务产业相关领域管理和培训人才。

4. 积极培养高层次管理和研发人才。加强社会服务业相关学科基础科研。支持高校通过自设家政学等二级学科,开展相关产业政策研究和人才培养。促进相关交叉学科专业发展,服务以专业设备、专用工具、智能产品研发制造为支持的家政服务产业集群建设。鼓励和支持有条件的高校在相关学科领域招收培养研究生,为企业和职业院校等输送业务骨干和高层次教学科研人员。

5. 支持从业人员学历提升。鼓励符合条件的家政服务、养老服务企业、养老服务机构管理人员报考攻读专业学位硕士研究生。支持社会服务产业从业人员通过多种渠道接受职业教育,提升学历。开放大学要充分发挥办学优势,加快信息化学习资源和平台建设,探索建立面向社会服务产业从业人员的现代远程教育教学及支持服务模式。

6. 鼓励院校广泛开展职业培训。推动职业院校联合相关企业,促进企业职工岗位技术技能水平提升。支持职业院校发挥资源优势,重点为困难企业转岗职工、去产能分流职工和贫困劳动力等就业重点人群从事社会服务产业提供职业培训,承担"雨露计划""巾帼家政服务培训""家政培训提升行动"等培训任务。鼓励职业院校联合行业企业共同开展市场化社会培训。

7. 健全教学标准体系。发挥标准在人才培养培训质量提升中的基础性作用。按照专业设置与产业需求对接、课程内容与职业标准对接、教学过程与生产过程对接的要求,持续更新并推进社会服务产业领域职业院校专业教学标准、顶岗实习标准、实训教学条件建设标准等的建设和实施。推进有关本科专业类教学质量标准实施。指导院校贯彻落实国家教学标准,按照有关要求科学制订和实施人才培养方案,保障人才培养质量。

8. 建设高质量课程教材资源。注重强化职业道德、职业素养、安全意识、法治教育,有关专业课程重点向老年服务与管理、病患护理、母婴照料等领域倾斜,适度拓展心理学、医学、营养学、沟通技巧等基础知识。在国家规划教材建设中,加大社会服务产业紧缺领域相关专业教材建设支持力度,遴选 200 种校企双元开发的优质教材,倡导新型活页式、工作手册式教材。鼓励有关院校引入企业真实项目和案例、开发或引入多种形式的数字化教学资源，在职业教育专业教学资源库建设中向相关专业倾斜，做好老年服务与管理、学前教育专业教学资源库的更新和使用工作。

9. 开展 1+X 证书制度试点。积极招募、推动职业教育培训评价组织联合社会服务产业优质企业、职业院校共同研制家政服务、养老服务、母婴照护等紧缺领域职业技能等级标准和证书，开发教材和学习资源。支持院校学生在获得学历证书的同时，积极取得紧缺领域相关职业技能等级证书，提高就业创业本领，促进高质量就业。在家政服务、养老服务、托育服务等领域率先开展 1+X 证书制度试点，同步探索建设职业教育国家学分银行。

10. 推动校企深度合作。鼓励社会力量举办家政服务类、养老服务类职业院校，或与职业院校以股份制、混合所有制等形式共建产业学院，合作开设相关专业，规范并加快培养专门人才。将社会服务产业紧缺领域列为校企合作重点领域，优先支持建设产教融合创新项目、职业教育校企深度合作项目等。全国建设培育 100 家以上产教融合型家政企业，发挥家政服务业提质扩容"领跑者"行动示范企业和普惠养老重点企业的示范引领作用，推动 50 家优质企业与 200 所有关院校组建职业教育集团等，共建产业学院、大师工作室、协同创新平台、实习实训基地，实行现代学徒制、"订单培养"等培养模式，协同创新服务项目或开展技术研发，支持和鼓励企业承接教师实践锻炼和学生见习实习，深度参与紧缺领域人才培养培训。

11. 鼓励学生创新创业。鼓励院校围绕"互联网＋家政""互联网＋养老""互联网＋健康服务"等，建设众创空间，指导学生开展自主创新和创业活动，做好创业项目的跟踪、指导和孵化服务，引导有条件的学生积极投入社会服务产业相关领域创业。支持鼓励相关专业学生参加中国"互联网＋"大学生创新创业大赛。在全国职业院校技能大赛中论证设置相关特色赛项。相关院校要根据毕业生特点，加强职业指导和就业创业服务。组织相关专业学生到养老服务等公益属性较强的社会服务机构和城乡社区、家庭等开展社会实践活动。

12. 打造"双师型"教师队伍。在职业院校实行高层次、高技能人才以直接考察的方式公开招聘，建立健全职业院校自主聘任兼职教师的办法。新增相关专业课教师原则上应从具备家政、养老服务、社区服务等工作经历人员中引入和选聘。优先支持社会服务相关专业领域符合项目式、模块化教学需要的职业教育教师教学创新团队。在职业院校教师素质提高计划中对相关专业予以重点推进。在"双师型"教师培养培训基地建设中向社会服务相关专业倾斜。依托职业院校、应用型本科高校等，加强职业技能培训师资队伍建设，支持紧缺领域人才培训。

13. 广泛开展国际交流与合作。积极引入国（境）外相关领域职业标准、课程标准和技术标准，组织 30 所左右院校和企业引进国际先进课程设计和教学管理体系，结合我国国情和实际，开发本土化培养培训标准、方案、专业课程和教材。定期组织选派职业院校专业骨干教师赴国外研修访学。积极开展有关国际交流研讨活动。

三、实施保障

（一）加强部门协同

国务院教育行政部门在社会服务领域人才培养培训工作发挥牵头作用。有关行业主管部门、群团组织推动开展相关领域人才需求预测，指导专业设置和人才培养，引导行业优质企业积极参与产教融合、校企合作。省级教育行政部门要结合实际，高度重视社会服务产业紧缺人才培养培训工作，加强与省级有关部门的工作协同，健全工作机制。

（二）加大政策支持

各地教育行政部门要在政策、资金和项目等方面向积极开展社会服务产业紧缺领域人才培养培训的院校倾斜，会同有关部门落实好国家奖学金向家政、养老等社会急需专业倾斜的政策，吸引学生就读相关专业，保障相关专业家庭经济困难学生按照规定享受各类奖助政策，确保应助尽助。优先支持有关院校积极参与"家政服务业提质扩容'领跑者'行动"等项目，促进社会服务产业高质量发展。支持建设若干集实践教学、社会培训、企业真实生产和社会技术服务于一体的高水平专业化产教融合实训基地。

（三）加强研究咨询

加强行业职业教育教学指导委员会等专家组织建设，提高行业指导能力，充分发挥专家组织的研究、咨询、指导、服务作用。设立一批社会服务产业紧缺领域教育研究项目，开展专题研究，为加快社会服务业人才培养提供理论支撑与智力支持。

（四）营造良好氛围

加强对社会服务产业新模式新业态、示范企业、特色院校、成长成才典型等的宣传，引导全社会和学生家长认识社会服务产业新定位、新理念、新职业，吸引相关专业毕业生对口就业，增强职业归属感、荣誉感。

（五）做好总结评价

各有关部门结合工作职责，将该意见相关任务落实情况于每年年底前及时总结，并提供教育部职业教育与成人教育司。省级教育行政部门要对本行政区域内有关专业设置、人才培养培训现状做全面摸底，研究设立有关工作项目，引导有关院校落实该意见各项任务，将社会服务产业领域相关专业设置、人才培养培训情况作为对有关院校绩效考核、质量评价的重要指标，支持第三方开展评估。

教育部办公厅　国家发展改革委办公厅　民政部办公厅

商务部办公厅　国家卫生健康委办公厅

国家中医药局办公室　全国妇联办公厅

2019 年 9 月 5 日

人力资源社会保障部 民政部 财政部 商务部 全国妇联
关于实施康养职业技能培训计划的通知

人社部发〔2020〕73 号

各省、自治区、直辖市及新疆生产建设兵团人力资源社会保障厅（局）、民政厅（局）、财政厅（局）、商务厅（局）、妇联：

健康照护、养老护理、家政服务、婴幼儿照护等康养服务从业人员职业素质和工作质量，直接关系人民群众日常生活和切身利益。为贯彻落实党中央、国务院有关要求，推进职业技能提升行动，促进康养服务技能人才培养和劳动者就业创业，人力资源社会保障部、民政部、财政部、商务部、全国妇联决定组织实施"康养职业技能培训计划"。现将有关事项通知如下：

一、总体要求和目标任务

（一）总体要求。认真贯彻落实习近平总书记关于统筹做好推进疫情防控和经济社会发展工作的重要指示，围绕做好"六稳"工作，服务落实"六保"任务，聚焦当前人民群众反映强烈的康养服务从业人员数量不足、职业技能水平不高等实际问题，坚持培训先行、人人持证，大规模、高质量开展康养服务人员职业技能培训，健全培养、使用、评价和激励工作体系，加快培养数量充足、素质优良、技能高超、服务优质的康养服务技能人才。

（二）目标任务。2020 年至 2022 年，培养培训各类康养服务人员 500 万人次以上，其中养老护理员 200 万人次以上；充分利用现有各类职业技能培训和公共实训基地，在全国建成 10 个以上国家级（康养）高技能人才培训基地；加强职业标准、培训师资和教材建设，不断提升康养培训基础能力。

二、健全康养服务人员培训体系

（三）建立康养服务人员培训制度。建立以地方政府为工作主体，有关部门协调支持，院校、企业、社会团体、职业培训机构、公共实训基地、养老服务机构、儿童福利机构等为实施载体，适应康养服务市场需求和人员就业需要的职业技能培训制度，全面推行康养服务人员就业上岗前培训、岗位技能提升培训、转岗转业培训和创业培训。加强康养服务实训基地建设，支持有条件的企业兴办培训实训机构。扩大职业院校（含技工院校，下同）招生和培养规模，积极面向有意愿从事康养服务的各类人员开展培养培训。

（四）全面提升康养服务人员职业技能水平。以提升职业能力为重点，强化康养服务人员的实际操作技能训练、综合职业素质培养，并将法律知识、职业道德、从业规范、质量意识、健康卫生等要求和心理学、营养学等方面的内容贯穿培训全过程。加强失能失智人员照护、老年人照护、康复护理服务、饮食起居照料、生活家务料理、婴幼儿照护、儿童照护、意外伤害预防与处理等方面的岗位技能培训，提升从业人员职业技能水平。

（五）健全康养服务培训标准体系。按照健康照护师、养老护理员、家政服务员、育婴员、保育员、孤残儿童护理员等国家职业技能标准、培训大纲和最新行业企业考核评价规范开展培训。针对不同培训对象的文化程度和就业经历，开发全面系统、简便可行的培训课程。对基础性、易操作的知识和技能，组织开发通用速成教材，帮助入职者尽快掌握职业技能要求。有关院校和培训机构要优化课程设置，构建多层次、模块化、高质量的技能课程体系。院校和培训机构要加强校企合作，推行"职业培训包"和"工学一体化"培训模式，增强培训实效。

（六）大力培育康养服务企业和培训机构。支持健康照护、养老、家政、托育服务等企业发展，推动建设产教融合型企业。探索以龙头企业和培训机构为主体，支持建设高技能人才培训基地、家政服务职业培训示范基地、家政劳务输出基地等，打造培训实训体系，引领行业发展。鼓励和支持有关职业院校开设健康管理（健康服务与管理）、康复保健、老年保健与管理（老年服务与管理）、护理（养老护理员、育婴员、保育员）、家政服务与管理（家政服务）、公共营养保健等相关专业，强化理论知识和工作实训，加强高层次、综合性专业人才培养。

三、促进康养服务人员职业发展

（七）开展康养服务人员职业技能评价。紧跟新产业、新业态、新模式，加强康养服务新职业和相关职业技能标准开发，做好康养服务技能人才评价工作，畅通从职业资格或职业技能等级五级（初级工）、四级（中级工）、三级（高级工）到二级（技师）、一级（高级技师）的职业发展通道，拓宽职业发展空间。对经评价认定合格的，纳入证书查询系统和信息管理服务平台，向社会公开。推进评价认定信息与相关业务主管部门共享，为康养服务人员培训、使用和监管提供数据支撑。要严格证书管理，加强评价工作的事中事后监管，确保评价质量和效果，防止乱发证和以次充好等不良现象。

（八）加强康养服务人员激励保障。加大康养服务人员的激励力度，强化政府激励引导，充分发挥市场机制作用，提升从业人员经济待遇和社会地位，增强职业吸引力。各地、各有关部门开展技能人才评选表彰，可适当向康养服务人员倾斜。鼓励市场主体建立从业人员薪酬待遇与职业技能等级和服务内容、时间、难易等挂钩机制，实现技高者多得，多劳者多得。鼓励家政服务员通过全国家政服务信用信息平台建立信用记录，引导消费者优先选择信用良好的家政服务员。各级政府和有关部门要加强对康养服务人员的职业指导、就业服务和关心关爱，维护其合法权益。

（九）广泛组织职业技能竞赛活动。大力开展康养服务人员职业技能竞赛，按照有关规定对获奖选手予以奖励，并晋升相应的职业技能等级。组织开展面向贫困劳动力的职业技能竞赛，将有关康养服务类职业（工种）作为竞赛项目，引导和带动更多贫困劳动力从事康养相关职业。推动世界技能大赛健康和社会照护等项目的竞赛标准转化为职业教育培训标准和课程，促进人才培养与国际接轨，提高培养质量和水平。

四、做好组织实施工作

（十）加强组织领导。各地、各有关部门要充分认识加强康养服务人员职业技能培训的重要意义，把康养职业技能培训计划作为重要民生工程，加强组织领导和统筹实施，建立地方政府主导，人社、民政、财政、商务、妇联等部门协调配合的联动机制，形成工作合力，推进培训信息与相关业务主管部门共享，加强康养服务人员信息信用管理。要将康养职业技能培训计划纳入各地职业技能提升行动，同步进行部署、落实、督导和考核。各地人社部门、民政部门共同做好养老护理员培养培训工作；各地民政部门要做好养老院院长和专兼职老年社会工作者培养培训工作。上述两项具体培训任务由各省（区、市）按 2019 年底当地 60 岁以上老年人数量占全国总数比例确定。

（十一）加大培训补贴政策落实力度。各地要将健康照护师、养老护理员、家政服务员、育婴员、保育员等作为急需紧缺职业（工种），纳入本地职业技能提升行动"两目录一系统"，按规定落实好职业技能培训补贴、创业培训补贴以及职业技能鉴定补贴政策，所需资金从职业技能提升行动专账资金中列支；按规定落实好生活费补贴政策，所需资金从就业补助资金中列支。有条件的地方，可适当提高职业技能培训补贴标准。各地不得以地域、户籍、年龄、缴纳社保等为前提条件，限制上述人员参加培训并享受培训补贴。

（十二）加大宣传和推动力度。各地要采取多种方式，做好培训计划和从业人员待遇政策解读服务。创新方式和手段，开展宣传服务周（月）活动，通过现场咨询、"12333"热线、上门宣传、发放政策宣传页、张贴宣传海报、投放公益广告等方式，提高政策知晓度。要注重培育全国知名劳务输出地，打造康养服务人员劳务品牌，扩大社会影响力。充分利用媒体，选树先进典型，营造劳动光荣的社会风尚和精益求精的敬业风气，不断增强康养服务人员的职业荣誉感和岗位吸引力，鼓励引导更多劳动者技能就业和技能成才。

人力资源社会保障部　民政部

财政部　商务部　全国妇联

2020 年 10 月 9 日

国家卫生健康委办公厅关于印发
托育机构负责人培训大纲（试行）和
托育机构保育人员培训大纲（试行）的通知

国卫办人口函〔2021〕449号

各省、自治区、直辖市及新疆生产建设兵团卫生健康委：

为深入贯彻《国务院办公厅关于促进3岁以下婴幼儿照护服务发展的指导意见》（国办发〔2019〕15号）精神，切实加强托育服务人才队伍建设，我委组织制定了《托育机构负责人培训大纲（试行）》和《托育机构保育人员培训大纲（试行）》。现予以印发，请遵照执行。

一、强化统筹规划

各级卫生健康部门要统筹做好托育机构负责人和保育人员岗位培训总体规划，确立托育机构负责人和保育人员岗位培训制度，将其作为急需紧缺人员纳入培训规划，分批次开展培训工作。

二、建设培训资源

各级卫生健康部门要遴选一批基础较好的优质教材和课程资源，推进托育机构负责人和保育人员培训相关教材建设，充分发挥高校、行业学（协）会和示范托育机构力量，开发高质量培训指导教材和资源库。

三、加强培训监管

各级卫生健康部门要对托育机构负责人和保育人员培训机构加强监管，建立定期评估机制，形成动态管理、有进有出的竞争管理机制。

附件：1.托育机构负责人培训大纲（试行）
　　　2.托育机构保育人员培训大纲（试行）

国家卫生健康委办公厅
2021年8月19日

附件 1

托育机构负责人培训大纲（试行）

一、培训对象

拟从事或正在从事托育机构管理工作的负责人。

二、培训方式

采用理论和实践相结合、线上与线下相结合的方式。培训总时间不少于 60 学时，其中理论培训不少于 40 学时，实践培训不少于 20 学时。

三、培训目标

通过培训，使参训托育机构负责人端正办托思想，正确理解贯彻党和国家的托育服务方针政策；规范办托行为，具备履行岗位职责必备的基本知识与能力；增强管理能力，能够科学组织与管理托育机构。

（一）端正办托思想

1. 熟悉并执行托育服务相关政策法规，增强法治意识，履行岗位职责，遵守行业规范。

2. 具备良好的职业道德，树立正确科学的儿童观、保育观。

（二）规范办托行为

1. 理解托育机构管理岗位要求，能够建立信息管理、健康管理、疾病防控和安全防护监控制度，制定安全防护、传染病防控等应急预案，确保婴幼儿的安全和健康。

2. 根据婴幼儿身心发展特点和规律，制订科学的保育方案，合理安排一日生活和活动，提供支持性环境，满足婴幼儿健康成长的需要。

（三）提升管理能力

1. 规划托育机构发展，加强保育的组织与管理，增强对保育人员的指导、检查和评估，引领托育机构质量提升。

2. 与家庭、社区密切合作，整合各方资源支持托育机构保育工作，向家长、社区提供照护服务和指导服务，帮助家庭增强科学育儿能力。

四、培训内容

（一）理论培训内容

1. 法律法规和政策文件。《中华人民共和国未成年人保护法》《中华人民共和国母婴保健法》《中华人民共和国母婴保健法实施办法》《中华人民共和国食品安全法》《托儿所幼儿园卫生保健管理办法》等相关法律法规，《国务院办公厅关于促进 3 岁以下婴幼儿照护服务发展的指导意见》《托育机构设置标准（试行）》《托育机构管理规范（试行）》《托儿所、幼儿园建筑设计规范》《建筑设计防火规范》《托育机构登记和备案办法（试行）》《托育机构保育指导大纲（试行）》《托育机构婴幼儿伤害预防指南（试行）》《婴幼儿喂养健康教育核心信息》等相关政策文件。

2. 职业道德。职业认同，岗位职责，行业规范，儿童权利，婴幼儿家庭合法权益，心理健康知识。

3. 专业理念。儿童观，保育观，与家庭、社区合作共育观念，医育结合理念。

4. 规范发展。登记备案，托育服务协议签订，收托健康检查，收托信息管理，信息公示，机构发展规划，机构发展反思与改进。

5. 卫生保健知识。室内外环境卫生，设施设备、用品、材料等卫生消毒，婴幼儿常见疾病、传染病、伤害的预防与控制，科学喂养与膳食添加，睡眠环境与照护，晨午检与全日健康观察，体格锻炼，心理行为保健，工作人员健康管理。

6. 安全防护。安全消防知识，食品安全知识，场地设施，婴幼儿适龄的家具、用具、玩具、图书、游戏材料配备要求，安全防护措施和检查，突发事件应急预案与处理。

7. 保育管理。婴幼儿生理、心理发展知识，一日生活和活动安排与组织，生活与卫生习惯培养，动作、语言、认知、情感与社会性等方面保育要点，户外活动要求与组织，游戏安排与组织，环境创设与利用。

8. 人员队伍管理。人员配备与资格要求，人员劳动合同签订，人员合法权益保障，人员职位晋升与工作激励，人员岗前培训与定期培训，人员安全与法治教育，人员专业发展规划，人员心理健康管理。

9. 外部关系。家长会议、家长接待与咨询、家长委员会、家长开放日等与家庭合作相关的要求与策略，向家庭、社区提供照护服务和指导服务的内容与策略，配合主管部门业务指导的内容与要求。

（二）实践培训内容

1. 机构规范设置。托育机构场地、建筑设计、室内外环境、设施设备、图书与游戏材料等规范设置的实践观摩与学习。

2. 日常管理制度。信息管理、健康管理、膳食管理、疾病防控、安全防护、人员管理、人员培训、财务管理、家长与社区联系等制度的建立与实施，年度工作计划制定与定期报告，托育机构质量评估制度的建立与落实。

3. 保育活动组织。入托、晨检、饮食、饮水、如厕、盥洗、睡眠、游戏、离托等一日生活安排与指导，动作、语言、认知、情感与社会性等保育活动组织与指导，环境创设，照护服务日常记录和反馈，保育人员工作的检查和评估。

4. 应急管理训练。婴幼儿常见伤害急救基本技能，防范、避险、逃生、自救的基本方法，消防、安全保卫等演练，突发意外伤害的处理程序，安全突发事件应急处理程序。

五、培训原则

（一）岗位胜任原则

培训应以托育机构负责人岗位要求为重点，通过系统培训引导与自主学习反思相结合的方式，促进托育机构负责人明晰岗位工作任务，具备胜任岗位职责的基本知识与能力。

（二）需求导向原则

培训应以托育机构负责人在管理工作中的重点与难点为出发点，综合考虑岗位需求和发展需要，按需施教，优化培训内容，确保托育机构负责人学以致用、用以促学、学用相长。

（三）多元方式原则

培训可通过专题讲座、网络研修、研讨交流、案例分析、返岗实践等多元方式，借助互联网等手段，推动托育机构负责人理论学习和现场观摩相结合、线上学习与线下研修相结合，提高培训的便捷性、有效性。

六、培训考核

培训考核内容分为理论考试和实践技能考核两部分，各级卫生健康部门负责对培训效果进行抽查。

附件 2

托育机构保育人员培训大纲（试行）

一、培训对象

拟从事或正在从事托育机构保育工作的保育人员。

二、培训方式及时间

采用理论和实践相结合、线上与线下相结合的方式。培训总时间不少于 120 学时，其中理论培训不少于 60 学时，实践培训不少于 60 学时。

三、培训目标

通过培训，使参训保育人员熟悉托育服务法规与政策，树立法治意识与规范保育思想；学习保育工作的基本技能与方法，强化安全保育意识；掌握婴幼儿早期发展与回应性照护的知识与策略，提升科学保育素养。

（一）增强规范保育意识

1. 熟悉托育服务相关政策法规，遵守保育人员岗位职责和基本规范。

2. 具备良好的职业道德和专业认同感；树立正确的保育观念，坚持儿童优先，保障儿童权利。

（二）掌握安全保育方法

1. 切实做好安全防护工作，最大限度地保护婴幼儿的安全和健康。

2. 掌握婴幼儿卫生保健、生活照料等保育工作的基本方法和操作规范。

（三）提升科学保育能力

1. 合理安排婴幼儿的生活和活动，具备促进婴幼儿早期发展的能力，满足婴幼儿身体发育和心理发展的需要。

2. 掌握与家庭及社区沟通合作的技巧，提供科学育儿指导，及时进行专业反思。

四、培训内容

（一）理论培训内容

1. 法律法规和政策文件。《中华人民共和国未成年人保护法》《中华人民共和国母婴保健法》《中华人民共和国母婴保健法实施办法》《托儿所幼儿园卫生保健管理办法》等相关法律法规;《国务院办公厅关于促进3岁以下婴幼儿照护服务发展的指导意见》《托育机构设置标准（试行）》《托育机构管理规范（试行）》《托育机构保育指导大纲（试行）》《托育机构婴幼儿伤害预防指南（试行）》《婴幼儿喂养健康教育核心信息》等相关政策文件。

2. 职业道德。职业规范，职业责任，儿童权利保护，专业认同，人文素养，心理健康等。

3. 专业理念。儿童观，保育观，医育结合理念等。

4. 卫生保健知识。卫生与消毒，物品管理，生长发育监测，体格锻炼，心理行为保健，婴幼儿常见病预防与管理，传染病预防与控制，健康信息收集。

5. 安全防护。食品安全知识，环境与设施设备防护安全，婴幼儿常见伤害预防与急救，意外事故报告原则与流程等。

6. 生活照料。各月龄营养与喂养要点，进餐照护，饮水照护，睡眠照护，生活卫生习惯培养，出行照护等。

7. 早期发展支持。婴幼儿生理、心理发展知识，婴幼儿个体差异与支持，特殊需要婴幼儿识别与指导，活动设计与组织等。

8. 沟通与反思。日常记录与反馈，与家庭、社区沟通合作，家庭、社区科学养育指导，保育实践反思等。

（二）实践培训内容

1. 卫生消毒。活动室、卧室等室内外环境卫生清扫、检查和预防性消毒，抹布、拖布等卫生洁具的清洗与存放，床上用品、玩具、图书、餐桌、水杯、餐巾等日常物品的清洁与预防性消毒。

2. 健康管理。晨午检及全日健康观察，运动和体格锻炼，健康行为养成，计划免疫宣传与组织等。

3. 疾病防控。发热、呕吐、腹泻、惊厥、上呼吸道感染等常见疾病的识别、预防与护理，手足口、疱疹性咽炎、水痘、流感等婴幼儿常见传染病的识别、报告与隔离，贫血、营养不良、肥胖等营养性疾病，先心病、哮喘、癫痫等疾病婴幼儿的登记和保育护理。

4. 安全防护。窒息、跌倒伤、烧烫伤、溺水、中毒、异物伤害、动物致伤、道路交通伤害等常见伤害急救技能，地震等重大自然灾害的逃生流程与演练，火灾、踩踏、暴力袭击等突发事件的预防与应急处理。

5. 饮食照护。膳食搭配，辅食添加，喂养方法，进餐环境创设，进餐看护与问题识别，独立进餐、专注进食、不挑食等饮食习惯培养，辅助婴幼儿水杯饮水等。

6. 睡眠照护。睡眠环境创设，困倦信号识别，睡眠全过程观察、记录与照护;规律就寝、独立入睡等睡眠习惯培养，睡眠问题的识别与应对，婴幼儿睡眠的个别化照护等。

7.清洁照护。刷牙、洗手、洗脸、漱口和擦鼻涕等盥洗的方法，便器的使用方法，尿布／纸尿裤／污染衣物的更换，便后清洁的方法，如厕习惯培养，婴幼儿大、小便异常的处理等。

8.活动组织与支持。一日生活和活动的安排，生活和活动环境的创设与利用，活动材料的配备，动作、语言、认知、情感与社会性等活动的组织与实施，游戏活动的支持与引导，婴幼儿行为观察与分析，婴幼儿需求的识别与回应等。

五、培训原则

（一）岗位胜任原则

培训应以托育机构保育人员岗位要求为重点，通过系统培训引导与自主学习反思相结合的方式，促进保育人员明晰岗位工作任务，具备胜任岗位职责的基本知识与能力。

（二）需求导向原则

培训应以托育机构保育人员在保育工作中的重点和难点为出发点，综合考虑岗位需求和发展需要，按需施教，优化培训内容，确保保育人员所学即所需、所学即所用、学用相长。

（三）多元方式原则

培训应通过专题讲座、网络研修、研讨交流、案例分析、返岗实践等多元方式，借助互联网等手段，推动托育机构保育人员理论学习和实践观摩相结合、线上学习与线下研修相结合，提高培训实效性。

六、培训考核

培训考核内容分为理论考试和实践技能考核两部分，各级卫生健康部门负责对培训效果进行抽查。

教育部关于印发
《职业教育专业目录（2021年）》的通知

教职成〔2021〕2号

各省、自治区、直辖市教育厅（教委），新疆生产建设兵团教育局，有关部门（单位）教育司（局）：

为贯彻《国家职业教育改革实施方案》，加强职业教育国家教学标准体系建设，落实职业教育专业动态更新要求，推动专业升级和数字化改造，我部组织对职业教育专业目录进行了全面修（制）订，形成了《职业教育专业目录（2021年）》（以下简称《目录》）。现将《目录》印发给你们，请遵照执行，并就有关事项通知如下。

一、修订情况

《目录》按照"十四五"国家经济社会发展和2035年远景目标对职业教育的要求，在科学分析产业、职业、岗位、专业关系基础上，对接现代产业体系，服务产业基础高级化、产业链现代化，统一采用专业大类、专业类、专业三级分类，一体化设计中等职业教育、高等职业教育专科、高等职业教育本科不同层次专业，共设置19个专业大类、97个专业类、1349个专业，其中中职专业358个、高职专科专业744个、高职本科专业247个。我部根据经济社会发展等需要，动态更新《目录》，完善专业设置管理办法。

二、执行要求

1. 优化专业布局结构。《目录》自发布之日起施行。2021年起，职业院校拟招生专业设置与管理工作按《目录》及相应专业设置管理办法执行。各省级教育行政部门要依照《目录》和办法，结合区域经济社会高质量发展需求合理设置专业，并做好国家控制布点专业的设置管理工作。中等职业学校可按规定备案开设《目录》外专业。高等职业学校依照相关规定要求自主设置和调整高职专业，可自主论证设置专业方向。我部指导符合条件的职业院校按照高起点、高标准的要求，积极稳妥设置高职本科专业，避免"一哄而上"。

2. 落实专业建设要求。我部根据《目录》陆续发布相应专业简介，组织研制相应专业教学标准。各地要指导职业院校依据《教育部关于职业院校专业人才培养方案制订与实施工作的指导意见》（教职成〔2019〕13号），对照《目录》和专业简介等，全面修（制）订并发布实施相应专业人才培养方案，推进专业升级和数字化改造。各职业院校要根据《目录》及时调整优化师资配备、开发或更新专业课程教材，以《目录》实施为契机，深入推进教师教材教法改革。

3. 做好新旧目录衔接。目前在校生按原目录的专业名称培养至毕业，学校应根据专业内涵变化对人才培养方案进行必要的调整更新。已入选"双高计划"等我部建设项目的相关专业（群），应结合《目录》和项目建设要求，进行调整升级。用人单位选用相关专业毕业生时，应做好新旧目录使用衔接。

专业目录是职业教育教学的基础性指导文件，是职业院校专业设置、招生、统计以及用人单位选用毕业生的基本依据，是职业教育类型特征的重要体现，也是职业教育支撑服务经济社会发展的重要观测点。各地要结合地方实际，加大宣讲解读，严格贯彻落实，不断深化职业教育供给侧结构性改革，提高职业教育适应性。实施过程中遇有问题，请及时报告我部（职业教育与成人教育司）。

附件：

1. 职业教育专业目录（2021 年）（节选）

序号	专业代码	专业名称
5208 健康管理与促进类		
492	520801	健康管理
493	520802	婴幼儿托育服务与管理
494	520803	老年保健与管理
495	520804	心理咨询
496	520805	医学营养
497	520806	生殖健康管理

2. 中等职业教育新旧专业对照表（节选）

序号	专业代码	专业名称	原专业代码	原专业名称	调整情况
7208 健康管理与促进类					
259	720801	营养与保健	100400	营养与保健	保留
260	720802	生殖健康管理	102500	计划生育与生殖健康咨询	更名
261	720803	婴幼儿托育			新增

3. 高等职业教育专科新旧专业对照表（节选）

序号	专业代码	专业名称	原专业代码	原专业名称	调整情况
5208 健康管理与促进类					
492	520801	健康管理	620801	健康管理	保留
493	520802	婴幼儿托育服务与管理	690306	幼儿发展与健康管理	归属调整、更名
494	520803	老年保健与管理	620811	老年保健与管理	保留
495	520804	心理咨询	620804	心理咨询	保留
496	520805	医学营养	620802	医学营养	保留

4. 高等职业教育本科新旧专业对照表（节选）

序号	专业代码	专业名称	原专业代码	原专业名称	调整情况
3208 健康管理与促进类					
168	320801	健康管理	820801	健康服务与管理	更名
169	320802	婴幼儿发展与健康管理			新增
170	320803	医养照护与管理			新增

教育部

2021 年 3 月 12 日

第三篇 从业管理政策

《托儿所、幼儿园建筑设计规范》JGJ39-2016
局部修订条文
（2019 年版）

说明：1. 下划线标记的文字为新增内容，方框标记的文字为删除的原内容，无标记的文字为原内容。

2. 本次修订的条文应与《托儿所、幼儿园建筑设计规范》JGJ39-2016 中的其他条文一并实施。

1 总 则

1.0.3 托儿所、幼儿园的规模应符合表 1.0.3-1 的规定，托儿所、幼儿园的每班人数应符合表 1.0.3-2 的规定。

表 1.0.3-1 托儿所、幼儿园的规模

规 模	托儿所（班）	幼儿园（班）
小型	1～3	1～4
中型	4～7	5～9 8
大型	8～10	10 9～12

表 1.0.3-2　托儿所、幼儿园的每班人数

名　称	班　别		人数（人）
托儿所	乳儿班（6～12月）		10 人以下～15
	托儿班	托小、中班（12～24月）	15 人以下～20
		托大班（24～36月）	21～25 20 人以下
幼儿园	小班（3～4岁）		20～25
	中班（4～5岁）		26～30
	大班（5～6岁）		31～35

2　术　语

2.0.5　幼儿生活用房 living room

　　供婴幼儿班级活动及公共活动生活和多功能活动的空间。

2.0.6　幼儿生活单元 unit of living room

　　供婴幼儿班级独立生活的空间。

2.0.9　多功能活动室 multi-functional room

　　供全园婴幼儿共同进行文艺、体育、家长集会等多功能活动的空间。

2.0.10　乳儿室 suckling room（此条删除）

　　供乳儿班婴儿玩耍、睡眠等日常生活的空间。

2.0.11　喂奶室 nursing room

　　供乳儿母亲直接哺乳的空间。

2.0.12　配奶室 mix-the-milk room（此条删除）

　　供配制乳儿用乳汁的空间。

2.0.13　晨检室（厅）morning inspection room

　　供婴幼儿入园时进行健康检查的空间。

3　基地和总平面

3.1　基　地

3.1.3　托儿所、幼儿园的服务半径宜为 300m～500m。

3.2　总平面

3.2.2　三 四个班及以上的托儿所、幼儿园建筑应独立设置。两 三个班及以下时，可与居住、养老、教育、办公建筑合建，但应符合下列规定：

　　1　幼儿生活用房应设在居住建筑的底层；（此条删除）

　　1A　合建的既有建筑应经有关部门验收合格，符合抗震、防火等安全方面的规定，其基地应符合本规范第 3.1.2 条规定；

　　2　应设独立 出入口，并应与其他建筑部分采取隔离措施； 的疏散楼梯和安全出口；

　　5　建筑出入口及室外活动场地范围内应采取防止物体坠落措施；

3.2.3　托儿所、幼儿园应设室外活动场地，并应符合下列规定：

　　1　幼儿园每班应设专用室外活动场地，面积不宜小于 60m² 人均面积不应小于 2m²。各班活动场地之间宜采取分隔措施；

　　2　幼儿园应设全园共用活动场地，人均面积不应小于 2m²；

　　2A　托儿所室外活动场地人均面积不应小于 3m²；

　　2B　城市人口密集地区改、扩建的托儿所，设置室外活动场地确有困难时，室外活动场地人均面积不应小于 2m²。

　　4　共用活动场地应设置游戏器具、沙坑、30m 跑道 、洗手池 等，宜设戏水池，储水深度不应超过 0.30m； 。游戏器具下地面及周围应设软质铺装。宜设洗手池、洗脚池；

3.2.8　托儿所、幼儿园的幼儿生活用房活动室、寝室及具有相同功能的区域，应布置在当地最好朝向，冬至日底层满窗日照不应小于 3h。

3.2.8A　需要获得冬季日照的婴幼儿生活用房窗洞开口面积不应小于该房间面积的 20%。

4　建 筑 设 计

4.1　一般规定

4.1.1　托儿所、幼儿园建筑应由幼儿生活用房、服务管理用房和供应用房等部分组成。

4.1.2　托儿所、幼儿园建筑宜按幼儿生活单元组合方法进行设计，各班幼儿生活单元应保持使用的相对独立性。

4.1.3　托儿所、幼儿园中的幼儿生活用房不应设置在地下室或半地下室。，且不应布

置在四层及以上；托儿所部分应布置在一层。

4.1.3A 幼儿园生活用房应布置在三层及以下。

4.1.3B 托儿所生活用房应布置在首层。当布置在首层确有困难时，可将托大班布置在二层，其人数不应超过 60 人，并应符合有关防火安全疏散的规定。

4.1.5 托儿所、幼儿园建筑窗的设计应符合下列规定：

2 当窗台面距楼地面高度低于 0.90m 时，应采取防护措施，防护高度应由楼地面计算从可踏部位顶面起算，不应低于 0.90m。

4.1.7 严寒和寒冷地区托儿所、幼儿园建筑的外门应设门斗。寒冷地区宜设门斗。

4.1.8 幼儿出入的门应符合下列规定：

1 距离地面 1.20m 以下部分，当使用玻璃材料时，应采用安全玻璃；

4 门下不应设门槛；平开门距离楼地面 1.2m 以下部分应设防止夹手设施；

6 活动室、寝室、多功能活动室生活用房开向疏散走道的门均应向人员疏散方向开启，开启的门扇不应妨碍走道疏散通行；

4.1.9 托儿所、幼儿园的外廊、室内回廊、内天井、阳台、上人屋面、平台、看台及室外楼梯等临空处应设置防护栏杆，栏杆应以坚固、耐久的材料制作，防护栏杆水平承载能力应符合《建筑结构荷载规范》GB50009 的规定。防护栏杆的高度应从地面计算可踏部位顶面起算，且净高不应小于 1.10 1.30m。防护栏杆必须采用防止幼儿攀登和穿过的构造，当采用垂直杆件做栏杆时，其杆件净距离不应大于 0.11 0.09m。

4.1.11 楼梯、扶手和踏步等应符合下列规定：

6 楼梯踏步面应采用防滑材料，踏步踢面不应漏空，踏步面应做明显警示标识；

4.1.12 幼儿使用的楼梯，当楼梯井净宽度大于 0.11m 时，必须采取防止幼儿攀滑措施。楼梯栏杆应采取不易攀爬的构造，当采用垂直杆件做栏杆时，其杆件净距不应大于 0.11 0.09m。

4.1.17 活动室、寝室、乳儿室、托儿所睡眠区、活动区，幼儿园活动室、寝室，多功能活动室的室内最小净高不应低于表 4.1.17 的规定。

表 4.1.17　室内最小净高（m）

房间名称	净高
托儿所睡眠区、活动区	2.8
幼儿园活动室、寝室、乳儿室	3.0
多功能活动室	3.9

注：改、扩建的托儿所睡眠区和活动区室内净高不应小于 2.6m。

4.1.17A　厨房、卫生间、试验室、医务室等使用水的房间不应设置在婴幼儿生活用房的上方。

4.1.17B　城市居住区按规划要求应按需配套设置托儿所。当托儿所独立设置有困难时，可联合建设。

4.2　托儿所生活用房

4.2.1　托儿所应包括托儿班和乳儿班，托儿班宜接纳 2 周岁～ 3 周岁的幼儿，乳儿班宜接纳 2 周岁以下的幼儿。生活用房应由乳儿班、托小班、托大班组成，各班应为独立使用的生活单元。宜设公共活动空间。

4.2.2　托儿大班生活用房的使用面积及要求应宜与幼儿园生活用房相同。

4.2.3　乳儿班房间的设置和应包括睡眠区、活动区、配餐区、清洁区、储藏区等，各区最小使用面积应符合表 4.2.3 的规定。

表 4.2.3　乳儿班每班房间各区最小使用面积（m²）

各区名称	最小使用面积
乳儿室睡眠区	50 30
喂奶室活动区	15
配乳室配餐区	8 6
卫生间清洁区	10 6
储藏室区	8 4

4.2.3A　托小班应包括睡眠区、活动区、配餐区、清洁区、卫生间、储藏区等，各区最小使用面积应符合表 4.2.3A 的规定。

表 4.2.3A　托小班各区最小使用面积（m²）

各区名称	最小使用面积
睡眠区	35
活动区	35
配餐区	6
清洁区	6
卫生间	8
储藏区	4

注：睡眠区与活动区合用时，其使用面积不应小于 50 m²。

4.2.3B 乳儿班和托小班宜设喂奶室，使用面积不宜小于 $10m^2$，并应符合下列规定：

　　1 应临近婴幼儿生活空间；

　　2 应设置开向疏散走道的门；

　　3 应设尿布台、洗手池，宜设成人厕所。

4.2.3C 乳儿班和托小班生活单元各功能分区之间宜采取分隔措施，并应互相通视。

4.2.3D 乳儿班和托小班活动区地面应做暖性、软质面层；距地 1.2m 的墙面应做软质面层。

4.2.4 每个托儿班和乳儿班的生活用房均应为每班独立使用的生活单元。当托儿所和幼儿园合建时，托儿所生活部分应单独分区，并应设单独独立安全出入口，室外活动场地宜分开。

4.2.5 喂奶室、配乳室应符合下列规定：（此条删除）

　　1 喂奶室、配乳室应临近乳儿室，喂奶室应靠近对外出入口；

　　2 喂奶室、配乳室应设洗涤盆，配乳室应有加热设施，当使用有污染性燃料时，应有独立的通风、排烟系统。

4.2.5A 乳儿班和托小班生活单元各功能分区应符合下列规定：

　　1 睡眠区应布置供每个婴幼儿使用的床位，不应布置双层床。床位四周不宜贴靠外墙。

　　2 配餐区应临近对外出入口，并设有调理台、洗涤池、洗手池、储藏柜等，应设加热设施，宜设通风或排烟设施。

　　3 清洁区应设淋浴、尿布台、洗涤池、洗手池、污水池、成人厕位等设施。

　　4 成人厕位应与幼儿卫生间隔离。

4.2.5B 托小班卫生间内应设适合幼儿使用的卫生器具，坐便器高度宜为 0.25m 以下。每班至少设 2 个大便器、2 个小便器，便器之间应设隔断；每班至少设 3 个适合幼儿使用的洗手池，高度宜为 0.4～0.45m，宽度宜为 0.35～0.4m。

4.2.6 乳儿班卫生间至少应设洗涤池 2 个、污水池 1 个、保育人员厕位 1 个。（此条删除）

4.2.6A 托儿所生活用房除应符合以上条款外，尚应符合本规范第 4.3.4 条、第 4.3.6 条、第 4.3.7 条、第 4.3.8 条、第 4.3.14 条、第 4.3.15 条、第 4.3.16 条的规定。

4.3 幼儿园生活用房

4.3.1 幼儿园的生活用房应由幼儿生活单元和、公共活动用房空间和多功能活动室组成。公共活动空间可根据需要设置。

4.3.3 幼儿园生活单元房间的最小使用面积不应小于表 4.3.3 的规定，当活动室与寝室合用时，其房间最小使用面积不应少于 120 105 m^2。

表 **4.3.3**　幼儿生活单元房间的最小使用面积（m²）

房 间 名 称		房间最小使用面积
活 动 室		70
寝 室		60
卫生间	厕 所	12
	盥洗室	8
衣帽储藏间		9

4.3.5　活动室宜设置的阳台或室外活动平台，且不应影响幼儿生活用房的日照。

4.3.13　卫生间所有设施的配置、形式、尺寸均应符合幼儿人体尺度和卫生防疫的要求。卫生洁具布置应符合下列规定：

　　2　大便器宜采用蹲式便器，大便器或小便器之间应设隔板，隔板处应加设幼儿扶手。厕位的平面尺寸不应小于 0.70m×0.80m（宽 × 深），沟槽式的宽度宜为 0.16m～0.18m，坐式便器的高度宜为 0.25m～0.30m。

4.3.17　应设多功能活动室的，位置宜临近幼儿生活单元，其使用面积宜每人 0.65m²，且不应小于 90m²。单独设置时宜与主体建筑用连廊连通，连廊应做雨蓬，严寒地区应做封闭连廊。

3.4　服务管理用房

4.4.1　服务管理用房应宜包括晨检室（厅）、保健观察室、教师值班室、警卫室、储藏室、园长室、所长室、财务室、教师办公室、会议室、教具制作室等房间，。各房间的最小使用面积应宜符合表 4.4.1 的规定。

表 **4.4.1**　服务管理用房各房间的最小使用面积（m²）

房间名称	规 模		
	小型	中型	大型
晨检室（厅）	10	10	15
保健观察室	12	12	15
教师值班室	10	10	10
警卫室	10	10	10
储藏室	15	18	24

续表

房间名称	规 模		
	小型	中型	大型
园长室、所长室	15	15	18
财务室	15	15	18
教师办公室	18	18	24
会议室	24	24	30
教具制作室	18	18	24

注：1 晨检室（厅）可设置在门厅内；

2 寄宿制幼儿园应设置教师值班室仅全日制幼儿园设置。；

3 房间可以合用，合用的房间面积可适当减少。

4.4.2 托儿所、幼儿园建筑应设门厅，门厅内宜附设收发、晨检、展示等功能空间。应设置晨检室和收发室，宜设置展示区、婴幼儿和成年人使用的洗手池、婴幼儿车存储等空间，宜设卫生间。

4.5 供应用房

4.5.1 供应用房应宜包括厨房、消毒室、洗衣间、开水间、车库等房间，厨房应自成一区，并与幼儿活动生活用房应有一定距离。

4.5.2A 厨房使用面积宜 $0.4m^2$/每人，且不应小于 $12m^2$。

5 室内环境

5.1 采 光

5.1.1 托儿所、幼儿园的生活用房、服务管理用房和供应用房中的各类房间厨房等均应有直接天然采光和自然通风，其采光系数最低值及标准值和窗地面积比应符合表 5.1.1 的规定。

表 5.1.1　采光系数最低标准值和窗地面积比

采光等级	房间场所名称	采光系数最低值（%）	窗地面积比
Ⅲ	活动室、寝室、乳儿室、多功能活动室	2.0 3.0	1：5.0 1/5
	多功能活动室	3.0	1/5
	办公室、保健观察室	2.0 3.0	1：5.0 1/5
	办公室、辅助用房	2.0	1：5.0
	睡眠区、活动区	3.0	1/5
Ⅴ	卫生间	1.0	1/10
	楼梯间、走廊	1.0	— 1/10

5.2　隔声、噪声控制

5.2.1　托儿所、幼儿园室内允许噪声级应符合表 5.2.1 的规定。

表 5.2.1　室内允许噪声级

房间名称	允许噪声级（A 声级，dB）
活动室、寝室、乳儿室生活单元、保健观察室	≤ 45
多功能活动室、办公室、保健观察室	≤ 50

5.2.2　托儿所、幼儿园主要房间的空气声隔声性能应符合表 5.2.2 的规定。

表 5.2.2　空气声隔声标准

房间名称	空气声隔声标准（计权隔声量）(dB)	楼板撞击声隔声单值评价量（dB）
活动室、寝室、乳儿室、生活单元、办公室、保健观察室与相邻房间之间	≥ 50	≤ 65
多功能活动室与相邻房间之间	≥ 45	≤ 75

6 建 筑 设 备

6.1 给水排水

6.1.2 托儿所、幼儿园建筑给水系统的引入管上应设置水表。水表宜设置在室内便于抄表位置；在夏热冬冷地区及严寒地区，当水表设置于室外时，应采取可靠的防冻胀破坏措施。供水总进口管道上可设置紫外线消毒设备。

6.1.3 托儿所、幼儿园建筑给水系统的压力应满足给水用水点配水器具的最低工作压力要求。当压力不能满足要求时，应设置系统增压给水设备，并应符合下列规定：

　　3 加压水泵应选用低噪声节能型产品，加压泵组及泵房应采取减振防噪措施；

　　3A 消防水池、各种供水机房、各种换热机房及变配电房间等不得与婴幼儿生活单元贴邻设置。

6.1.5 托儿所、幼儿园建筑宜设置集中热水供应系统，也可采用分散制备热水或预留安装热水供应设施的条件。当设置集中热水供应系统时，应采用混合水箱单管供应定温热水系统。当采用太阳能、空气源热泵等制备热水时，热水温度低于60℃的系统应设置辅助加热设施。

6.1.12A 托儿所、幼儿园不应设置中水系统。

6.1.12B 托儿所、幼儿园不应设置管道直饮水系统。

6.2 供暖通风和空气调节

6.2.2 采用低温地面辐射供暖方式时，地面表面温度不应超过28℃。热水地面辐射供暖系统供水温度宜采用35℃～45℃，不应大于60℃；供回水温差不宜大于10℃，且不宜小于5℃。

6.2.7 供暖系统应设置热计量装置，并应实现分室控温在末端供暖设施设置恒温控制阀进行室温调控。

6.2.9 托儿所、幼儿园房间的供暖设计温度宜符合表6.2.9的规定。

表 6.2.9 托儿所、幼儿园房间的供暖设计温度

房间名称	室内设计温度（℃）
活动室、寝室、喂奶室、保健观察室 配奶室、晨检室（厅）、办公室	20
乳儿室睡眠区、活动区、喂奶室	24
盥洗室、厕所	22

续表

房间名称	室内设计温度（℃）
门厅、走廊、楼梯间、厨房	16
洗衣房	18
淋浴室、更衣室	25

6.2.11 托儿所、幼儿园建筑通风设计应符合下列表 6.2.11–1、表 6.2.11–2 规定：

1 应优先采用有组织自然通风设施；

2 当采用换气次数确定室内通风量时，房间的换气次数不应低于表 6.2.11–1 的规定；

3 采用机械通风或空调房间，人员所需新风量应不小于表 6.2.11–2 的规定。

表 6.2.11–1　房间的换气次数

房间名称	换气次数（次 /h）
活动室、寝室、睡眠区、活动区、喂奶室	3 ～ 5
寝室	3
厕所卫生间	10
多功能活动室	3 ～ 5

表 6.2.11–2　人员所需最小新风量

房间名称	新风量（m³/h 人）
活动室、寝室、活动区、睡眠区	20 30
寝室	20
保健观察室	38
多功能活动室	20 30

6.2.12 托儿所、幼儿园建筑的公共厨房、公共淋浴室、无外窗卫生间等，宜应设置有带防止回流构造措施的排气通风竖井，并应安装机械排风装置。

6.2.13 对于夏热冬暖地区、夏热冬冷地区的托儿所、幼儿园建筑，当夏季依靠开窗不能实现基本热舒适要求，且幼儿活动室、寝室等房间不设置空调设施时，每间幼儿活动室、寝室等房间宜安装具有防护网且可变风向的吸顶式电风扇。

6.2.14 最热月平均室外气温大于和等于 25℃ 地区的托儿所、幼儿园建筑，宜设置空调设备或预留安装空调设备的条件，并应符合下列规定：

1 空调房间室内设计参数应符合表 6.2.14 的规定；

表 6.2.14　空调房间室内设计参数

参数		冬季	夏季
温度（℃）	活动室、寝室、喂奶室 保健观察室、配奶室 晨检室（厅）、办公室	20	25
	乳儿室 睡眠区、活动区、喂奶室	24	25
风速（v）(m/s)		0.10 ≤ v ≤ 0.20	0.15 ≤ v ≤ 0.30
相对湿度（%）		30 ～ 60	40 ～ 60

6.2.16　防排烟系统设计应符合国家现行有关防火标准的规定，当需要设置送风口、排风口时，风口底边距地面应大于 1.5m。（此条删除）

6.3　建筑电气

6.3.1　活动室、寝室、图书室、美工室等幼儿用房宜采用细管径直管形三基色荧光灯，配用电子镇流器，也可采用防频闪性能好的其他节能光源，不宜采用裸管荧光灯灯具；保健观察室、办公室等可采用细管径直管形三基色荧光灯，配用电子镇流器或节能型电感镇流器，或采用 LED 等其他节能光源。睡眠区、活动区、喂奶室应采用漫光型灯具，光源应采用防频闪性能好的节能光源。寄宿制幼儿园的寝室宜设置夜间巡视照明设施。

6.3.4　托儿所、幼儿园的房间照明标准值应符合表 6.3.4 的规定。

表 6.3.4　房间照明标准值

房间或场所	参考平面及其高度	照度标准值（lx）	UGR	Ra
活动室	地面	300	19	
图书室	0.5m 水平面	300	19	
美工室	0.5m 水平面	500	19	
多功能活动室	地面	300	19	
寝室、睡眠区、活动区	0.5m 水平面	100	19	90 80
办公室、会议室	0.75m 水平面	300	19	
厨 房	台面	200	—	
门厅、走道	地面	150	—	
喂奶室	0.5m 水平面	150	19	

6.3.5　托儿所、幼儿园的房间内应设置插座，且位置和数量根据需要确定。活动室插座不应少于四组，寝室、图书室、美工室插座不应少于二组。插座应采用安全型，安装高度不应低于1.8m。插座回路与照明回路应分开设置，插座回路应设置剩余电流动作保护，其额定动作电流不应大于30mA。

6.3.7　托儿所、幼儿园安全技术防范系统的设置应符合下列规定：

　　1　幼儿园园区大门、建筑物出入口、楼梯间、走廊、厨房等应设置视频安防监控系统；

　　2　幼儿园周界宜设置入侵报警系统、电子巡查系统；

　　3　厨房、重要机房宜财务室应设置入侵报警系统；建筑物出入口、楼梯间、厨房、配电间等处宜设置入侵报警系统；

　　3A　园区大门、厨房宜设置出入口控制系统。

6.3.8　大、中型托儿所、幼儿园建筑应设置电话系统、计算机网络系统，并宜设置广播系统，并宜设置有线电视系统、教学多媒体设施。小型托儿所、幼儿园建筑应设置电话系统、计算机网络系统，宜设置广播系统、有线电视系统。

本规范用词说明

1　为便于在执行本规范条文时，对要求严格程度不同的用词说明如下：

1）表示很严格，非这样做不可的：

正面词采用"必须"，反面词采用"严禁"；

2）表示严格，在正常情况下均应这样做的：

正面词采用"应"，反面词采用"不应"或"不得"；

3）表示允许稍有选择，在条件许可时首先应这样做的：

正面词采用"宜"，反面词采用"不宜"；

4）表示有选择，在一定条件下可以这样做的，采用"可"。

2　条文中指明应按其他有关标准执行的写法为："应符合……的规定"或"应按……执行"。

引用标准名录

1《建筑结构荷载规范》GB50009

1《生活饮用水卫生标准》GB5749

2《室内空气质量标准》GB/T18883

3《建筑给水排水设计规范》GB50015

4《建筑设计防火规范》GB50016

5《建筑采光设计标准》GB50033

6《汽车库、修车库、停车场设计防火规范》GB50067

7《民用建筑隔声设计规范》GB50118

8《建筑给水排水及采暖工程施工质量验收规范》GB50242

9《民用建筑工程室内环境污染控制规范》GB50325

10《民用建筑供暖通风与空气调节设计规范》GB50736

11《饮食建筑设计规范标准》JGJ64

12《车库建筑设计规范》JGJ100

13《饮用净水水质标准》CJ94

托儿所、幼儿园建筑设计规范
JGJ39-2016
（2019年版）
条 文 说 明

1 总 则

1.0.3 据调查，目前托儿所、幼儿园规模有扩大的趋势，有些托儿所、幼儿园班数多达（20～30）班，规模过大，对于托儿所、幼儿园的管理、安全、服务质量不利。因此，建议托儿所、幼儿园的规模不要过大。根据调查结果，本条对托儿所、幼儿园的规范及班人数做了规定。规范中提出的托儿所、幼儿园建设规模和每班人数对托儿所、幼儿园管理是合适的。

本条增加了托儿所的规模和各班婴幼儿的年龄、人数，是根据国家卫健委的建议而确定的。

1.0.5 托儿所、幼儿园建筑设计涉及多方面、多专业，对于各专业已有标准规定内容，除必要重申外，本规范不再重复，因此在设计时除执行本规范外，尚应符合国家现行有关标准的规定，主要有《民用建筑设计通则统一标准》GB50352、《建筑设计防火规范》GB50016、《安全防范工程技术规范》GB50348、《建筑采光设计标准》GB50033、《民用建筑隔声设计规范》GB50118、《民用建筑工程室内环境污染控制规范》GB50325、《严寒和寒冷地区居住建筑节能设计标准》JGJ26、《夏热冬冷地区居住建筑节能设计标准》JGJ134、《夏热冬暖地区居住建筑节能设计标准》JGJ75 等。

2　术　语

2.0.5　幼儿生活用房包括婴幼儿班活动单元、多功能活动室和为婴幼儿特殊活动的公共活动室等供幼儿使用的一切用房其他空间。

2.0.6　幼儿生活单元是婴幼儿生活用房中供一个班级婴幼儿园活动生活的空间，。托儿所包括乳儿班、托小班、托大班生活单元。幼儿园生活单元包括活动室、寝室、卫生间、衣帽储藏间等。

3　基地和总平面

3.1　基　地

3.1.3　托儿所、幼儿园园址选择在居住区内或附近，便于家长接送，其服务半径不宜过大。调研中发现有的居住区规模很大，但没有设置托儿所、幼儿园，有的即使设置了托儿所、幼儿园，其服务半径过大，家长接送，会耽误很长时间。幼儿步行时间不宜过长，因此规定了托儿所、幼儿园的服务半径。本次修订根据《城市居住区规划设计标准》GB50180 的规定，服务半径为 300m，更方便婴幼儿接送。

3.2　总 平 面

3.2.2　托儿所、幼儿园建筑是供 1 周岁～6 周岁幼儿进行集中保育、教育的学前机构。幼儿大部分时间在这里进行各种活动。由于幼儿身体尚未发育成熟，身体抵抗力弱，对外界环境适应能力差，要求托儿所、幼儿园建筑确保幼儿安全、卫生、适用。托儿所、幼儿园在建筑布局、房间设置、室内外环境等方面有许多要求，要求建筑封闭，周围设围墙。为了在建筑设计中满足这些要求，要求建筑封闭，周围设围墙。为了在建筑设计中满足这些要求，独立设置建筑基地，使建筑不受外界影响是十分必要的。如果托儿所、幼儿园建筑与其它建筑合建，势必对幼儿的生活环境造成干扰，难以保证幼儿的安全、卫生和适用的要求。

幼儿是家庭的希望、国家的未来。社会各界、每个家庭都非常重视幼儿的健康成长，尤其关注幼儿生活环境的安全、卫生、适用问题。这些方面规范中有许多规定，这些规定是托儿所、幼儿园建筑的最低标准。随着社会进步，经济发展，对托儿所、幼儿园建筑的标准要求也应提高，不能以挤占托儿所、幼儿园建设用地，影响幼儿安全、卫生、适用为代价来发展城市建设。何况托儿所、幼儿园在居住区中占用的土地是很少的。居住区规划按规定留有幼儿园建设用地，可以独立建设满足规范要求的幼儿园。

由于建设用地紧张，一些托儿所、幼儿园与其他建筑合建。本条对与既有建筑物合建的托儿所、幼儿园作了规定，一是规模限定在两个班及以下；二是幼儿生活用房限定设在建筑首层；三是应设独立的出入口，并对出入口做出规定。由于建筑物底层有其他部分的出入口，托儿所、幼儿园不设独立出入口，可能会与其他出入的人员交叉干扰，不利于幼儿出入的安全和身体健康，幼儿出入也不方便，因此规定托儿所、幼儿园必须设独立出入口，确保幼儿使用安全。另外，规定在室外设置独立活动场地，并与其他场地进行分隔，可以避免与其他场地互相干扰，影响幼儿的安全和健康。

托儿所合建分两种情况，一是在居住区中按规划要求将托儿所与其他建筑合建在一栋建筑中；二是在城市人口密集区，托儿所与既有建筑合建，目前这种情况大量存在，建筑比较复杂，存在许多安全隐患，因此对合建的托儿所的安全问题做了相应规定，以确保婴幼儿的安全。

托儿所与既有建筑合建，建设成本高，必须达到一定量的规模才能保持正常运营，此次修订提高了独立设置托儿所、幼儿园的班数。根据市场需求，本条对托儿所、幼儿园建筑与其他建筑合建作了调整，一是规定独立设置的托儿所、幼儿园由原来三个班改为四个班；二是对合建的班数由二个班改为三个班。还对合建的建筑类型规定做了适当调整，增加了可与养老、教育、办公建筑合建。为解决当前托儿所缺少的情况，合建的托儿所比较多。由于城市建设用地紧张，独立建造托儿所很困难，考虑到实际情况，为满足市场需求，这次规范修订放宽了合建的建筑类型。目前有些托儿所、幼儿园与商业、娱乐等建筑合建，这些建筑容易发生火灾，与这些建筑合建，对幼儿安全造成很大隐患。因此规定托儿所、幼儿园仅能与居住、养老、教育、办公建筑合建，这些建筑相对管理规范，发生火灾的几率比较小。

为保证婴幼儿的安全，规定应设置独立的疏散楼梯和安全出口，并应符合建筑设计防火规范的规定。因为婴幼儿身体情况与成人不同，体质弱，行走能力差，如果与其他建筑共用疏散楼梯，一是幼儿用的楼梯与成人的楼梯踏步高度、宽度不同，成人使用的楼梯不适宜儿童使用；二是在紧急情况下，幼儿与成人共用一个楼梯疏散对幼儿的身体会造成伤害。因此，对合建的托儿所、幼儿园的安全疏散及出口作了规定。

3.2.3 托儿所、幼儿园的室外活动场地需要有足够的活动面积，满足幼儿室外活动的需要。一些托儿所、幼儿园室外活动场地过小，不能满足需要，规范对班活动场地、全园共用活动场地面积均做出了具体规定，并对活动场地的设置、安全方面等提出了要求。调研发现，有些托儿所、幼儿园室外活动场地布置在建筑周围阴影之内，基本没有阳光照射，儿童在室外活动得不到阳光，对儿童的身体健康不利。

本次调整对托儿所和幼儿园的室外活动场地分别进行了规定。由于托儿所的幼儿比幼儿园的年龄小，其活动能力和范围也要小一些。幼儿园的室外活动场地面积保持不变，将托儿所室外活动场地面积适当减少，目前在城市人口密集地区，与其他建筑合建的托儿所、幼儿园比较多，这种情况室外活动面积很小，按规定设置室外活动场地面积难以保证。因此，对室外活动场地面积的要求做了调整。

3.2.8 在调研中发现，有些托儿所、幼儿园幼儿生活用房日照标准不能满足 3h 的规定，这对幼儿的身体是不利的。本条为强制性条文。2016 版规范中对托儿所、幼儿园房间的日照标准规定不够具体，这次修编分别对托儿所和幼儿园需要日照 3h 的房间做了具体规定，这些房间是婴幼儿经常生活的场所，婴幼儿的生活和发育需要一定时间的阳光，阳光可以杀灭一些细菌，幼儿的生活用房在阳光的照射下也有利于室内环境的清洁卫生，因此规定婴幼儿活动用房满窗日照标准不小于 3h，确保幼儿身体健康。

原条文中，婴幼儿"生活用房"包括卫生间、储藏间和公共活动用房，这些房间日照标准不需要 3h。本次修订明确了需要日照 3h 的具体房间，并分别说明托儿所和幼儿园需要日照要求的房间。对于其他婴幼儿不经常生活的房间不作具体规定，建筑设计中可根据实际情况进行布置。

4 建筑设计

4.1 一般规定

4.1.3 托儿所、幼儿园中的幼儿生活用房是指供幼儿生活使用的房间，包括幼儿生活单元、幼儿公共活动室、多功能厅等。为保证幼儿的身体健康，规范对房间的日照、采光、通风等室内环境方面有明确的规定。本条为强制性条文。此条前半句没有变化，与原条文一致。后半句参照《建筑设计防火规范》GB50016–2014 第 5.3.1A 条文，关于地上房间建筑层数的设置可不列为强制性条文。本次修订关于房间设置的楼层，除地下室、半地下室外，均列为非强制性条文，在规范第 4.1.3A 条、第 4.1.3B 条、第 4.1.3C 条中表述。

建筑物的地下室或半地下室的日照、采光、通风、防潮、排水等条件较差，不能满足规范建筑环境的规定要求，对幼儿身体健康十分不利，故规定幼儿生活用房不应设置在地下室或半地下室。如果建筑设有地下室或半地下室，且采取采光、通风、日照、防潮、排水、安全等防护措施，可以布置非幼儿生活用房，如设备用房、库房、工作人员厨房、餐厅等房间。

幼儿的体力、活动能力比较差，上下楼梯动作缓慢，不适宜多楼层上下，另外幼儿行动速度较慢，对环境适应能力差，一旦发生火灾等紧急情况，难以迅速疏散，尤其在楼梯间疏散更困难。为保护幼儿身体健康和紧急疏散时的安全，规定幼儿生活用房所在的层数不应布置在四层及四层以上。

托儿所主要是婴幼儿使用，婴幼儿活动能力较差，在发生紧急情况时，需要大人帮助疏散，因此规定托儿所部分应设在一层，是为保护幼儿的安全，在紧急情况下，使婴儿能迅速、安全地疏散。

4.1.3A 新增条文。幼儿园的幼儿体力、活动能力比较差，上下楼梯动作缓慢，不适宜多楼层上下，另外幼儿行动速度较慢，对环境适应能力差，一旦发生火灾等紧急情况，难以迅速疏散，尤其在楼梯间疏散更困难。为保护幼儿身体健康和紧急疏散时的安全，因此对幼儿园幼儿生活用房所在的层数作了规定。

4.1.3B 新增条文。托儿所的婴幼儿年龄在3岁以下，其身体能力较弱，智力较低，方向感较差，行走比较困难。据观察，这个年龄的婴幼儿上下楼梯不能自理，需要保育员带领下才能完成。如果发生紧急情况，婴幼儿不能使用楼梯进行疏散。为保证婴幼儿的安全，规定托儿所生活用方应布置在首层。考虑到实际情况，尤其是合建的托儿所一层用地十分紧张，因此对托大班生活用房布置的楼层进行了调整，并对人数和安全疏散作了规定。

4.1.5 托儿所、幼儿园活动室的窗与成人建筑的窗最大的区别在于窗台的高度不一样，因为幼儿的身材较矮，为了保证幼儿的视线不被遮挡，避免产生封闭感，并体现托儿所、幼儿园建筑空间的正常尺度，所以活动室，公共活动室的窗台距地不宜大于0.60m。由于窗台低，防止儿童爬上窗台，发生从窗坠落的事故，因此要求采取防护措施。寝室窗的形式不同于活动室，一般需要高于活动室的窗台，达到0.90m。如果幼儿的床紧靠窗户，为了防止幼儿在床上爬高，窗的下部需做固定扇，否则需要加护栏。活动室的窗宜设下亮子，活动室窗的形式不同于成人建筑窗的形式，后者窗亮子在上，窗扇在下，而前者正好相反。其次，后者的窗亮子是作为通风功能，而前者窗亮子为了幼儿安全，不可以开启，即使为了通风需要开启，应做上旋开启，设推拉窗，必须设置防护措施。1.80m以下严禁设开启窗扇，是为了防止幼儿通过时碰伤头部。窗外侧无外廊时应设栏杆，栏杆应符合现行国家标准《民用建筑设计统一标准》GB50352的有关规定。当底面有宽度大于或等于0.22m，且高度低于或等于0.45m的可踏部位时，其栏杆的防护高度应从可踏部位顶面起算。

4.1.8 托儿所、幼儿园建筑设计应保障幼儿的安全，幼儿身体的各部分的发育尚未成熟，动作还不十分协调，防护意识差；同时好奇心强烈，容易忽视对周围的注意，很容易导致安全事故的发生。门是幼儿经常接触的部件，因此在托儿所、幼儿园建筑设计中，应注意门的安全问题。为了方便儿童自己开启或关闭房间门，应在距地0.6m处加设幼儿专用的拉手，门拉手可以将幼儿和教师使用的要求作整体考虑，结合门的造型，通常设垂直拉手，门扇内外皆装置。活动室、寝室的门应设观察窗，在兼顾幼儿和教师视线范围的情况下做透明玻璃，以便幼儿和教师进出活动室能观察门内外的情况，防止发生碰撞。

本条增加了平开门距离楼地面1.2m以下部分应设防夹手设施。设计可根据具体情况，在门与门框连接处采取设置柔性覆盖物等措施，防止幼儿手脚伸入夹伤。

4.1.9 外廊、阳台、上人屋面、平台等部位是交通和疏散通行的地方，也是幼儿经常活动的场所，在这些临空部位活动易发生高空坠落危险事故。幼儿活泼、好动，且安全意识差，易出现嬉闹、拥挤行为，因此这些部位必须设防止栏杆，防止高空坠落，确保幼儿的人身安全。

由于幼儿好动，在应急疏散时，易发生集中拥挤、推搡栏杆行为，因此栏杆使用的材料应坚固、耐久，并能承受规范规定的水平推力，符合现行国家标准《建筑结构荷载规范》GB50009 的规定。

栏杆的净高 1.10m 为地面至扶手顶面的垂直高度，当栏杆距地 0.60m 以下有可踏面时，扶手的高度应从可踏面顶面起计算。

为防止幼儿攀爬，造成高空坠落事故，栏杆应采用防攀爬的构造，栏杆不应有任何可踏面，例如，不应采用任何横向杆件和装饰物，女儿墙不应做防水小沿砖等构造。

做垂直杆件时，杆件间的净距不应大于 0.11m，以防止幼儿头部带身体穿过而发生坠落事故。近年来，时有发生儿童坠落事故。其中栏杆间距过宽是原因之一，因此必须严格规范规定，做垂直栏杆时，杆件间的净距不应大于 0.11m。

本条为强制性条文。在原条文基础上仅对防护栏杆的高度和栏杆净间距进行了调整。将原规定的高度 1.10m 修改为 1.30m，其根据是，《民用建筑设计统一标准》GB50352 第 6.7.3 条第 2 款规定，上人屋面和交通、商业、旅馆、医院、学校等建筑临开敞中庭的栏杆高度不应小于 1.2m。条文中规定的栏杆高度是否适用于托儿所、幼儿园不够明确，由于托儿所、幼儿园中婴幼儿的特殊情况，一是婴幼儿安全意识差，易动、易攀爬，栏杆高度应适当加高；二是考虑到大人抱婴幼儿站立时，人体的重心增高，栏杆高度也应适当加高，避免人靠近栏杆时因重心外移发生坠落事故。根据上述情况，对于托儿所、幼儿园临空的栏杆高度增加到 1.30m，目的是确保婴幼儿使用时的人身安全。

关于垂直栏杆净距离的宽度修改为 0.09m，主要根据是考虑到婴幼儿的特点，安全意识差，好奇、好动，游戏时头部或身体易钻入栏杆空隙中，为防止幼儿头部或身体卡在栏杆空隙中，造成安全事故，因此将垂直栏杆净间距调整为 0.09m，确保婴幼儿的人身安全。

4.1.11 考虑儿童身体特点，幼儿使用的楼梯不同于成年人楼梯，楼梯扶手、栏杆宽度、踏步尺寸均与成年人楼梯不同。幼儿扶手高度宜为 0.60m，可在成人扶手中间增设。设置垂直杆件时，其净宽度不应大于 0.11m。由于儿童腿长比成年人短，楼梯踏步的尺寸不能与成年人楼梯踏步尺寸相同，因此对幼儿楼梯踏步尺寸做出了规定。

本规范增加了楼梯间在首层应直通室外条款，是因为幼儿行动迟缓、动作较慢、安全意识差，在发生紧急情况时，为使幼儿迅速疏散到室外，规定楼梯间的首层直通室外，对幼儿安全疏散更为有利。

4.1.12 本条为强制性条文。幼儿活泼、好动，且安全意识差，上、下楼梯时易发生嬉闹、攀爬等行为，甚至有些幼儿爬上楼梯扶手滑行、玩耍，很容易发生坠落事故。为保护幼儿的生命安全，幼儿使用的楼梯，其楼梯井净宽度大于 0.11m 时，必须采取防止攀滑的措施。防止幼儿从楼梯上滑落穿越，坠落至楼梯井底。

楼梯栏杆应采取不易攀登的构造，栏杆不应有任何可蹬踏的横向杆件及装饰物。当采用垂直杆件做栏杆时，其杆件净距不应大于 0.11m，防止幼儿头部、身体穿越栏杆，造成幼儿高空坠落安全事故对其净距进行了修改，主要根据是考虑到婴幼儿的特点：安全意识差，好奇、好动，游戏时头部或身体易钻入栏杆空隙中，为防止幼儿头部或身体卡在栏杆空隙中，造成安全事故，确保婴幼儿的人身安全。

4.1.17 考虑到有些公共建筑的层高在 3.0m 左右，为了保证其适用于托儿所、幼儿园的改建，对托儿所、幼儿园生活单元中的一些房间的净高进行了调整。多功能活动室是全员最大的公共活动空间，最大面积可达 300m² 以上，其层高过低，不仅空间有压抑感，也不符合室内健康卫生要求，因此规定房间净高应适当高一些。

4.1.17A 新增条文。厨房等用水的房间容易产生泄漏，影响楼下托儿所、幼儿园婴幼儿正常生活。

4.1.17B 新增条文。本条为新增条款。《城市居住区规划设计标准》GB50180 规定居住区配套设施应设置托儿所、幼儿园。由于托儿所营运管理成本高、责任大，因此，近几年居住区按规划仅建了幼儿园，很少建托儿所，不符合《城市居住区规划设计标准》GB50180 的规定。因此，社会上出现供 3 岁以下婴幼儿使用的托儿所不足的局面。本条规定居住区应按需配套设置一定规模的托儿所，可以保证托儿所建设的数量，解决社会上托儿所数量不足的情况。

4.2 托儿所生活用房

4.2.1 托儿所中的托儿班及乳儿班的设置一般根据年龄来划分，乳儿班为 2 1 岁以下在哺乳期间的幼婴儿，这些幼婴儿走路、吃饭、大小便基本不能自理，大部分时间在床上生活。托儿小班和托大班为 2 岁～3 岁的幼儿，基本能走路、吃饭及大小便，但自理能力还较差，需要护理员帮助才能完成自理动作。由于 3 岁以下幼儿其活动能力有所差异，托儿班和乳儿班幼儿和托小班的划分可根据幼儿园的婴幼儿自理能力灵活分配，不必绝对按年龄分配。

4.2.3 乳儿班的房间功能空间设置主要是根据哺乳其幼婴儿生活的需要而设置的，它与幼儿园及托儿班的区别主要是没有活动室，卫生间的设施也不相同各功能空间没有明显的界限，只设置各功能分区，满足婴幼儿的生活使用要求。

4.2.3B 新增条文。乳儿班有时需要母亲定时喂奶，喂奶时应有独立的空间，乳儿由保育员抱出到喂奶室交给母亲哺乳，因此喂奶室应临近乳儿班。喂奶室对外设直接出入口，防止母亲经过婴幼儿生活空间，造成环境污染。

4.2.3D　新增条文。乳儿班和托小班的婴幼儿经常在地上玩耍，为保证婴幼儿的健康和安全，其地面应做暖性、软质面层处理，可采取地热采暖、铺设木地板或地毯等措施，保证上述要求。

4.2.4　如果托儿所设置若干个班，从管理和卫生方面要求应分成独立的使用单元，这和幼儿园相同。一般托儿所和幼儿园合建的较多，但托儿所和幼儿园两部分应单独分区，不应与幼儿园部分合用一个出入口，这有利于管理和幼儿的身体健康。

4.2.5　乳儿班需要母亲定时喂奶，喂奶时应有独立的空间，母亲需要将乳儿从乳儿室抱出后在喂奶室哺乳，因此喂奶室应临近乳儿室。幼儿喂奶也有非母乳喂奶，需要奶粉喂养，因此需有冲奶粉的加热设施及冲洗奶瓶需要的洗涤设施。考虑经济条件差的地区使用燃气、煤等燃料，会污染室内空气，因此必需设置独立的通风及排烟系统。（此条删除）

4.2.6　乳儿班的卫生间与托儿班的卫生间不同，哺乳的幼儿大、小便还不能自理，因此也就不需要便器，但需要冲洗尿布的机会较多，因此需要设置一定量的洗涤池。设保育人员的厕位也可兼供母亲使用，同时兼做倒幼儿粪便使用。（此条删除）

4.3　幼儿园生活用房

4.3.1　原规范幼儿生活用房包括幼儿生活单元和音体室，本次规范调整为幼儿生活用房由幼儿生活单元和幼儿公共活动用房组成。公共活动用房包括多功能活动室，还包括幼儿公共活动用房。为了适应现代幼儿早期教育的需要，幼儿公共活动用房已在多数托儿所、幼儿园内设置。公共活动空间是指供幼儿进行多种专项活动的场所，可以是房间，也可以利用走廊、大厅等其他空间安排幼儿在生活单元中不能实现的各种兴趣活动。根据幼儿园的具体情况和需要进行设置。

4.3.17　多功能活动室是为多种功能使用的房间，也是幼儿园最大的活动空间，可供班级联合集会、跳舞、唱歌、家长会谈集会及放映电影、录像、幻灯片等活动使用。天气不好时还可以作为临时游戏室，因此多功能活动室应临近生活用房。无论是设在适中位置或幼儿用房的尽端，都不得和服务用房，供应用房混在一起。当多功能活动室独立设置时，与主体建筑的距离不宜过远，并需用连廊相连通。连廊设雨蓬是为了在雨天、雪天不影响儿童室外通行，方便使用。根据《幼儿园建设标准》建标 175–2016 的规定，确定了多功能活动室的使用面积。

4.4　服务管理用房

4.4.1　各托儿所和幼儿园服务管理用房设置内容不同，规模较小的托儿所、幼儿园，考虑管理需要，可将服务管理用房进行增减或合并使用，合用的房间面积也可以适当减少，具体可根据需要进行设置。

4.4.2 门厅是托儿所、幼儿园的室内外过渡空间，是婴幼儿入园必须经过的空间，功能要求比较多。为保证婴幼儿的健康，婴幼儿出入门厅时需要洗手，因此规定了宜设置洗手池。

4.5 供应用房

4.5.2A 新增条文。厨房面积的设置是根据《幼儿园建设标准》建标 175-2016 的规定确定的，由于不同规模的托儿所、幼儿园的厨房使用面积不同，可根据幼儿园的规模大小，确定厨房的使用面积。但对于规模较小的托儿所、幼儿园，为保证厨房的基本使用功能，面积不应过小。

5 室内环境

5.1 采光

5.1.1 本条对原规范进行了修改和补充，对幼儿用房及其他相关用房的天然采光质量作了具体的规定。采光系数标准应符合现行的国家标准《建筑采光设计标准》GB50033 的有关规定，采光系数需要计算。本条中关于采光系数最低标准值是参考了《中小学校设计规范》GB50099-2011 中的相关规定《建筑采光设计标准》GB50033 中教育建筑采光标准值的相关规定。为了保护幼儿的身体及视觉健康，本条规定了托儿所、幼儿园建筑中不同用途房间的采光系数最低标准值。为方便建筑设计进行估算窗口面积，同时给出了窗地面积比。

6 建筑设备

6.1 给水排水

6.1.3 为确保幼儿的正常用水条件，给水水压应满足所用给水用水点最低工作压力。通常使用的配水器具的最低工作压力约为 0.05MPa。二次加压供水设施不应产生二次污染，噪声应符合相关标准规定。托儿所、幼儿园建筑中婴幼儿生活单元是幼儿长期停留房间，为了保证这些房间安静舒适，特别强调了产生噪声的各种供水机房、各种换热机房及变配电房间等不得与这些房间或无泵房设备贴临设置。

6.1.5 幼儿洗手或洗浴需要热水。托儿所、幼儿园宜优先采用集中热水制备的热水供应系统。当无条件采用集中热水制备时，也可采用分散热水制备或预留安装热水供应设施的条件。气候适宜地区应优先采用太阳能热水器或空气源热泵制备热水。按照国家要求托儿所、幼儿园建筑都应该是绿色建筑，绿色建筑应按照被动措施优先的原则设计，因此，采用太阳能热水器或空气源热泵制备热水的托儿所、幼儿园建筑设计将越来越多，又考虑到各地气候特点的差异性，在一些地区将存在利用太阳能热水器或空气源热泵制备热水时热水温度可能低于60℃，所以强调采用上述制备热水达不到60℃的系统需要设置辅助加热设施，确保有利于幼儿和儿童的健康。

<h2 style="text-align:center">6.2　供暖通风和空气调节</h2>

6.2.2　从有利于健康角度考虑，采用低温地面辐射供暖方式时，地面表面温度不应超过规定值。从对地面辐射供暖安全、寿命和舒适考虑，对热水地面辐射供暖系统供水温度及供水回水温差提出要求，并与《民用建筑供暖通风与空气调节设计规范》GB50736中规定一致。

6.2.7　供暖系统应该设置集中热量计量并实现分室温度控制，一方面利于节能控制，另一方面可实现室温控制。供暖系统末端设施有不同种类，无论何种末端供暖设施都应设置能够实现分室温控的恒温控制阀调控室温。

6.2.11　活动室和寝室应具备可开启自然通风外窗，可保证轮换开启通风。寒冷地区及夏热冬冷地区的供暖应计入通风的耗热量。我国地域辽阔，气候差异大，最小换气次数要求也不尽相同，例如，高温高湿地区的换气次数要求就高，最小换气次数给出取值范围，可以根据建筑物所在地域气候特点合理取值。托儿所、幼儿园的卫生健康要求较高，参考《民用建筑供暖通风与空气调节设计规范》GB50736中的相关规定，适当增大最小新风量取值。

6.2.12　托儿所、幼儿园中的公共厨房、公共淋浴室、无外窗卫生间无排放通道时将对室内环境产生很大影响。无外窗卫生间无法直接对室外通风换气。设置排风竖井将有害气体从屋顶排出，并且竖井应该有防止回流构造，防止相邻房间窜味。机械排风装置根据房间换气需要设置。公共淋浴室、无外窗卫生间等，采用的排气扇需要配带防止回流装置。

<h2 style="text-align:center">6.3　建　筑　电　气</h2>

6.3.1　幼儿的眼睛非常稚嫩，幼儿活动室、寝室、图书室、美工室等是幼儿日常活动停留较多的场所，频闪和眩光问题是照明设计中应重点解决的问题。电子镇流器一般使用20khz～60khz频率供给灯管，可基本消除频闪。采用裸管荧光灯具眩光较严重，不宜使用，推荐采用格栅灯、带透明灯罩的灯具等。LED等新型节能光源也可采用。采用LED时，显色指数（Ra）不应小于80，喂奶室、睡眠区色温不宜高于3300K，特殊显色指数R9应大于零。其他场所色温不宜高于4000K。

6.3.8　计算机网络是幼儿园教学不可缺少的环节，调研中了解到很多幼儿园都在网上查找教学资料，通过电视放给孩子们看；电话也是内部不可缺少的通讯工具，有的幼儿园要求在班内设内部电话，不设外线电话；广播系统对大中型幼儿园内部统一通知、集体活动等也很有必要，设计中应对教学区、办公区分设支路，并设置音量控制开关，小型幼儿园可根据需要考虑是否设置广播系统；有线电视系统一般班内都不设置，但都设置了电视，供播放视频等。办公区电话系统、计算机网络系统均应设置，广播系统、有线电视系统、教学多媒体设施可根据需要设置。原规范规定的电铃，调研中幼儿园一致反映不适用，故本次修订取消。

国家卫生健康委关于印发托育机构设置标准（试行）和托育管理规范（试行）的通知

国卫人口发〔2019〕58 号

各省、自治区、直辖市及新疆生产建设兵团卫生健康委：

为加强托育机构专业化、规范化建设，按照《国务院办公厅关于促进3岁以下婴幼儿照护服务发展的指导意见》（国办发〔2019〕15号）的要求，我委组织制定了《托育机构设置标准（试行）》和《托育机构管理规范（试行）》（可从国家卫生健康委网站下载）。现印发给你们，请遵照执行。

附件：1.托育机构设置标准（试行）
2.托育机构管理规范（试行）

国家卫生健康委
2019 年 10 月 8 日

附件1

托育机构设置标准（试行）

第一章 总则

第一条 为建立专业化、规范化的托育机构，根据《中华人民共和国未成年人保护法》等法律法规以及《国务院办公厅关于促进3岁以下婴幼儿照护服务发展的指导意见》，制定本标准。

第二条 坚持政策引导、普惠优先、安全健康、科学规范、属地管理、分类指导的原则，充分调动社会力量积极性，大力发展托育服务。

　　第三条　本标准适用于经有关部门登记、卫生健康部门备案，为 3 岁以下婴幼儿提供全日托、半日托、计时托、临时托等托育服务的机构。

<h2 style="text-align:center">第二章　设置要求</h2>

　　第四条　托育机构设置应当综合考虑城乡区域发展特点，根据经济社会发展水平、工作基础和群众需求，科学规划，合理布局。

　　第五条　新建居住区应当规划建设与常住人口规模相适应的托育机构。老城区和已建成居住区应当采取多种方式完善托育机构，满足居民需求。

　　第六条　城镇托育机构建设要充分考虑进城务工人员随迁婴幼儿的照护服务需求。

　　第七条　在农村社区综合服务设施建设中，应当统筹考虑托育机构建设。

　　第八条　支持用人单位以单独或联合其他单位共同举办的方式，在工作场所为职工提供福利性托育服务，有条件的可向附近居民开放。

　　第九条　鼓励通过市场化方式，采取公办民营、民办公助等多种形式，在就业人群密集的产业聚集区域和用人单位建设完善托育机构。

　　第十条　发挥城乡社区公共服务设施的婴幼儿照护服务功能，加强社区托育机构与社区服务中心（站）及社区卫生、文化、体育等设施的功能衔接。

<h2 style="text-align:center">第三章　场地设施</h2>

　　第十一条　托育机构应当有自有场地或租赁期不少于 3 年的场地。

　　第十二条　托育机构的场地应当选择自然条件良好、交通便利、符合卫生和环保要求的建设用地，远离对婴幼儿成长有危害的建筑、设施及污染源，满足抗震、防火、疏散等要求。

　　第十三条　托育机构的建筑应当符合有关工程建设国家标准、行业标准，设置符合标准要求的生活用房，根据需要设置服务管理用房和供应用房。

　　第十四条　托育机构的房屋装修、设施设备、装饰材料等，应当符合国家相关安全质量标准和环保标准，并定期进行检查维护。

　　第十五条　托育机构应当配备符合婴幼儿月龄特点的家具、用具、玩具、图书和游戏材料等，并符合国家相关安全质量标准和环保标准。

　　第十六条　托育机构应当设有室外活动场地，配备适宜的游戏设施，且有相应的安全防护设施。在保障安全的前提下，可利用附近的公共场地和设施。

　　第十七条　托育机构应当设置符合标准要求的安全防护设施设备。

<h2 style="text-align:center">第四章　人员规模</h2>

　　第十八条　托育机构应当根据场地条件，合理确定收托婴幼儿规模，并配置综合管

理、保育照护、卫生保健、安全保卫等工作人员。

托育机构负责人负责全面工作，应当具有大专以上学历、有从事儿童保育教育、卫生健康等相关管理工作 3 年以上的经历，且经托育机构负责人岗位培训合格。

保育人员主要负责婴幼儿日常生活照料，安排游戏活动，促进婴幼儿身心健康，养成良好行为习惯。保育人员应当具有婴幼儿照护经验或相关专业背景，受过婴幼儿保育相关培训和心理健康知识培训。

保健人员应当经过妇幼保健机构组织的卫生保健专业知识培训合格。

保安人员应当取得公安机关颁发的《保安员证》，并由获得公安机关《保安服务许可证》的保安公司派驻。

第十九条　托育机构一般设置乳儿班（6 ~ 12 个月，10 人以下）、托小班（12 ~ 24 个月，15 人以下）、托大班（24 ~ 36 个月，20 人以下）三种班型。

18 个月以上的婴幼儿可混合编班，每个班不超过 18 人。

每个班的生活单元应当独立使用。

第二十条　合理配备保育人员，与婴幼儿的比例应当不低于以下标准：乳儿班 1∶3，托小班 1∶5，托大班 1∶7。

第二十一条　按照有关托儿所卫生保健规定配备保健人员、炊事人员。

第二十二条　独立设置的托育机构应当至少有 1 名保安人员在岗。

第五章　附则

第二十三条　各省、自治区、直辖市卫生健康行政部门可根据本标准制订具体实施办法。

第二十四条　本标准自发布之日起施行。

附件 2

托育机构管理规范（试行）

第一章　总则

第一条　为加强托育机构管理，根据《中华人民共和国未成年人保护法》等法律法规以及《国务院办公厅关于促进 3 岁以下婴幼儿照护服务发展的指导意见》，制定本规范。

第二条　坚持儿童优先的原则，尊重婴幼儿成长特点和规律，最大限度地保护婴幼儿，确保婴幼儿的安全和健康。

第三条　本规范适用于经有关部门登记、卫生健康部门备案，为 3 岁以下婴幼儿提供全日托、半日托、计时托、临时托等托育服务的机构。

第二章　备案管理

第四条　托育机构登记后，应当向机构所在地的县级以上卫生健康部门备案，提交评价为"合格"的《托幼机构卫生评价报告》、消防安全检查合格证明、场地证明、工作人员资格证明等材料，填写备案书（见附件 1）和承诺书（见附件 2）。提供餐饮服务的，应当提交《食品经营许可证》。

第五条　卫生健康部门应当对申请备案的托育机构提供备案回执（见附件 3）和托育机构基本条件告知书（见附件 4）。

第六条　托育机构变更备案事项的，应当向原备案部门办理变更备案。

第七条　托育机构终止服务的，应当妥善安置收托的婴幼儿和工作人员，并办理备案注销手续。

第八条　卫生健康部门应当将托育服务有关政策规定、托育机构备案要求、托育机构有关信息在官方网站公开，接受社会查询和监督。

第三章　收托管理

第九条　婴幼儿父母或监护人（以下统称婴幼儿监护人）应当主动向托育机构提出入托申请，并提交真实的婴幼儿及其监护人的身份证明材料。

第十条　托育机构应当与婴幼儿监护人签订托育服务协议，明确双方的责任、权利义务、服务项目、收费标准以及争议纠纷处理办法等内容。

第十一条　婴幼儿进入托育机构前，应当完成适龄的预防接种，经医疗卫生机构健康检查合格后方可入托；离开机构 3 个月以上的，返回时应当重新进行健康检查。

第十二条　托育机构应当建立收托婴幼儿信息管理制度，及时采集、更新，定期向备案部门报送。

第十三条　托育机构应当建立与家长联系的制度，定期召开家长会议，接待来访和咨询，帮助家长了解保育照护内容和方法。

托育机构应当成立家长委员会，事关婴幼儿的重要事项，应当听取家长委员会的意见和建议。

托育机构应当建立家长开放日制度。

第十四条　托育机构应当加强与社区的联系与合作，面向社区宣传科学育儿知识，开展多种形式的服务活动，促进婴幼儿早期发展。

第十五条　托育机构应当建立信息公示制度，定期公示收费项目和标准、保育照护、膳食营养、卫生保健、安全保卫等情况，接受监督。

第四章　保育管理

第十六条　托育机构应当科学合理安排婴幼儿的生活，做好饮食、饮水、喂奶、如厕、盥洗、清洁、睡眠、穿脱衣服、游戏活动等服务。

第十七条　托育机构应当顺应喂养，科学制定食谱，保证婴幼儿膳食平衡。有特殊喂养需求的，婴幼儿监护人应当提供书面说明。

第十八条　托育机构应当保证婴幼儿每日户外活动不少于 2 小时，寒冷、炎热季节或特殊天气情况下可酌情调整。

第十九条　托育机构应当以游戏为主要活动形式，促进婴幼儿在身体发育、动作、语言、认知、情感与社会性等方面的全面发展。

第二十条　游戏活动应当重视婴幼儿的情感变化，注重与婴幼儿面对面、一对一的交流互动，动静交替，合理搭配多种游戏类型。

第二十一条　托育机构应当提供适宜刺激，丰富婴幼儿的直接经验，支持婴幼儿主动探索、操作体验、互动交流和表达表现，发挥婴幼儿的自主性，保护婴幼儿的好奇心。

第二十二条　托育机构应当建立照护服务日常记录和反馈制度，定期与婴幼儿监护人沟通婴幼儿发展情况。

第五章　健康管理

第二十三条　托育机构应当按照有关托儿所卫生保健规定，完善相关制度，切实做好婴幼儿和工作人员的健康管理，做好室内外环境卫生。

第二十四条　托育机构应当坚持晨午检和全日健康观察，发现婴幼儿身体、精神、行为异常时，应当及时通知婴幼儿监护人。

第二十五条　托育机构发现婴幼儿遭受或疑似遭受家庭暴力的，应当依法及时向公安机关报案。

第二十六条　婴幼儿患病期间应当在医院接受治疗或在家护理。

第二十七条　托育机构应当建立卫生消毒和病儿隔离制度、传染病预防和管理制度，做好疾病预防控制和婴幼儿健康管理工作。

第二十八条　托育机构工作人员上岗前，应当经医疗卫生机构进行健康检查，合格后方可上岗。

托育机构应当组织在岗工作人员每年进行 1 次健康检查。在岗工作人员患有传染性疾病的，应当立即离岗治疗；治愈后，须持病历和医疗卫生机构出具的健康合格证明，方可返岗工作。

第六章　安全管理

第二十九条　托育机构应当落实安全管理主体责任，建立健全安全防护措施和检查制度，配备必要的安保人员和物防、技防设施。

第三十条　托育机构应当建立完善的婴幼儿接送制度，婴幼儿应当由婴幼儿监护人或其委托的成年人接送。

第三十一条　托育机构应当制订重大自然灾害、传染病、食物中毒、踩踏、火灾、暴力等突发事件的应急预案，定期对工作人员进行安全教育和突发事件应急处理能力培训。

托育机构应当明确专兼职消防安全管理人员及管理职责，加强消防设施维护管理，确保用火、用电、用气安全。

托育机构工作人员应当掌握急救的基本技能和防范、避险、逃生、自救的基本方法，在紧急情况下必须优先保障婴幼儿的安全。

第三十二条　托育机构应当建立照护服务、安全保卫等监控体系。监控报警系统确保24小时设防，婴幼儿生活和活动区域应当全覆盖。

监控录像资料保存期不少于90日。

第七章　人员管理

第三十三条　托育机构工作人员应当具有完全民事行为能力和良好的职业道德，热爱婴幼儿，身心健康，无虐待儿童记录，无犯罪记录，并符合国家和地方相关规定要求的资格条件。

第三十四条　托育机构应当建立工作人员岗前培训和定期培训制度，通过集中培训、在线学习等方式，不断提高工作人员的专业能力、职业道德和心理健康水平。

第三十五条　托育机构应当加强工作人员法治教育，增强法治意识。对虐童等行为实行零容忍，一经发现，严格按照有关法律法规和规定，追究有关负责人和责任人的责任。

第三十六条　托育机构应当依法与工作人员签订劳动合同，保障工作人员的合法权益。

第八章　监督管理

第三十七条　托育机构应当加强党组织建设，积极支持工会、共青团、妇联等组织开展活动。

托育机构应当建立工会组织或职工代表大会制度，依法加强民主管理和监督。

第三十八条　托育机构应当制订年度工作计划，每年年底向卫生健康部门报告工作，必要时随时报告。

第三十九条　各级妇幼保健、疾病预防控制、卫生监督等机构应当按照职责加强对托育机构卫生保健工作的业务指导、咨询服务和监督执法。

第四十条　建立托育机构信息公示制度和质量评估制度，实施动态管理，加强社会监督。

第九章　附则

第四十一条　各省、自治区、直辖市卫生健康行政部门可根据本规范制订具体实施办法。

第四十二条　本规范自发布之日起施行。

附件：1. 托育机构备案书
　　　　2. 备案承诺书
　　　　3. 托育机构备案回执
　　　　4. 托育机构基本条件告知书

附件1

托育机构备案书

_____ 卫生健康委（局）：

经 _____（登记机关名称）批准，_____（托育机构名称）已于 ____ 年 ____ 月 ____ 日依法登记成立，现向你委（局）进行备案。本机构备案信息如下：

机构名称：

机构住所：

登记机关：

统一社会信用代码：

机构负责人姓名：

机构负责人身份证件号码：

机构性质：□营利性 □非营利性

服务范围：□全日托 □半日托 □计时托 □临时托

服务场所性质：□自有 □租赁

机构建筑面积：

室内使用面积：

室外活动场地面积：

收托规模：　　　人

编班类型：□乳儿班 □托小班 □托大班 □混合编班

联系人：

联系方式：

请予以备案。

备案单位：（章）

年　月　日

附件2

备案承诺书

　　本单位承诺如实填报备案信息，并将按照有关要求，及时、准确报送后续重大事项变更信息。

　　承诺已了解托育机构管理相关法律法规和标准规范，承诺开展的服务符合《托育机构基本条件告知书》要求。

　　承诺按照诚实信用、安全健康、科学规范、儿童优先的原则和相关标准及规定，开展3岁以下婴幼儿托育服务，不以托育机构名义从事虐待伤害婴幼儿、不正当关联交易等损害婴幼儿及其监护人合法权益和公平竞争市场秩序的行为。

　　承诺主动接受并配合卫生健康部门和其他有关部门的指导、监督和管理。

　　承诺不属实，或者违反上述承诺的，依法承担相应法律责任。

备案单位：（章）

机构负责人签字：

年　月　日

附件3

托育机构备案回执

编号：＿＿＿＿＿＿＿＿＿＿＿＿

＿＿＿年＿＿月＿＿日报我委（局）的《托育机构备案书》收到并已备案。

备案项目如下：

机构名称：

机构住所：

机构性质：

机构负责人姓名：

＿＿＿＿＿＿＿＿＿＿＿＿卫生健康委（局）（章）

年　月　日

附件4

托育机构基本条件告知书

托育机构应当依照相关法律法规和标准规范开展服务活动，并符合下列基本条件：

一、应当符合《中华人民共和国未成年人保护法》《中华人民共和国建筑法》《中华人民共和国消防法》《托儿所幼儿园卫生保健管理办法》等法律法规，以及《托儿所、幼儿园建筑设计规范》《建筑设计防火规范》等国家标准或者行业标准。

二、应当符合《托育机构设置标准（试行）》《托育机构管理规范（试行）》等要求。

三、提供餐饮服务的，应当符合《中华人民共和国食品安全法》等法律法规，以及相应的食品安全标准。

四、法律法规规定的其他条件。

建设工程消防设计审查验收管理暂行规定

中华人民共和国住房和城乡建设部令第 51 号

《建设工程消防设计审查验收管理暂行规定》已经 2020 年 1 月 19 日第 15 次部务会议审议通过，现予公布，自 2020 年 6 月 1 日起施行。

住房和城乡建设部部长　王蒙徽
2020 年 4 月 1 日

第一章　总则

第一条　为了加强建设工程消防设计审查验收管理，保证建设工程消防设计、施工质量，根据《中华人民共和国建筑法》《中华人民共和国消防法》《建设工程质量管理条例》等法律、行政法规，制定本规定。

第二条　特殊建设工程的消防设计审查、消防验收，以及其他建设工程的消防验收备案（以下简称备案）、抽查，适用本规定。

本规定所称特殊建设工程，是指本规定第十四条所列的建设工程。

本规定所称其他建设工程，是指特殊建设工程以外的其他按照国家工程建设消防技术标准需要进行消防设计的建设工程。

第三条 国务院住房和城乡建设主管部门负责指导监督全国建设工程消防设计审查验收工作。

县级以上地方人民政府住房和城乡建设主管部门（以下简称消防设计审查验收主管部门）依职责承担本行政区域内建设工程的消防设计审查、消防验收、备案和抽查工作。

跨行政区域建设工程的消防设计审查、消防验收、备案和抽查工作，由该建设工程所在行政区域消防设计审查验收主管部门共同的上一级主管部门指定负责。

第四条 消防设计审查验收主管部门应当运用互联网技术等信息化手段开展消防设计审查、消防验收、备案和抽查工作，建立健全有关单位和从业人员的信用管理制度，不断提升政务服务水平。

第五条 消防设计审查验收主管部门实施消防设计审查、消防验收、备案和抽查工作所需经费，按照《中华人民共和国行政许可法》等有关法律法规的规定执行。

第六条 消防设计审查验收主管部门应当及时将消防验收、备案和抽查情况告知消防救援机构，并与消防救援机构共享建筑平面图、消防设施平面布置图、消防设施系统图等资料。

第七条 从事建设工程消防设计审查验收的工作人员，以及建设、设计、施工、工程监理、技术服务等单位的从业人员，应当具备相应的专业技术能力，定期参加职业培训。

第二章 有关单位的消防设计、施工质量责任与义务

第八条 建设单位依法对建设工程消防设计、施工质量负首要责任。设计、施工、工程监理、技术服务等单位依法对建设工程消防设计、施工质量负主体责任。建设、设计、施工、工程监理、技术服务等单位的从业人员依法对建设工程消防设计、施工质量承担相应的个人责任。

第九条 建设单位应当履行下列消防设计、施工质量责任和义务：

（一）不得明示或者暗示设计、施工、工程监理、技术服务等单位及其从业人员违反建设工程法律法规和国家工程建设消防技术标准，降低建设工程消防设计、施工质量。

（二）依法申请建设工程消防设计审查、消防验收，办理备案并接受抽查。

（三）实行工程监理的建设工程，依法将消防施工质量委托监理。

（四）委托具有相应资质的设计、施工、工程监理单位。

（五）按照工程消防设计要求和合同约定，选用合格的消防产品和满足防火性能要求的建筑材料、建筑构配件和设备。

（六）组织有关单位进行建设工程竣工验收时，对建设工程是否符合消防要求进行查验。

（七）依法及时向档案管理机构移交建设工程消防有关档案。

第十条 设计单位应当履行下列消防设计、施工质量责任和义务：

（一）按照建设工程法律法规和国家工程建设消防技术标准进行设计，编制符合要求的消防设计文件，不得违反国家工程建设消防技术标准强制性条文。

（二）在设计文件中选用的消防产品和具有防火性能要求的建筑材料、建筑构配件和设备，应当注明规格、性能等技术指标，符合国家规定的标准。

（三）参加建设单位组织的建设工程竣工验收，对建设工程消防设计实施情况签章确认，并对建设工程消防设计质量负责。

第十一条 施工单位应当履行下列消防设计、施工质量责任和义务：

（一）按照建设工程法律法规、国家工程建设消防技术标准，以及经消防设计审查合格或者满足工程需要的消防设计文件组织施工，不得擅自改变消防设计进行施工，降低消防施工质量。

（二）按照消防设计要求、施工技术标准和合同约定检验消防产品和具有防火性能要求的建筑材料、建筑构配件和设备的质量，使用合格产品，保证消防施工质量。

（三）参加建设单位组织的建设工程竣工验收，对建设工程消防施工质量签章确认，并对建设工程消防施工质量负责。

第十二条 工程监理单位应当履行下列消防设计、施工质量责任和义务：

（一）按照建设工程法律法规、国家工程建设消防技术标准，以及经消防设计审查合格或者满足工程需要的消防设计文件实施工程监理。

（二）在消防产品和具有防火性能要求的建筑材料、建筑构配件和设备使用、安装前，核查产品质量证明文件，不得同意使用或者安装不合格的消防产品和防火性能不符合要求的建筑材料、建筑构配件和设备。

（三）参加建设单位组织的建设工程竣工验收，对建设工程消防施工质量签章确认，并对建设工程消防施工质量承担监理责任。

第十三条 提供建设工程消防设计图纸技术审查、消防设施检测或者建设工程消防验收现场评定等服务的技术服务机构，应当按照建设工程法律法规、国家工程建设消防技术标准和国家有关规定提供服务，并对出具的意见或者报告负责。

第三章 特殊建设工程的消防设计审查

第十四条 具有下列情形之一的建设工程是特殊建设工程：

（一）总建筑面积大于二万平方米的体育场馆、会堂、公共展览馆、博物馆的展示厅。

（二）总建筑面积大于一万五千平方米的民用机场航站楼、客运车站候车室、客运码头候船厅。

（三）总建筑面积大于一万平方米的宾馆、饭店、商场、市场。

（四）总建筑面积大于二千五百平方米的影剧院，公共图书馆的阅览室，营业性室内健身、休闲场馆，医院的门诊楼，大学的教学楼、图书馆、食堂，劳动密集型企业的生产加工车间，寺庙、教堂。

（五）总建筑面积大于一千平方米的托儿所、幼儿园的儿童用房，儿童游乐厅等室内儿童活动场所，养老院、福利院，医院、疗养院的病房楼，中小学校的教学楼、图书馆、食堂，学校的集体宿舍，劳动密集型企业的员工集体宿舍。

（六）总建筑面积大于五百平方米的歌舞厅、录像厅、放映厅、卡拉 OK 厅、夜总会、游艺厅、桑拿浴室、网吧、酒吧，具有娱乐功能的餐馆、茶馆、咖啡厅。

（七）国家工程建设消防技术标准规定的一类高层住宅建筑。

（八）城市轨道交通、隧道工程，大型发电、变配电工程。

（九）生产、储存、装卸易燃易爆危险物品的工厂、仓库和专用车站、码头，易燃易爆气体和液体的充装站、供应站、调压站。

（十）国家机关办公楼、电力调度楼、电信楼、邮政楼、防灾指挥调度楼、广播电视楼、档案楼。

（十一）设有本条第一项至第六项所列情形的建设工程。

（十二）本条第十项、第十一项规定以外的单体建筑面积大于四万平方米或者建筑高度超过五十米的公共建筑。

第十五条　对特殊建设工程实行消防设计审查制度。

特殊建设工程的建设单位应当向消防设计审查验收主管部门申请消防设计审查，消防设计审查验收主管部门依法对审查的结果负责。

特殊建设工程未经消防设计审查或者审查不合格的，建设单位、施工单位不得施工。

第十六条　建设单位申请消防设计审查，应当提交下列材料：

（一）消防设计审查申请表。

（二）消防设计文件。

（三）依法需要办理建设工程规划许可的，应当提交建设工程规划许可文件。

（四）依法需要批准的临时性建筑，应当提交批准文件。

第十七条　特殊建设工程具有下列情形之一的，建设单位除提交本规定第十六条所列材料外，还应当同时提交特殊消防设计技术资料：

（一）国家工程建设消防技术标准没有规定，必须采用国际标准或者境外工程建设消防技术标准的。

（二）消防设计文件拟采用的新技术、新工艺、新材料不符合国家工程建设消防技术标准规定的。

前款所称特殊消防设计技术资料，应当包括特殊消防设计文件，设计采用的国际标准、境外工程建设消防技术标准的中文文本，以及有关的应用实例、产品说明等资料。

第十八条　消防设计审查验收主管部门收到建设单位提交的消防设计审查申请后，对申请材料齐全的，应当出具受理凭证；申请材料不齐全的，应当一次性告知需要补正的全部内容。

第十九条　对具有本规定第十七条情形之一的建设工程，消防设计审查验收主管部门应当自受理消防设计审查申请之日起五个工作日内，将申请材料报送省、自治区、直辖市人民政府住房和城乡建设主管部门组织专家评审。

第二十条　省、自治区、直辖市人民政府住房和城乡建设主管部门应当建立由具有工程消防、建筑等专业高级技术职称人员组成的专家库，制定专家库管理制度。

第二十一条　省、自治区、直辖市人民政府住房和城乡建设主管部门应当在收到申请材料之日起十个工作日内组织召开专家评审会，对建设单位提交的特殊消防设计技术资料进行评审。

评审专家从专家库随机抽取，对于技术复杂、专业性强或者国家有特殊要求的项目，可以直接邀请相应专业的中国科学院院士、中国工程院院士、全国工程勘察设计大师以及境外具有相应资历的专家参加评审；与特殊建设工程设计单位有利害关系的专家不得参加评审。

评审专家应当符合相关专业要求，总数不得少于七人，且独立出具评审意见。特殊消防设计技术资料经四分之三以上评审专家同意即为评审通过，评审专家有不同意见的，应当注明。省、自治区、直辖市人民政府住房和城乡建设主管部门应当将专家评审意见，书面通知报请评审的消防设计审查验收主管部门，同时报国务院住房和城乡建设主管部门备案。

第二十二条　消防设计审查验收主管部门应当自受理消防设计审查申请之日起十五个工作日内出具书面审查意见。依照本规定需要组织专家评审的，专家评审时间不超过二十个工作日。

第二十三条　对符合下列条件的，消防设计审查验收主管部门应当出具消防设计审查合格意见：

（一）申请材料齐全、符合法定形式。

（二）设计单位具有相应资质。

（三）消防设计文件符合国家工程建设消防技术标准（具有本规定第十七条情形之一的特殊建设工程，特殊消防设计技术资料通过专家评审）。

对不符合前款规定条件的，消防设计审查验收主管部门应当出具消防设计审查不合格意见，并说明理由。

第二十四条　实行施工图设计文件联合审查的，应当将建设工程消防设计的技术审查并入联合审查。

第二十五条　建设、设计、施工单位不得擅自修改经审查合格的消防设计文件。确需修改的，建设单位应当依照本规定重新申请消防设计审查。

第四章　特殊建设工程的消防验收

第二十六条　对特殊建设工程实行消防验收制度。

特殊建设工程竣工验收后，建设单位应当向消防设计审查验收主管部门申请消防验收；未经消防验收或者消防验收不合格的，禁止投入使用。

第二十七条　建设单位组织竣工验收时，应当对建设工程是否符合下列要求进行查验：

（一）完成工程消防设计和合同约定的消防各项内容。

（二）有完整的工程消防技术档案和施工管理资料（含涉及消防的建筑材料、建筑构配件和设备的进场试验报告）。

（三）建设单位对工程涉及消防的各分部分项工程验收合格；施工、设计、工程监理、技术服务等单位确认工程消防质量符合有关标准。

（四）消防设施性能、系统功能联调联试等内容检测合格。

经查验不符合前款规定的建设工程，建设单位不得编制工程竣工验收报告。

第二十八条　建设单位申请消防验收，应当提交下列材料：

（一）消防验收申请表。

（二）工程竣工验收报告。

（三）涉及消防的建设工程竣工图纸。

消防设计审查验收主管部门收到建设单位提交的消防验收申请后，对申请材料齐全的，应当出具受理凭证；申请材料不齐全的，应当一次性告知需要补正的全部内容。

第二十九条　消防设计审查验收主管部门受理消防验收申请后，应当按照国家有关规定，对特殊建设工程进行现场评定。现场评定包括对建筑物防（灭）火设施的外观进行现场抽样查看；通过专业仪器设备对涉及距离、高度、宽度、长度、面积、厚度等可测量的指标进行现场抽样测量；对消防设施的功能进行抽样测试、联调联试消防设施的系统功能等内容。

第三十条　消防设计审查验收主管部门应当自受理消防验收申请之日起十五日内出具消防验收意见。对符合下列条件的，应当出具消防验收合格意见：

（一）申请材料齐全、符合法定形式。

（二）工程竣工验收报告内容完备。

（三）涉及消防的建设工程竣工图纸与经审查合格的消防设计文件相符。

（四）现场评定结论合格。

对不符合前款规定条件的，消防设计审查验收主管部门应当出具消防验收不合格意见，并说明理由。

第三十一条　实行规划、土地、消防、人防、档案等事项联合验收的建设工程，消防验收意见由地方人民政府指定的部门统一出具。

第五章　其他建设工程的消防设计、备案与抽查

第三十二条　其他建设工程，建设单位申请施工许可或者申请批准开工报告时，应当提供满足施工需要的消防设计图纸及技术资料。

未提供满足施工需要的消防设计图纸及技术资料的，有关部门不得发放施工许可证或者批准开工报告。

第三十三条　对其他建设工程实行备案抽查制度。

其他建设工程经依法抽查不合格的，应当停止使用。

第三十四条　其他建设工程竣工验收合格之日起五个工作日内，建设单位应当报消防设计审查验收主管部门备案。

建设单位办理备案，应当提交下列材料：

（一）消防验收备案表。

（二）工程竣工验收报告。

（三）涉及消防的建设工程竣工图纸。

本规定第二十七条有关建设单位竣工验收消防查验的规定，适用于其他建设工程。

第三十五条　消防设计审查验收主管部门收到建设单位备案材料后，对备案材料齐全的，应当出具备案凭证；备案材料不齐全的，应当一次性告知需要补正的全部内容。

第三十六条　消防设计审查验收主管部门应当对备案的其他建设工程进行抽查。抽查工作推行"双随机、一公开"制度，随机抽取检查对象，随机选派检查人员。抽取比例由省、自治区、直辖市人民政府住房和城乡建设主管部门，结合辖区内消防设计、施工质量情况确定，并向社会公示。

消防设计审查验收主管部门应当自其他建设工程被确定为检查对象之日起十五个工作日内，按照建设工程消防验收有关规定完成检查，制作检查记录。检查结果应当通知建设单位，并向社会公示。

第三十七条　建设单位收到检查不合格整改通知后，应当停止使用建设工程，并组织整改，整改完成后，向消防设计审查验收主管部门申请复查。

消防设计审查验收主管部门应当自收到书面申请之日起七个工作日内进行复查，并出具复查意见。复查合格后方可使用建设工程。

第六章　附则

第三十八条　违反本规定的行为，依照《中华人民共和国建筑法》《中华人民共和国消防法》《建设工程质量管理条例》等法律法规给予处罚；构成犯罪的，依法追究刑事责任。

建设、设计、施工、工程监理、技术服务等单位及其从业人员违反有关建设工程法律法规和国家工程建设消防技术标准，除依法给予处罚或者追究刑事责任外，还应当依法承担相应的民事责任。

第三十九条　建设工程消防设计审查验收规则和执行本规定所需要的文书式样，由国务院住房和城乡建设主管部门制定。

第四十条　新颁布的国家工程建设消防技术标准实施之前，建设工程的消防设计已经依法审查合格的，按原审查意见的标准执行。

第四十一条　住宅室内装饰装修、村民自建住宅、救灾和非人员密集场所的临时性建筑的建设活动，不适用本规定。

第四十二条　省、自治区、直辖市人民政府住房和城乡建设主管部门可以根据有关法律法规和本规定，结合本地实际情况，制定实施细则。

第四十三条　本规定自 2020 年 6 月 1 日起施行。

关于印发托育机构消防安全指南（试行）的通知

国卫办人口函〔2022〕21 号

各省、自治区、直辖市卫生健康委、应急管理厅（局）、消防救援总队，新疆生产建设兵团卫生健康委、应急管理局：

为贯彻落实《国务院办公厅关于促进婴幼儿照护服务发展的指导意见》（国办发〔2019〕15 号），根据《托育机构管理规范（试行）》要求，进一步加强托育机构消防安全管理工作，确保婴幼儿的安全和健康，国家卫生健康委、应急管理部组织制定了《托育机构消防安全指南（试行）》（以下简称《安全指南》），现予以印发，请认真执行。

各地卫生健康部门、消防救援机构要主动向当地政府汇报，健全相关部门联合工作机制，严管严控托育机构火灾风险，坚决防止发生有影响的火灾事故。要组织开展托育机构消防安全培训，做好《安全指南》内容讲解和答疑释惑。要指导托育机构对照《安全指南》进行自查自改，落实火灾风险分级管控机制，强化消防安全自主管理，接受社会监督。

国家卫生健康委办公厅
应急管理部办公厅
2022 年 1 月 14 日

托育机构消防安全指南（试行）

本指南中的托育机构，是指为 3 岁以下婴幼儿提供全日托、半日托、计时托、临时托等托育服务的机构。为规范托育机构消防安全工作，提升消防安全管理水平，制定如下指南。

一、消防安全基本条件

（一）托育机构不得设置在四层及四层以上、地下或半地下，具体设置楼层应符合

《建筑设计防火规范》（GB 50016）的有关规定。

（二）托育机构不得设置在"三合一"场所（住宿与生产储存、经营合用场所）和彩钢板建筑内，不得与生产、储存经营易燃易爆危险品场所设置在同一建筑物内。

（三）托育机构与所在建筑内其他功能场所应采取有效的防火分隔措施，当需要局部连通时，墙上开设的门、窗应采用乙级防火门、窗。托育机构与办公经营场所组合设置时，其疏散楼梯应与办公经营场所采取有效的防火分隔措施。

（四）托育机构楼梯的设置形式、数量、宽度等设置要求应符合《建筑设计防火规范》（GB 50016）的有关规定。疏散楼梯的梯段和平台均应采用不燃材料制作。托育机构设置在高层建筑内时，应设置独立的安全出口和疏散楼梯。托育机构中建筑面积大于50平方米的房间，其疏散门数量不应少于2个。

（五）托育机构室内装修材料应符合《建筑内部装修设计防火规范》（GB 50222）的有关规定，不得采用易燃可燃装修材料。为防止婴幼儿摔伤、碰伤，确需少量使用易燃可燃材料时，应与电源插座、电气线路、用电设备等保持一定的安全距离。

（六）托育机构应按照国家标准、行业标准设置消防设施器材。大中型托育机构（参照《托儿所、幼儿园建筑设计规范》JGJ 39 的有关规定）应按标准设置自动喷水灭火系统和火灾自动报警系统（可不安装声光报警装置）；其他托育机构应安装具有联网报警功能的独立式火灾探测报警器，有条件的可安装简易喷淋设施。建筑面积50平方米以上的房间建筑长度大于20米的疏散走道应具备自然排烟条件或设置机械排烟设施。托育机构应设置满足照度要求的应急照明灯和灯光疏散指示标志。托育机构每50平方米配置1具5kg以上ABC类干粉灭火器或2具6L水基型灭火器，且每个设置点不少于2具。

（七）托育机构使用燃气的厨房应配备可燃气体浓度报警装置、燃气紧急切断装置以及灭火器、灭火毯等灭火器材，并与其他区域采取防火隔墙和防火门等有效的防火分隔措施。

（八）托育机构应根据托育从业人员、婴幼儿的数量，配备简易防毒面具并放置在便于紧急取用的位置，满足安全疏散逃生需要。托育从业人员应经过消防安全培训，具备协助婴幼儿疏散逃生的能力。婴幼儿休息床铺设置应便于安全疏散。

（九）托育机构应安装24小时可视监控设备或可视监控系统，图像应能在值班室、所在建筑消防控制室等场所实时显示，视频图像信息保存期限不应少于30天。

（十）托育机构电气线路、燃气管路的设计、敷设应由具备电气设计施工资质、燃气设计施工资质的机构或人员实施，应采用合格的电气设备、电气线路和燃气灶具、阀门、管线。

二、消防安全管理

（十一）托育机构应落实全员消防安全责任制。法定代表人、主要负责人或实际控制人是本单位的消防安全第一责任人，消防安全管理人应负责具体落实消防安全职责。托育从业人员应落实本岗位的消防安全责任。托育机构与租赁场所的业主方、物业方在租赁协议中应明确各自的消防安全责任。

（十二）托育机构应制定安全用火用电用气、防火检查巡查、火灾隐患整改、消防培训演练等消防安全管理制度。

（十三）托育机构应严格落实防火巡查、检查要求，及时发现并纠正违规用火用电用气和锁闭安全出口等行为，对检查发现的火灾隐患，应及时予以整改。

（十四）托育机构应定期开展消防安全培训，从业人员培训合格后方可上岗，上岗后每半年至少接受一次消防安全培训，尤其是加强协助婴幼儿疏散逃生技能的培训。

（十五）托育机构应定期检验维修消防设施，至少每年开展一次全面检测，确保消防设施完好有效，不得遮挡、损坏、挪用消防设施器材。

三、用火用电用气安全管理

（十六）托育机构不得使用蜡烛、蚊香、火炉等明火，禁止吸烟，并设置明显的禁止标志。

（十七）设在高层建筑内的托育机构厨房不得使用瓶装液化气，每季度应清洗排油烟罩、油烟管道。

（十八）托育机构的电气线路应穿管保护，电气线路接头应采用接线端子连接，不得采用铰接等方式连接。不得采用延长线插座串接方式取电。

（十九）托育机构不得私拉乱接电线，不得将电气线路插座、电气设备直接敷设在易燃可燃材料制作的儿童游乐设施、室内装饰物等内部及表面。

（二十）托育机构内大功率电热汀取暖器、暖风机、对流式电暖气、电热膜等取暖设备的配电回路，应设置与线路安全载流量匹配的短路、过载保护装置。

（二十一）托育机构内冰箱、冷柜、空调以及加湿器、通风装置等长时间通电设备，应落实有效的安全检查、防护措施。

（二十二）电动自行车、电动平衡车及其蓄电池不得在托育机构的托育场所、楼梯间、走道、安全出口违规停放、充电；具有蓄电功能的儿童游乐设施，不得在托育工作期间充电。

四、易燃可燃物安全管理

（二十三）托育机构的房间、走道、墙面、顶棚不得违规采用泡沫、海绵、毛毯、木板、彩钢板等易燃可燃材料装饰装修。

（二十四）托育机构不得大量采用易燃可燃物挂件、塑料仿真树木、海洋球、氢气球等各类装饰造型物。

（二十五）除日常用量的消毒酒精、空气清新剂外，托育机构不得存放汽油、烟花爆竹等易燃易爆危险品。

（二十六）托育机构应定期清理废弃的易燃可燃杂物。

五、安全疏散管理

（二十七）托育机构应保持疏散楼梯畅通，不得锁闭、占用、堵塞、封闭安全出口、疏散通道。疏散门应采用向疏散方向开启的平开门，不得采用推拉门、卷帘门、吊门、转门和折叠门。

（二十八）托育机构的常闭式防火门应处于常闭状态，并设明显的提示标识。设门禁装置的疏散门应当安装紧急开启装置。

（二十九）托育机构疏散通道顶棚、墙面不得设置影响疏散的凸出装饰物，不得采用镜面反光材料等影响人员疏散。

（三十）托育机构不得在门窗上设置影响逃生和灭火救援的铁栅栏等障碍物，必须设置时应保证火灾情况下能及时开启。

六、应急处置管理

（三十一）托育机构应制定灭火和应急疏散预案，针对婴幼儿疏散应有专门的应急预案和实施方法，明确托育从业人员协助婴幼儿应急疏散的岗位职责。

（三十二）托育机构应每半年至少组织开展一次全员消防演练，尤其是要针对婴幼儿没有自主疏散能力的特点，加强应急疏散演练。

（三十三）托育机构应与所在建筑的消防控制室、志愿消防队或微型消防站建立联勤联动机制，建立可靠的应急通讯联络方式，并每年开展联合消防演练。

（三十四）托育机构的从业人员应掌握简易防毒面具和室内消火栓、消防软管卷盘、灭火器、灭火毯的操作使用方法，知晓"119"火警报警方法程序，具备初起火灾扑救和组织应急疏散逃生的能力。婴幼儿休息期间，托育机构应明确2名以上人员专门负责值班看护，确保发生火灾事故时能够快速处置、及时疏散。

《托育机构消防安全指南（试行）》解读

发布时间：2022-01-23　　来源：卫生健康委网站

为贯彻落实《国务院办公厅关于促进婴幼儿照护服务发展的指导意见》（国办发〔2019〕15号），根据《托育机构管理规范（试行）》要求，进一步加强托育机构消防安全管理工作，确保婴幼儿的安全和健康，国家卫生健康委、应急管理部组织制定了《托育机构消防安全指南（试行）》，主要包含六部分内容：

一、消防安全基本条件。主要说明托育机构必须具备的消防安全基本条件。

二、消防安全管理。主要说明托育机构应制定消防安全管理制度，开展消防安全培训，落实消防安全责任等方面的要求。

三、用火用电用气安全管理。主要说明托育机构在用火用电用气方面的要求。

四、易燃可燃物安全管理。主要说明托育机构对易燃可燃物方面的要求。

五、安全疏散管理。主要说明托育机构在安全疏散方面的要求。

六、应急处置管理。主要说明托育机构在应急处置方面的要求。

国家卫生健康委办公厅关于印发
托育综合服务中心建设指南（试行）的通知

国卫办人口函〔2021〕629 号

各省、自治区、直辖市及新疆生产建设兵团卫生健康委：

为贯彻落实《国家发展改革委、民政部、国家卫生健康委关于印发〈"十四五"积极应对人口老龄化工程和托育建设实施方案〉的通知》（发改社会〔2021〕895 号），指导地方做好公办托育服务能力建设项目申报工作，我委组织制定了《托育综合服务中心建设指南（试行）》（可从国家卫生健康委网站下载）。现印发给你们，请遵照执行。

附件：托育综合服务中心建设指南（试行）

国家卫生健康委办公厅

2021 年 12 月 30 日

托育综合服务中心建设指南（试行）

编制说明

根据《国务院办公厅关于促进 3 岁以下婴幼儿照护服务发展的指导意见》（国办发〔2019〕15 号）《国家发展改革委、民政部、国家卫生健康委关于印发〈"十四五"积极应对人口老龄化工程和托育建设实施方案〉的通知》（发改社会〔2021〕895 号）等有关文件要求，依据国家卫生健康委《托育机构设置标准（试行）》《托育机构管理规范（试行）》及相关法律法规标准规范，编制本指南。

本指南主要包括总则、项目构成与建设规模、选址与规划布局、建筑与建筑设备、相关指标等，为托育综合服务中心的建设提供技术指导。

本指南适用于托育综合服务中心的新建、改建和扩建工程项目。

第一章 总则

一、统筹规划，科学布局

托育综合服务中心的建设，应当综合考虑城乡区域发展特点，根据经济社会发展水平、本地工作基础和3岁以下婴幼儿家庭需求，优化资源配置，统筹设施数量、规模和布局。

二、规范建设，示范引领

托育综合服务中心的建设，应发挥示范引领、带动辐射作用，为托育服务机构高质量建设提供技术支撑及样板标杆，努力做到规模适度、功能完善、环境安全、装备适宜、经济合理。

三、创新机制，多方协作

托育综合服务中心的建设，积极争取地市级及以上政府发挥支持引导作用，充分调动社会力量积极参与，建立健全项目立项、建设、运营等机制，为托育服务健康发展提供综合保障。

第二章 项目构成与建设规模

一、托育综合服务中心建设项目由场地、房屋建筑和建筑设备组成。

（一）场地包括建筑占地、道路、室外活动场地、绿地等。

（二）房屋建筑包括托育服务用房、托育从业人员培训用房、托育产品研发和标准设计用房、婴幼儿早期发展用房、监督管理用房和设备辅助用房等。

（三）建筑设备包括给排水系统、暖通空调系统、电气系统、智能化系统及电梯等。

二、托育综合服务中心建筑面积宜为3000m² 以上。根据项目建设的实际情况和具体要求，可调整相应建筑面积。

三、托育综合服务中心的托位数可根据当地实际需要设置相应的托位，原则上建设托位规模在150个以内为宜，可相应设置乳儿班（6～12个月，10人以下）、托小班（12～24个月，15人以下）、托大班（24～36个月，20人以下）三种班型。18个月以上的婴幼儿可混合编班，每个班不超过18人。

四、托育服务用房主要包括婴幼儿活动用房、服务管理用房和附属用房等，每托位建筑面积不应少于12m²。托育服务用房参照此部分用房相关标准和规范执行。

在托育机构建设标准正式发布前，公办托育服务机构可参照此部分用房进行建设。

各类用房主要包括以下内容：

（一）婴幼儿活动用房包括但不限于班级活动单元和综合活动室；班级活动单元包括睡眠区、活动区、配餐区、清洁区、卫生间、储藏区等。

（二）服务管理用房包括但不限于晨检接待厅、保健观察室、隔离室、母婴室、警卫室、办公室、财务室、会议室、储藏室等。

（三）附属用房包括但不限于设备机房、开水间、餐食准备区、卫生间、清洁间、车库等。

　　五、托育从业人员培训用房可包括实训室、培训室、教师办公室等，并可根据需要设置绘画室、手工室、辅食制作室、讨论室、报告厅、教研室、远程示教室等。托育从业人员培训用房总建筑面积宜为 1000 ～ 2000m²，可按 10m²/ 学员（同期学员数量）计算。

　　六、托育产品研发和标准设计用房可根据研发业务需要设置，可包括研发室、标准设计室、教具制作室、从业人员培训教材编写室、绘本创作室、影音制作室、模拟体验室、产品展示厅等，建筑面积宜为 600 ～ 800m²。鼓励相邻城市或区域共建共享，集中进行产品研发和标准设计。

　　七、婴幼儿早期发展用房可包括养育照护指导室、早期发展指导室、营养膳食指导室、婴幼儿情景体验区、互联网家长课堂、工作人员办公室等，建筑面积宜为 1000 ～ 1200m²。

　　八、监督管理用房可根据协助监管相关业务需要设置，可包括监控管理室、信息机房、资料存储室、办公室等，建筑面积宜为 400 ～ 600m²。

　　九、设备辅助用房包括变配电室、空调机房、进排风机房、消防水泵房、给水泵房、智能化系统机房、车库等。车库建筑面积应根据所在地区的相关要求确定并另行增加。

第三章　选址与规划布局

　　一、托育综合服务中心的选址应符合城乡总体发展规划要求，结合人口发展、群众需求等因素，合理布点，保障安全。

　　二、托育综合服务中心的选址应满足以下要求：

　　（一）宜交通便利、环境安静、符合卫生和环保要求。

　　（二）宜远离对婴幼儿成长有危害的建筑、设施及污染源。

　　（三）应具有较好的工程地质条件和水文地质条件。

　　（四）周边应有便利的供水、供电、排水、通信及市政道路等公用基础设施。

　　（五）宜有良好的自然通风和采光条件。

　　三、托育综合服务中心宜独立设置。当与其他建筑合并设置时，宜设置在低层区域，自成一区，并应设置独立的出入口。

　　四、托育综合服务中心主入口不宜直接设在城市主干道或过境公路干道一侧，机构外宜设置人流缓冲区和安全警示标志，独立园区周围宜设置围墙。

　　五、托育综合服务中心的规划布局应功能分区明确、方便管理、节约用地。

　　六、托育综合服务中心应设置婴幼儿室外活动场地。室外活动场地面积每托位宜为 2 ～ 5m²，宜有良好的日照和通风条件，并应设置安全防护设施。当与其他设施共用活动场地时，应考虑共用时的安全防护措施，并方便照护。

　　七、托育综合服务中心停车宜符合当地有关规定。场地内设汽车库（场）时，应与婴幼儿室外活动场地分开，并宜设置家长接送临时停车区域。

八、托育综合服务中心绿化用地宜符合当地有关规定。绿化用地面积每托位不宜低于 $1.5 \sim 3m^2$，绿地中严禁种植有毒、有刺、有飞絮、病虫害多、有刺激性的植物。

第四章　建筑与建筑设备

一、托育综合服务中心的建设，应贯彻安全、适用、经济、节能、环保的原则，应功能完善、分区明确，托育服务用房应适合婴幼儿身心健康发展。

二、托育服务用房应为独立区域，宜有良好朝向；托育从业人员培训用房、托育产品研发和标准设计用房、婴幼儿早期发展用房及监督管理用房宜自成一区。

三、托育服务用房应设置在二层及以下部分，应设独立出入口，婴幼儿活动用房不应设在地下室、半地下室，应满足婴幼儿生活、活动等功能需要。

四、托育服务用房的室内装修和设施应符合下列规定：

（一）入口晨检接待厅应宽敞明亮，有利于人流集散通行，宜设置家长等候区、婴儿车存放区。

（二）每个婴幼儿应有一张床位，不应设双层床，床侧不宜紧靠外墙布置；睡眠和活动区合并设置的，应设置床位的收纳空间。

（三）婴幼儿活动区域的室内房间高度和走廊宽度应符合婴幼儿活动和照护的要求，楼梯扶手、栏杆、踏步高度和宽度应满足婴幼儿使用、保护婴幼儿安全的要求。

（四）婴幼儿卫生间宜临近活动区或睡眠区设置，宜分间或分隔设置；卫生间不宜设置台阶，应设婴儿护理台和婴儿冲洗设施；托小班和托大班宜设适合幼儿使用的卫生器具，每班宜设 $2 \sim 4$ 个大便器、$2 \sim 3$ 个小便器、$3 \sim 5$ 个适合幼儿使用的洗手池或盥洗台水龙头，便器之间宜设隔断；可结合适合需求设置成人卫生间。

（五）母婴室宜临近婴幼儿生活空间，宜设尿布台、洗手池等设施。

（六）隔离室宜设置独立卫生间，具有良好通风。

（七）餐食准备区宜相对独立，与婴幼儿活动用房宜有一定距离。

五、婴幼儿活动区域应满足以下要求：

（一）宜设双扇平开门，不应设置弹簧门、推拉门、旋转门，不宜设置门槛，宜设置门扇固定装置。门应设置观察窗，采用安全玻璃。

（二）婴幼儿活动区域宜采用柔性、易清洁的楼地面材料；有水房间地面应采用防滑材料；墙面宜选用环保、耐久、易清洁和美观的材料；宜选用吸声降噪材料，并适合婴幼儿心理特点的色彩；内墙阳角、柱子及窗台宜做成小圆角。

（三）婴幼儿活动区域窗台距楼地面不宜高于 0.6m，当窗台面距楼地面高度低于 0.9m 时，应采取防护措施，防护高度应从可踏部位顶面起算，不应低于 0.9m。

（四）婴幼儿活动区家具宜适合婴幼儿尺度、防蹬踏，边缘宜做成小圆角，桌椅和玩具柜等家具表面及婴幼儿手指可触及的隐蔽处，均不得有锐利的棱角、毛刺及小五金部件的锐利尖端。

（五）婴幼儿活动用房应有直接天然采光，并应满足相应的日照要求。卫生间、未设外窗的房间等宜设置通风设施。

六、托育从业人员培训用房应满足以下要求：

（一）实训室应按照睡眠、活动、饮食、如厕等婴幼儿活动内容分设不同的区域，在每个区域配置不同的家具和相应设施。

（二）主要培训用房室内采光宜均匀明亮，采光应符合建筑采光设计标准的要求，严禁使用有色玻璃，并应防止眩光。

七、托育产品研发和标准设计用房应满足以下要求：

（一）影音制作用房应有相应的隔声措施，满足影音制作要求，并避免对周边用房的干扰。

（二）标准设计用房应有标准化教具、器材展示、存放的空间。

（三）产生噪声的教具制作用房应相对独立，并有良好的隔声措施。

八、婴幼儿早期发展用房应满足以下要求：

（一）宜设置相对独立的出入口和等候区、婴儿车存放区等。

（二）应按照活动类别，动静分区：咨询室、评估室、指导室、工作人员办公室宜设置在"静区"，婴幼儿情景体验区、多功能活动室、多媒体教室、亲子课堂宜设置在"动区"。

（三）宜结合成人卫生间设置婴幼儿卫生设施，或设置独立的婴幼儿卫生间。

（四）应设置母婴室，使用面积不应低于 $10m^2$；母婴室应设置洗手盆、婴儿尿布台及桌椅等必要的家具。可与托育服务用房母婴室合并使用。

（五）灯具的选择和照度应满足各区域活动要求，并应防止眩光。

九、监督管理用房应满足以下要求：

（一）监督管理用房应相对独立、自成一区，宜设置在相对安静的区域，机房不应布置在用水区域的正下方，宜避免设置在顶层。

（二）监控管理室、信息机房的设备布置应满足机房管理、人员操作和安全、设备散热、安装维护要求；宜采用防静电架空地面；新建项目净高应根据机柜高度及通风要求确定。

（三）监控管理室、信息机房的温度、相对湿度应满足电子信息设备的使用要求。

十、托育综合服务中心的抗震、消防应符合现行国家相关标准的规定。

十一、托育综合服务中心的给水应符合现行国家标准《生活饮用水卫生标准》（GB 5749）的规定。婴幼儿活动区域的电热水器等应有防止幼儿接触的保护措施。

十二、设置集中采暖系统的婴幼儿活动用房，散热器宜暗装。采用电采暖，必须有可靠的安全防护措施。

十三、托育综合服务中心的供电设施应安全可靠。室内照明宜采用带保护罩的节能灯具，应安装应急照明灯。婴幼儿活动用房应采用安全型插座。

十四、托育综合服务中心应根据使用特点和需求，设置相适应的智能化及信息系统，充分利用互联网、大数据、物联网、人工智能等技术，推动线上实景教学、线下线上融合，加强安全监督和防控。

第五章　相关指标

一、托育综合服务中心的投资估算应按国家现行有关规定编制，并根据工程实际内容及价格变化的情况，按照动态管理的原则进行调整。

二、新建独立托育综合服务中心应根据使用要求、区域特点，合理确定投资。

三、托育综合服务中心的经济评价和后评估应按照国家现行有关建设项目经济评价方法与参数的规定执行。

《托育综合服务中心建设指南（试行）》解读材料

发布时间：2022-01-11　　　来源：人口监测与家庭发展司

为贯彻落实《国家发展改革委、民政部、国家卫生健康委关于印发〈"十四五"积极应对人口老龄化工程和托育建设实施方案〉的通知》（发改社会〔2021〕895号，以下简称《实施方案》），国家卫生健康委制订《托育综合服务中心建设指南（试行）》（以下简称《指南》）。

《指南》为托育综合服务中心的建设提供技术要求和指导，主要包括五部分内容：

第一章　总则。规定托育综合服务中心建设必须遵循的原则以及总体要求等纲领性内容。

第二章　项目构成和建设规模。主要说明托育综合服务中心的构成内容、各功能区的规模。

第三章　选址与规划布局。主要说明托育综合服务中心建设项目对场地选择和规划布局的要求。

第四章　建筑与建筑设备。主要说明托育综合服务中心各类用房对建筑空间、机电系统、装饰装修、节能环保以及安全性能等方面的要求。

第五章　相关指标。主要说明托育综合服务中心建设项目在投资估算、经济评价和后评估等方面的要求。

国家卫生健康委办公厅
关于做好托育机构卫生评价工作的通知

国卫办妇幼发〔2022〕11号

各省、自治区、直辖市及新疆生产建设兵团卫生健康委：

为贯彻落实《国务院办公厅关于促进3岁以下婴幼儿照护服务发展的指导意见》（国办发〔2019〕15号），促进托育机构规范发展，满足人民群众对婴幼儿照护服务需求，保障婴幼儿健康，根据《托育机构登记和备案办法（试行）》（国卫办人口发〔2019〕25号）有关要求，现就做好托育机构备案相关卫生评价工作通知如下。

一、备案相关卫生评价基本要求

托育机构向所在地县级卫生健康部门备案时，应当满足《托育机构卫生评价基本标准（试行）》各项要求，包括环境卫生、设施设备、人员配备、卫生保健制度等内容。

托育机构备案时，登录托育机构备案信息系统，按照《托育机构登记和备案办法（试行）》第八条第四项要求，向所在地县级卫生健康部门提供自我评价合格的托育机构卫生评价报告〔不再另行提供《托育机构登记和备案办法（试行）》要求的评价为"合格"的《托幼机构卫生评价报告》〕，主要包括以下材料扫描件。

（一）托育机构开展备案相关卫生评价情况说明。

（二）托育机构房屋平面布局图（应按照比例，标识托育机构所使用房屋，注明功能分布和面积大小）。

（三）专（兼）职保健员有效身份证件和学历证件。

（四）室内环境中甲醛、苯及苯系物含量符合《室内空气质量标准》（GB/T 18883–2002）有关规定的检测报告。报告应当由具备资质的检验检测机构出具，检测报告出具的日期与申请备案日期之间不超过1个月。

（五）除集中式供水外的生活饮用水水质符合《生活饮用水卫生标准》（GB 5749–2006）要求的相关检测报告。报告应当由具备资质的检验检测机构出具，检测报告出具的日期与申请备案日期之间不超过1个月。

（六）本机构卫生保健制度相关材料。

备案人应当如实提供上述材料，反映真实情况，对备案材料内容的真实性负责。

二、备案与监督管理

托育机构备案前按照《托育机构卫生评价基本标准（试行）》进行自我评估，达到基本标准各项要求的方为合格。县级卫生健康部门收到托育机构备案时提交的卫生评价报告，应当核验材料的完整性。

县级卫生健康部门向托育机构提供备案回执后，应当严格按照《托育机构卫生评价基本标准（试行）》，对托育机构环境卫生、设施设备、人员配备、卫生保健制度等情况进行现场核实勘验。对于不符合《托育机构卫生评价基本标准（试行）》的，应当自接收备案材料之日起15个工作日内通知备案机构，说明理由、责令改正并向社会公开。

国家卫生健康委办公厅

2022年7月28日

《关于做好托育机构卫生评价工作的通知》文件解读

发布时间：2022-08-08　　来源：妇幼健康司

为贯彻落实《国务院办公厅关于促进3岁以下婴幼儿照护服务发展的指导意见》（国办发〔2019〕15号），促进托育机构规范发展，我委办公厅联合中央编办综合局、民政部办公厅、市场监管总局办公厅印发《托育机构登记和备案办法（试行）》（以下简称《办法》）。《办法》第八条明确要求，托育机构备案时，应当提交评价为合格的卫生评价报告。

为做好托育机构备案相关卫生评价工作，明确卫生评价基本要求与相关流程，我委结合工作实际，研究制定了《关于做好托育机构卫生评价工作的通知》（以下简称《通知》）。

《通知》内容主要包括两部分。一是明确托育机构备案相关卫生评价基本要求。以保障婴幼儿健康为出发点，制定了《托育机构卫生评价基本标准（试行）》（以下简称《基本标准》），从环境卫生、设施设备、人员配备、卫生保健制度等4个方面提出了14条基本要求。明确托育机构向所在地县级卫生健康部门备案时，应当符合《基本标准》各项要求。考虑到现阶段我国托育服务刚刚起步，托育机构普遍规模较小的现状，《基本标准》定位于既要满足群众对婴幼儿照护服务安全规范的诉求，确保婴幼儿健康，又要与托育机构现行发展水平相适应，进一步促进托育机构健康发展。二是明确备案流程与管理要求。提出托育机构备案前应当按照《基本标准》进行自我评估，备案时提供自我评价合格的卫生评价报告，承诺符合《基本标准》各项要求，承诺不属实或违反承诺的，依法承担相关法律责任。同时加强事中事后监管，要求县级卫生健康部门在备案时核验托育机构卫生评价报告的完整性，在提供备案回执后，按照《基本标准》从环境卫生、设施设备、人员配备、卫生保健制度等4个方面对托育机构进行现场核实勘验，加强监督管理，保障婴幼儿健康。

国家卫生健康委办公厅关于印发
托育机构婴幼儿喂养与营养指南（试行）的通知

国卫办人口函〔2021〕625号

各省、自治区、直辖市及新疆生产建设兵团卫生健康委：

为进一步加强对托育机构工作的指导，提高托育机构服务质量，保障婴幼儿安全健康成长，国家卫生健康委组织编写了《托育机构婴幼儿喂养与营养指南（试行）》。现印发给你们，供参照执行。

国家卫生健康委办公厅
2021年12月28日

托育机构婴幼儿喂养与营养指南（试行）

根据《国务院办公厅关于促进3岁以下婴幼儿照护服务发展的指导意见》（国办发〔2019〕15号）、《托育机构设置标准（试行）》和《托育机构管理规范（试行）》《托儿所、幼儿园建筑设计规范（2019年版）》《婴幼儿辅食添加营养指南》（WS/T 678–2020）、《中国居民膳食指南（2016）》《婴幼儿喂养健康教育核心信息》，我委组织编写了《托育机构婴幼儿喂养与营养指南（试行）》。

本指南适用于经有关部门登记、卫生健康行政部门备案，为3岁以下婴幼儿提供全日托、半日托、计时托、临时托等托育服务的机构。

一、6 ~ 24月龄婴幼儿喂养与营养要点

托育机构应与家庭配合，为实现母乳喂养提供便利条件，尽量采用亲喂母乳喂养。在母乳喂养同时为婴幼儿提供适宜的辅食。

1. 支持母乳喂养。

托育机构在妇幼保健机构、基层医疗卫生机构的指导下，做好母乳喂养宣教。按照要求设立喂奶室或喂奶区域，并配备相关设施、设备。鼓励母亲进入托育机构亲喂，做好哺乳记录，保证按需喂养。

2. 辅食添加原则与注意事项。

（1）从6月龄开始添加辅食，首选富含铁的泥糊状食物。

（2）鼓励尝试新的食物，每次只引入1种。留意观察是否出现呕吐、腹泻、皮疹等

不良反应，适应 1 种食物后再添加其他新的食物。若婴幼儿出现不适或严重不良反应，及时通知家长并送医。

（3）逐渐调整辅食质地，与婴幼儿的咀嚼吞咽能力相适应，从稠粥、肉泥等泥糊状食物逐渐过渡到半固体或固体食物等。1 岁以后可吃软烂食物，2 岁之后可食用家庭膳食。

（4）逐渐增加食物种类，保证食物多样化，包括谷薯类豆类和坚果类、动物性食物（鱼、禽、肉及内脏）、蛋、含维生素 A 丰富的蔬果、其他蔬果、奶类及奶制品等 7 类。

（5）辅食应选择安全、营养丰富、新鲜的食材，并符合婴幼儿喜好。婴幼儿辅食应单独制作，1 岁以内婴儿辅食应当保持原味，不加盐、糖和调味品。制作过程注意卫生，进食过程注意安全。

3. 自带食物管理。

如家长要求使用自带食物，托育机构应与家庭充分沟通，并做好接收和使用记录。如使用特殊医学用途婴儿配方食品，家长应提供医生或临床营养师的建议。

4. 顺应喂养。

托育机构应根据不同年龄婴幼儿的营养需要、进食能力和行为发育需要，提倡顺应喂养。喂养过程中，应及时感知婴幼儿发出的饥饿和饱足反应（动作、表情、声音等），及时做出恰当的回应，鼓励但不强迫进食。从开始辅食添加起，引导婴幼儿学习在嘴里移动、咀嚼和吞咽食物，逐步尝试自主进食。

二、24 ~ 36 月龄幼儿的喂养与营养要点

1. 合理膳食。

（1）食物搭配均衡，每日膳食由谷薯类、肉类、蛋类、豆类、乳及乳制品、蔬菜水果等组成。同类食物可轮流选用，做到膳食多样化。

（2）每日三餐两点，主副食并重。加餐以奶类、水果为主，配以少量松软面点。份量适宜，不影响正餐进食量。晚间不宜安排甜食，以预防龋齿。

（3）保证幼儿按需饮水，根据季节酌情调整。提供安全饮用水，避免提供果汁饮料等。

（4）选择安全、营养丰富、新鲜的食材和清洁水制备食物。制作过程注意卫生，进食过程注意安全。

（5）食物合理烹调，适量油脂，少盐、少糖、少调味品。宜采用蒸、煮、炖、煨等方法，少用油炸、熏制、卤制等。

2. 培养良好的习惯。

（1）规律进餐，每次正餐控制在 30 分钟内。鼓励幼儿自主进食。

（2）安排适宜的进餐时间、地点和场景，根据幼儿特点选择和烹制食物，引导幼儿对健康食物的选择，培养不挑食不偏食的良好习惯，不限制也不强迫进食。进餐时避免分散注意力。开始培养进餐礼仪。

（3）喂养过程中注意进食安全，避免伤害。不提供易导致呛噎的食物，如花生、腰果等整粒坚果和葡萄、果冻等。

（4）合理安排幼儿的身体活动和户外活动，建议户外活动每天不少于2小时。

三、婴幼儿食育

食育有益于身心健康，增进亲子关系。托育机构与家庭配合开展食育，让婴幼儿感受、认识和享受食物，培养良好进食行为和饮食习惯，启蒙中华饮食文化。

1. 感受和认识食物。

适时引导婴幼儿感受食物，通过视觉、触觉、嗅觉、味觉、听觉等感知食物的色、香、味、质地，激发对食物的兴趣，促进认识食物，接受新食物。可以让幼儿观察或参与简单的植物播种、照料、采摘等过程，并让幼儿参与食物的制备。

2. 培养饮食行为。

营造安静温馨、轻松愉悦的就餐环境，引导婴幼儿享受食物，逐步养成规律就餐、专注就餐、自主进食的良好饮食习惯。正确选择零食，避免高糖、高盐和油炸食品。

3. 体验饮食文化。

培养用餐礼仪、感恩食物、珍惜食物。结合春节、元宵、端午和中秋等传统节日活动，让幼儿体验中华饮食文化。

四、喂养和膳食管理

1. 规章制度建设。

按照《食品安全法》《食品安全法实施条例》等要求，严格落实各项食品安全工作，强化责任意识，制定食品安全应急处置预案，做好食源性疾病防控工作。

（1）托育机构应建立完善的母乳、配方食品和商品辅食喂养管理制度和操作规范，包括喂奶室管理制度，配方食品和商品辅食的接收、查验及储存、使用制度，及相关卫生消毒制度。

（2）托育机构从供餐单位订餐的，应当建立健全机构外供餐管理制度，选择取得食品经营许可、能承担食品安全责任、社会信誉良好的供餐单位。对供餐单位提供的食品随机进行外观查验和必要检验，并在供餐合同（或者协议）中明确约定不合格食品的处理方式。

（3）鼓励母乳喂养，为哺乳母亲设立喂奶室，配备流动水洗手等设施、设备。

（4）托育机构乳儿班和托小班设有配餐区，位置独立，备餐区域有流动水洗手设施、操作台、调配设施、奶瓶架，配备奶瓶清洗、消毒工具，配备奶瓶、奶嘴专用消毒设备，配备乳类储存、加热设备。

（5）托育机构应配备食品安全管理人员，并制订食堂管理人员、从业人员岗位工作职责，食品安全管理人员及从业人员上岗前应当参加食品安全法律法规和婴幼儿营养等专业知识培训。

（6）婴幼儿膳食应有专人负责，班级配餐由专人配制分发，工作人员与婴幼儿膳食要严格分开。

（7）做好乳类喂养、辅食添加、就餐等工作记录。

2. 膳食和营养要求。

食品应储存在阴凉、干燥的专用储存空间。标注配方食品的开封时间，每次使用后及时密闭，并在规定时间内食用。配方食品应按照产品使用说明按需、适量调配，调配好的配方奶 1 次使用，如有剩余，直接丢弃。配方食品在规定的配餐区完成。调配好的配方奶，喂养前需要试温，做好喂养记录。

（1）托育机构应根据不同月龄（年龄）婴幼儿的生理特点和营养需求，制定符合要求的食谱，并严格按照食谱供餐。

（2）食谱按照不同月龄段进行制定和实施，每 1 周或每 2 周循环 1 次。食谱要具体到每餐次食物品种、用量、烹制或加工方法及进食时间。

（3）主副食的选料、洗涤、切配、烹调方法要适合不同月龄（年龄）婴幼儿，减少营养素的损失，符合婴幼儿清淡口味，达到营养膳食的要求。烹调食物注意色、香、味、形，提高婴幼儿的进食兴趣。

（4）食谱中各种食物提供的能量和营养素水平，参照中国营养学会颁布的《中国居民膳食营养素参考摄入量（DRIs）（2013）》推荐的相应月龄（年龄）婴幼儿每日能量平均需要量（EER）和推荐摄入量（RNI）或适宜摄入量（AI）确定。

（5）食谱各餐次热量分配：早餐提供的能量约占一日的 30%（包括上午 10 点的点心），午餐提供的能量约占一日的 40%（含下午 3 点的午后点），晚餐提供的能量约占一日的 30%（含晚上 8 点的少量水果、牛奶等）。

（6）食谱中各种食物的选择原则以及食物用量，参照中国营养学会颁布的《7 ~ 24 月龄婴幼儿喂养指南（2016）》《学龄前儿童膳食指南（2016）》中膳食原则，以及《7 ~ 24 月龄婴幼儿平衡膳食宝塔》《学龄前儿童平衡膳食宝塔》中建议的食物推荐量范围。

（7）半日托及全日托的托育机构至少每季度进行一次膳食调查和营养评估。提供一餐的托育机构（含上、下午点）每日能量和蛋白质供给量应达到相应建议量的 50% 以上；提供两餐的托育机构，每日能量和蛋白质供给量应达到相应建议量的 70% 以上；提供三餐的托育机构，每日能量和蛋白质和其他营养素的供给量应达到相应建议量的 80% 以上。

（8）三大营养素热量占总热量的百分比是蛋白质 12% ~ 15%，脂肪 30% ~ 35%，碳水化合物 50% ~ 65%。优质蛋白质占蛋白质总量的 50% 以上。

（9）有条件的托育机构可为贫血、营养不良、食物过敏等婴幼儿提供特殊膳食，有特殊喂养需求的，婴幼儿监护人应当提供书面说明。

（10）定期进行生长发育监测，保障婴幼儿健康生长。

《托育机构婴幼儿喂养与营养指南（试行）》解读

发布时间：2022-01-11　　来源：人口监测与家庭发展司

根据《国务院办公厅关于促进 3 岁以下婴幼儿照护服务发展的指导意见》（国办发〔2019〕15 号）要求，依据国家卫生健康委《托育机构设置标准（试行）》《托育机构管理规范（试行）》《托育机构保育指导大纲（试行）》，为指导托育机构遵循婴幼儿成长特点和规律，为婴幼儿提供科学规范的喂养服务，制定《托育机构婴幼儿喂养与营养指南（试行）》。本指南适用于经有关部门登记、卫生健康部门备案为 3 岁以下婴幼儿提供全日托、半日托、计时托、临时托等托育服务的机构。

《托育机构婴幼儿喂养与营养指南（试行）》共分为四个部分。前两部分分别针对 6～24 月龄婴幼儿和 24～36 月龄幼儿特点，提出了喂养与营养要点。第三部分针对婴幼儿食育，就如何让婴幼儿感受、认识和享受食物，培养良好进食行为和饮食习惯，启蒙中华饮食文化，提出了指导和建议。第四部分从规章制度建设、膳食和营养要求两方面，向托育机构提出喂养和膳食管理方面的指导和建议。

国家卫生健康委办公厅关于印发
托育从业人员职业行为准则（试行）的通知

国卫办人口函〔2022〕414 号

各省、自治区、直辖市及新疆生产建设兵团卫生健康委：

为深入贯彻党的二十大精神，认真落实《中共中央国务院关于优化生育政策促进人口长期均衡发展的决定》和《国务院办公厅关于促进 3 岁以下婴幼儿照护服务发展的指导意见》（国办发〔2019〕15 号），建设一支品德高尚、富有爱心、敬业奉献、素质优良的托育服务队伍，我委研究制定了《托育从业人员职业行为准则（试行）》。现印发给你们，请结合实际，认真贯彻执行。

国家卫生健康委办公厅
2022 年 11 月 23 日

托育从业人员职业行为准则（试行）

托育服务事关婴幼儿健康成长，事关千家万户。为进一步增强托育从业人员的责任感、使命感和荣誉感，规范职业行为，特制定本准则。

一、坚定政治方向。坚持以习近平新时代中国特色社会主义思想为指导，贯彻落实党中央关于托育工作的决策部署。不得有损害党中央权威和违背党的路线方针政策的言行。

二、自觉爱国守法。忠于祖国，忠于人民，恪守宪法原则，遵守法律法规，依法依规开展托育服务。不得损害国家利益、社会公共利益、违背社会公序良俗。

三、传播优秀文化。传承中华传统美德和优秀文化，践行社会主义核心价值观，培养婴幼儿良好品行和习惯。不得传播有损婴幼儿健康成长的不良文化。

四、注重情感呵护。敏感观察，积极回应，尊重个体差异，关心爱护每一位婴幼儿，形成温暖稳定的关系。不得忽视、歧视、侮辱、虐待婴幼儿。

五、提供科学照护。遵循婴幼儿成长规律，合理安排每日生活和游戏活动，支持婴幼儿主动探索、操作体验、互动交流和表达表现。不得开展超出婴幼儿接受能力的活动。

六、保障安全健康。创设安全健康的环境，熟练掌握安全防范、膳食营养、疾病防控和应急处置等方面的知识和技能。不得在紧急情况下置婴幼儿安危于不顾，自行逃离。

七、践行家托共育。注重与婴幼儿家庭密切合作，保持经常性良好沟通，传播科学育儿理念，提供家庭照护指导服务。不得滥用生长发育测评等造成家长焦虑。

八、提升专业素养。热爱托育工作，增强职业荣誉感，加强业务学习，做好情绪管理，提高适应新时代托育服务发展要求的专业能力。不得有损害职业形象的行为。

九、加强团队协作。尊重同事，以诚相待，相互支持，充分沟通婴幼儿信息，协同开展照护活动，不断改进和提升服务质量。不得敷衍塞责、相互推诿、破坏团结。

十、坚守诚信自律。诚实守信，严于律己，尊重婴幼儿及其家庭的合法权益，自觉遵守托育服务标准和规范。不得收受婴幼儿家长礼品或利用家长资源谋取私利。

第四篇　媒体报道选编

托育"需求热、市场冷、企业难"，怎么破？

发布时间：2022-09-05　　　来源：《中国妇女报》

统计数据显示，截至 2021 年底，我国每千人口托位数为 2.03 个，距离"十四五"期末要达到 4.5 个的目标还存在一定差距。国家卫健委日前指出，婴幼儿无人照料是阻碍生育的首要因素，城市中超过 1/3 的家庭有托育需求，但供给明显不足，特别是普惠性服务供不应求。今年 1 月，北京师范大学教育学部教授洪秀敏等发表的调研成果也显示，通过对 6 省份 19363 个婴幼儿家庭问卷调查发现，当前家庭享有的托育服务仍以私立非普惠为主，比例高达 60.76%。

中国妇女报全媒体记者调查发现，面对托育市场的巨大需求，无论是民办幼儿园托幼一体化服务，还是家庭式托育的兴起，目前都存在一定的运营、监管、认知瓶颈，导致商业托育存在"需求热、市场冷、企业难"等问题。

我国城市超 1/3 家庭有托育需求，
婴幼儿无人照料成阻碍生育首要因素

发布时间：2022-08-17　　　来源：界面新闻

2022 年 8 月 17 日，国家卫健委举行新闻发布会介绍《关于进一步完善和落实积极生育支持措施的指导意见》（简称《指导意见》）有关情况。

8月16日，国家卫健委、国家发改委等共计17个部门联合印发《指导意见》，从提高优生优育服务水平，发展普惠托育服务体系，完善生育休假和待遇保障机制，强化住房、税收等支持措施，加强优质教育资源供给，构建生育友好的就业环境，加强宣传引导和服务管理等7个方面，完善和落实财政、税收、保险、教育、住房、就业等积极生育支持措施，提出20项具体举措。

这是自2021年三孩生育政策实施以来，国家相关部委首次联合印发支持生育文件，引发热议。熟悉政策制定的专家对界面新闻分析，这意味着国家部委层面对支持生育政策作为一项"系统工程"已有共识，文件出台后对于地方政府完善生育支持政策，减少部门间掣肘具有积极作用。

国家发改委社会发展司副司长、一级巡视员郝福庆在8月17日新闻发布会上介绍，国内调查显示，婴幼儿无人照料是阻碍生育的首要因素，城市中超过1/3的家庭有托育需求，但供给明显不足，特别是普惠性服务供不应求。各方研究和国际经验也表明，发展托育对减轻家庭负担、提高生育意愿，具有显著效果。

为此，《指导意见》提出，着力增加普惠性服务，发展公办托育机构，带动社会力量投资，支持用人单位举办，建设社区服务网点，探索家庭托育模式，有条件的幼儿园招收2～3岁幼儿，通过以上多种渠道，鼓励多方积极参与，有效扩大普惠性服务供给。同时，拓宽托育建设项目申报范围，中央预算内投资给予建设补贴，通过中央投资的支持和引导，带动地方政府和社会力量加大投资力度。

《指导意见》还明确，公办托育机构收费标准由地方政府制定，加强对普惠托育机构收费的监管，合理确定托育服务的价格。托育机构水电气热按照居民生活类价格执行，各地要建立托育机构关停特殊情况应急处置机制，落实疫情期间纾困政策。

国家卫健委人口家庭司监察专员杜希学介绍，2020—2022年，国家卫健委会同国家发改委开展普惠托育服务专项行动，中央预算内投资下达20亿元，带动地方政府和社会投资超过50亿元，累计新增约20万个托位，推动增加普惠性托育服务有效供给。截至2021年底，我国每千人口托位数为2.03个，与"十四五"规划纲要提出的4.5个目标还有不小的差距。《指导意见》从降低托育机构运营成本、提升托育服务质量等方面都明确了具体措施。

女职工如何平衡就业和生育之间的关系一直是社会热点。全国总工会女职工部副部长洪莎在新闻发布会上指出，生育友好的就业环境有利于职工平衡工作和家庭关系，《指导意见》提出了鼓励实行灵活的工作方式，推动创建家庭友好型工作场所，切实维护劳动就业合法权益等相关措施。

下一步，为帮助职工解决生育后顾之忧，全国妇联将积极配合国家卫健委加强研究适用于用人单位托育机构的设置标准和管理规范，针对用人单位不同性质、不同规模等具体情况，进行分类指导，稳妥推进。同时，推动用人单位将弹性上下班等灵活工作方式纳入集体合同和女职工权益保护专项集体合同，制定有利于职工平衡工作和家庭责任的制度机制。

此次《指导意见》还提出探索将灵活就业人员纳入生育保险覆盖范围。国家医保局待遇保障司副司长刘娟表示，近年来，生育保险参保人数持续增长，覆盖面也进一步在扩大。2021年生育保险参保人数达到了2.4亿人，是2012年的1.5倍。未就业和灵活就业妇女的生育所发生的符合规定的医疗费用可以通过参加基本医保按规定报销。

"《指导意见》明确提出，地方可以探索将灵活就业人员纳入生育保险的覆盖范围，主要有三个方面的考虑：一是随着新业态、新经济的发展，各方都很关注灵活就业人员的社会保障问题。因为灵活就业人员没有固定的用人单位，不在生育保险法定覆盖范围，探索灵活就业人员参加生育保险有利于健全完善制度，也体现了政策的包容性。二是灵活就业人员中女性大多处于生育年龄段，允许灵活就业人员参加生育保险并享受生育津贴，有利于加强生育的相关保障。三是灵活就业人员就业不稳定，生育期间收入可能会受到一定程度影响，将其纳入保障范围，有利于缓解其生育的后顾之忧。"刘娟表示。

此外，地方也进行了一定的实践探索，将灵活就业人员纳入生育保险的保障范围，在参加职工医保的同时同步参加生育保险，并享受生育津贴，实践效果良好。

值得注意的是，刘娟指出，近年来随着人口政策的调整优化，地方在国家法定产假之外新设了一些生育奖励假，还有男同志的陪产假，包括育儿假，等等。整体上来看，各地的假期时长不一，差异较大。特别在权益保障的做法上也各有不同，地区间待遇水平不均衡，容易造成地区间、人群间的攀比。

而且，从促进女性公平就业角度看，"实践表明，假期过长可能会带来职业女性的生育顾虑，增加女性的就业歧视，不利于男女的公平就业，继而影响女性的生育意愿，需要统筹考虑各方的负担和对就业的影响，综合施策、责任共担，共同构建积极的生育支持体系"，刘娟表示，为此，《指导意见》要求国家统一规范并制定完善生育保险生育津贴支付政策。

填补需求空白，托育行业正在形成新蓝海

发布时间：2019-12-26　　来源：搜狐网

全国妇联一项调查显示，70%左右的父母认为，"孩子上幼儿园前是否有人帮助照料"是影响生育意愿的重要因素之一。2018年以来，"托育"便多次出现在国家及地方各项发展规划的文件当中。伴随二胎红利、政策扶持、资本注入与刚性需求，处于萌芽阶段的婴幼儿托育行业正逐渐站上风口。2019年国家又相继出台《托育机构设置标准》

等规范性文件，政策愈加明晰，也在为填补行业空白创造了基础条件。因强烈需求而兴起的托育市场是否正在形成新的蓝海？

（一）托育元年，政策规范扶持

据国家统计局数据显示，2018 年我国出生人口 1523 万人，较 2017 年下降约 200 万人。我国生育率近几年来连年降低，面临着人口红利减退、临近超低生育率水平、人口老龄化等一系列问题。继党的十九大正式提出"幼有所育"后，国家和地方层面的规范陆续出台。今年 5 月 9 日，国务院办公厅印发《关于促进 3 岁以下婴幼儿照护服务发展的指导意见》更被业内称之为开启"托育元年"标志性的政策文件。

基于国家顶层设计的托育政策，既是要解决 0～3 岁婴幼儿看护问题，更是为提高民众生育率填补政策空白，只有政策明晰才能让需求主导、市场规范。据测算，2019 年托育市场规模将超过 1700 亿元，但全国入托率仅 4.1%，为发达国家的 1/9，未来增长潜力巨大。

（二）政策利好不断，行业如沐春风

2019 年 11 月，《中华人民共和国增值税法（征求意见稿）》中明确提到，托儿所、幼儿园均纳入免征增值税行业之列。政策利好密集出台，不仅有税收优惠作为支撑，而且在人才培养上也给予了更多的倾斜，从专业设置到职业标准确定，起步阶段中的托育行业奠定了人才储备的社会供给基础。

海问律师事务所合伙人霍超表示，在 2018 年之前托育机构的政策规定并不明确，市场也相对分散，没有知名或市场占有率大的公司诞生。但到今年，从地方到国家，逐渐出台托育机构的监管意见，对托育监管提出新的要求，这也表明托育行业迎来新的发展方向。

（三）萌芽中的市场，需求远大供给

托育≠早教，概念逐渐分明。

关于 0～3 岁前的需求市场，多数人往往想到的是"早教"概念。相比于托育而言，"早教"一词在我国的发展更早，接受程度更广，虽然早教和托育由于受众一致，目前也有一些早教机构在开展托育业务或推出了独立的托育品牌。但二者业态在政策规范、行业准入、经营规范等方面存在差异。

A 股上市早教企业美吉姆的高管向记者介绍，早教机构主要提供亲子陪伴服务，大多拥有自主研发的课程体系和教学设备，旨在通过结构化的课程，培养孩子的强健体魄和认知能力，保证其养成良好的行为习惯，重点是"教"。托育机构（全日制或半全日制），主要为无暇照顾孩子的职工家庭提供必要的婴幼儿照护、膳食、保育等服务，重点是"育"。托育业态在选址、消防卫生、设备配套、从业人员标准和服务规范标准上要求更加严格，市面上规范化、标准化的托育品牌仍是稀缺资源。

极致洞察合伙人陈刚认为，托育和早教二者的概念应该是逐渐分明的。托育模式本

身就可以理解成对早教模式的一种升级，托育的不断发展首先就是不断专业化的过程，其与早教的区别也就越来越分明，越来越被认知。

（四）全国入托率 4.1%，潜在需求率超过 40%

据国家卫生计生委办公厅 2016 年的调查研究，全国入托率仅为 4.1%。而发达国家 3 岁以下婴幼儿的入托率在 25% ～ 55%。虽然实际入托率较发达国家有不小差距，但家庭实际托育照护服务需求则与日俱增。根据卫计委 2016 年在十座城市中的抽样调查显示，超过 1/3 的家庭表示需要托幼和托育服务。2019 年，广西地区希望入托的比例达到 43.83%，6 成以上希望全日制托管。

对此，各地也积极出台计划，提高未来入托率。杭州下城区提出 2025 年入托率要达到 50%；上海则是在《浦东教育现代化 2035(征求意见稿)》中提到拟计划到 2035 年，1.5 ～ 3 岁婴幼儿入托率到 80%。目前，85、90 后新生代父母科学早教以及在托育行业的消费意愿强，第三方专业的托育市场规模化成长或将是大趋势。

托育高管也认为，目前我国托育服务供给严重不足，托育市场的需求巨大主要还是来源于家庭的需求。以往，0 ～ 3 岁孩子多由祖辈参与日间看护。随着人口老龄化程度的加深，隔代照料面临更大困难，同时近年来城市职业女性的人数大幅上涨，加上国家"全面二孩政策"的出台，专业的托育机构已经逐渐成为社会刚需。

（五）行业早期，市场分散

目前，托育行业尚属于发展早期，区域化发展特征显著，市场分布极度分散。以北京为例，检索"托育"或"日托"等关键词，可搜索到的托育机构多以单店模式，品牌众多，规模化品牌稀缺。

虽然一二线城市生活成本高，工作节奏快，但托育市场并不仅是高线城独有的需求。单就从市场品牌分布来看，既有幼教机构、早教机构向下延伸成立子品牌，进行托育业态尝试，也有以全日制托育发展成的独立托育品牌，自二线城市发展逐步向三四线城市延伸。

客观来看，三四线城市与一二线相比，最大的问题是缺乏高专业度的托育老师。城市发展的经济水平不是问题，因为托育服务费用因经济水平不同而不同；消费意识也不是问题，人性相同、需求相近，三四线城市因为没有太多房贷压力和"向上的需求"，可能更注重宝宝的早期发展。

通过对比早教行业的发展也可推测正在建立的托育市场的需求情况。由于我国区域发展不平衡，尤其是三、四、五线城市，育儿观念保守，受传统观念以及经济的影响，以往隔代养育的现象非常普遍。但随着新型城镇化建设推进、二胎政策开放和教育的普惠化推广，早教、托育行业的需求日益旺盛。就发展数据来看，三、四线城市作为新兴市场，成长性明显优于一、二线城市。一方面，三、四线城市早教服务的渗透率相对较低；另一方面，三、四线城市需求旺盛，但供给仍以地方性品牌为主，这些早教品牌在课程设计、师资力量方面均弱于头部品牌。

（六）综合运营更复杂，独立跑出有优势

从品牌基因上来看，目前行业中早教机构凭借已有的品牌影响力及地区分布，新设立子品牌运营日托式的托育机构较为常见，扩张形式也是以"直营＋加盟"的形式为主。

托育业态在选址、消防卫生、设备配套、从业人员标准和服务规范标准上要求更加严格，市面上规范化、标准化的托育品牌仍是稀缺资源。从商业角度来看，营利性托育机构目前可能还存在定价困难、用户生命周期过短、专业人才短缺、存在食品安全和儿童人身安全隐患等一系列问题。

自去年学前新规出台后，不少投资幼儿园的资本将目光迁移到了托育市场，"幼托一体化"重回视野。在《杭州下城区加快托育发展的征求意见稿》中，杭州下城区设置的 14 个托育试点中，就有 7 个托幼一体化的项目。

海纳描述了专业托育品牌在面对托幼一体化园所时的差异化竞争。她认为，90 后的宝爸宝妈，他们消费习惯是消费品牌。所以，托育的专家化品牌将会是年轻宝爸宝妈的消费习惯的首选。她认同托幼一体化在既有的区域认知资源和家长资源的前期，会有一定市场，但其在托育专业体系上会有很大不足，因为现有的幼儿园基因太强。

（七）多方涌入市场，投资热情高涨

托育赛道近年投融资情况如下。

根据 FirstInsight 极致洞察大数据统计，2015 年至今，早教托育行业共有 47 起融资事件，涉及金额 43.83 亿人民币。以托育为主的企业在近 5 年的时间，仅有 13 家企业获资本青睐，市场发展尚属早期。

根据 FirstInsight 极致洞察统计显示，2018 年以来，共有 31 家投资方投资过早教托育行业，其中 PE/VC 依然是主流占比 55%，位居次席的是教育集团，多数为已经上市的教育企业，而地产基金与早幼教集团也因业务协同等因素关注此类赛道。

（八）未来发展与品牌扩张

针对机构扩张策略，托育安全风险较高，一旦出现问题对品牌口碑来说是毁灭性的打击，因此前期发展阶段采用直营模式更为妥当，在教研内容、品牌渠道、技术赋能、人才梯队培养输出和环境安全等方面，建立标准化、精细化的体系规范。通过直营模式更好地把控服务质量，确保从业人员的素质，维护品牌形象。但直营的模式对于连锁企业的发展速度来说也存在限制，因此是一个需要进行平衡和取舍的问题。

对于连锁企业而言，终端管控一直是难题，也是连锁品牌运营管理的重中之重。相较于其他发达国家，我国的托育行业现在还处于初级阶段，尚未形成规范的政策体系和完善的产业生态。但政策明晰，规范确定后，更有利于社会力量参与行业发展，有利于优质品牌的成长，提供更好的社会服务。目前来看，国内的托育市场现阶段正是一片静待开拓的蓝海，中国会不会出现千亿级市值的托育品牌？究竟谁才会是中国的 BrightHorizon？或许逐渐倍增的市场将给我们答案。

发展以性别平等为基点的托育服务

发布时间：2022-05-30　　来源：《中国妇女报》

传统社会中，3岁以下婴幼儿照护一直是属于家庭私领域的事务，照顾责任大都由母亲或家庭中的女性承担。随着现代工业革命以来的经济社会变革，女性越来越多地进入劳动力市场，外出工作和家庭照料之间的张力不断增大，3岁以下婴幼儿照护逐步演变成为一个社会问题。因为，女性外出就业并不意味着其可以摆脱或减轻原有家庭照料责任，反而经常会因为家庭规模日益小型化导致的"帮手"不足造成3岁以下婴幼儿照护失当。由此，为了促进女性在家庭和职业之间取得平衡，托育服务作为一项构建家庭友好型社会的社会福利措施蓬勃发展起来。

新中国建立后，托育服务作为公共政策曾经在我国广泛推行。总体上，20世纪80年代以前，我国长期实行的是以机关或企事业单位为主体的福利供给制度。为了鼓励女性进入劳动力市场，绝大多数单位的职工家庭能够获得免费或费用低廉的儿童托育服务，托育服务公共化的色彩十分鲜明。到了20世纪80年代中后期，随着市场经济的确立，国营企事业单位相继或全部或部分地分离其原有的托育机构，社会上的托育机构和托育服务资源的发展受到很大的冲击。

目前，由于托育服务资源的急剧缩减和按身份配置的方式，不同家庭之间使用托育服务的差异被不断拉大，弱势家庭群体、非公有单位人员的家庭很难享受到托育服务资源。改革开放以来，我国在以系统性的制度设计来规范和引导托育服务发展方面推动不足。

近年来，为了应对日益严重的低生育率和老龄化，也为应对家庭结构变迁造成的照顾功能弱化和女性外出就业率不断提高造成的婴幼儿公共照护资源不足，托育服务发展问题已经被提升到党的基本方略高度，托育服务也迎来了前所未有的重大发展机遇。根据不完全统计，近几年来，仅仅国家层面，就直接出台了不下10项促进托育服务发展的相关政策，其程度和力度在历史上都是比较少见的。

需要注意的是，发展托育服务绝不应被理解成仅仅出台一些政策，建造一些托育服务设施。我们在发展托育服务这件事情上，一定要科学慎重，不能简单地把它当作构建家庭友好型社会的天然组成部分。发展托育服务只有以性别平等为基点，才能科学地认识和合理地构建家庭友好型社会。所有托育服务制度建设不能围绕单纯减轻女性育儿的负担而设计，而要围绕促进男女同等参与家庭事务，不管是机会还是结果而努力。这个宗旨的转变，代表了社会对托育服务观念的一个根本性的转变。只有形成这种社会氛围，构建家庭友好型社会才更有生命力。

第一，要充分认识托育服务对于平衡家庭和职业的重要性。现代家庭形态多元并未因带给家庭更多自主空间及经济优势而使其拥有更佳的家庭功能。相反地，家庭中养育功能需要靠外力系统协助才能完成。尤其是，当社会仍视育儿为女性职责时，妇女就业上备受困扰的问题其一就是子女托育。因此，当子女托育能兼顾质与量需求时，除可促使成年劳动人口增加，更能促进家长们持续、安心、稳定工作。不过，托育服务不能被看作是替代家庭照料儿童的措施。托育服务仅仅是家庭儿童照顾的补充。换句话说，对个体来说，在照顾孩子这件事情上，有个靠谱的丈夫，远远要比单纯依靠托育服务更有效。

第二，发展托育服务不仅要结合我国国情，也要充分尊重女性的主观感受。由于托育服务资源的有限性，不是每个家庭都有享受托育服务的机会，更多的农村家庭是没有办法享受到托育服务的。另外，实际生活中，儿童照顾对女性并非全然是负面感受，虽然大负荷、高强度的儿童照顾常让她们感到心力交瘁。但是其中的一部分人也同时能够享受亲子时光和独自育儿所带来的快乐感受，并乐在其中。在公共政策和相关制度设计时，应兼顾个体经验和感受差异的现实存在。

第三，注重托育服务发展过程中的性别区隔问题，切莫把托育服务当成女性的托育服务。诚然，托育服务在帮助女性平衡工作和家庭方面起到举足轻重的作用。但是它的从业者基本为女性的事实，也让托育服务成了女性照顾的代名词，一定意义上，加大了两性在生育上合作养育孩子上的性别区隔。此外，再好的托育服务也不可能是24小时，也不可能是一周7天。那么离开托育机构之后，谁来照顾？这依然还需要很好地分配男女两性在家庭中的家务分工，以及男性有效地分担育儿工作。

发展普惠托育解决带娃难题

发布时间：2022-06-07　　来源:《经济日报》

托育关系千家万户，普惠承担民生之重。今年《政府工作报告》明确指出，将3岁以下婴幼儿照护费用纳入个人所得税专项附加扣除，多渠道发展普惠托育服务，减轻家庭生育、养育、教育负担。"十四五"规划和2035年远景目标纲要提出，支持企事业单位和社会组织等社会力量提供普惠托育服务。

主持人：经济日报社理论部主任、研究员徐向梅。

一、重在扩大托育服务有效供给

问：我国现行托育服务体系状况如何？加快发展普惠托育服务体系有何重要意义？

杨文庄（国家卫生健康委人口家庭司司长）：近年来，我国托育服务呈现出良好的发展态势，托育服务体系初步形成。据不完全统计，当前共有各类托育机构数万家，涵盖了综合托育服务机构、社区托育服务设施、幼儿园托班、家庭开展互助式托育以及工作场所提供的福利性婴幼儿照护服务等不同类型，可提供全日托、半日托、计时托、临时托等多种形式服务内容。但托育服务总体供给依然不足，超过九成的机构是民办机构和营利性机构，服务对象以 2 岁以上婴幼儿为主，收费价格相对较高，各地区服务资源分布不均衡。

当前，我国 0～3 岁婴幼儿有 3700 多万，其中三分之一以上的家庭有较强烈的入托需求，入托率为 6% 左右，供给和需求缺口较大。照护服务既面临着需求不断扩大、投资快速增长的发展机遇，也存在着市场供给总量明显不足、激励支持政策有限、专业人才匮乏等挑战，迫切要求深化供给侧结构性改革，拓展服务资源、提高服务质量、提升可持续发展能力，切实解决家庭后顾之忧。

2019 年和 2020 年，国务院办公厅分别印发《关于促进 3 岁以下婴幼儿照护服务发展的指导意见》和《关于促进养老托育服务健康发展的意见》，明确了由卫生健康部门牵头、各相关部门协同的工作机制。《未成年人保护法》《人口与计划生育法》修订以及实施的《家庭教育促进法》，均增设了关于托育服务的规定。"十四五"规划和 2035 年远景目标纲要将"每千人口拥有 3 岁以下婴幼儿托位数"指标纳入 20 个经济社会发展主要指标之一。

2021 年 6 月印发的《中共中央国务院关于优化生育政策促进人口长期均衡发展的决定》，做出实施一对夫妻可以生育三个子女的重大决策，明确将发展普惠托育服务体系列为配套积极生育支持措施之一。大力发展多种形式的普惠服务，发挥中央预算内投资的引导和撬动作用，推动建设一批方便可及、价格可接受、质量有保障的托育服务机构；支持有条件的用人单位为职工提供托育服务；鼓励国有企业等主体积极参与各级政府推动的普惠托育服务体系建设；加强社区托育服务设施建设，完善居住社区婴幼儿活动场所和服务设施；制定家庭托育点管理办法；支持隔代照料、家庭互助等照护模式；支持家政企业扩大育儿服务；鼓励和支持有条件的幼儿园招收 2 至 3 岁幼儿。通过普惠政策支持，扩大有效供给，提高服务水平，扩大服务覆盖面。

2020—2022 年，国家卫生健康委会同国家发展改革委开展普惠托育服务专项行动，中央预算内投资下达 20 亿元，带动地方政府和社会投资超过 50 亿元，累计新增约 20 万个托位，推动增加普惠性托育服务有效供给。各级卫生健康部门深入推进"医育结合"，加强对托育机构卫生保健工作业务指导、咨询服务和监督检查，在落实基本公共卫生服务和妇幼保健服务、健康教育服务、0～3 岁儿童健康管理等过程中，积极普及科学育儿知识。

发展普惠托育服务是促进人口均衡发展的必然选择。我国人口发展呈现规模大、增速缓、高龄少子、生育意愿降低等特征，低生育率成为突出问题。随着传统家庭抚育方式逐渐力不从心，"照料难"成为"不敢生"的重要原因。发展托育服务，有助于减轻家庭养育的时间成本和经济压力，缓解生育养育焦虑，释放生育政策红利，促进人口长期均衡发展。

发展普惠托育服务是推进高质量发展的重要内容。托育服务业具有显著的就业友好性，可直接创造数百万就业岗位，并提供更多的间接就业机会。增强托育服务有效供给，有利于推动消费增长，促进形成强大的国内市场，不仅能直接造福千万家庭，还将为经济持续健康发展提供有力支撑。

"十四五"时期是托育服务需求持续释放的关键时期，要以满足人民需求为导向精准发力，推动普惠托育供给侧改革，补齐托育服务民生短板，建立健全托育服务政策法规、标准规范和服务供给体系，切实提高人民群众对普惠托育服务的获得感和满足感。

二、各地先行先试探索新经验

问：普惠托育从无到有做了哪些探索？各地开展的先行先试中，哪些做法值得推广借鉴？

张本波（中国宏观经济研究院社会发展所研究员）：普惠托育是指面向广大家庭提供的质量有保障、价格可接受、方便可及的托育服务，是我国公共服务的重要内容。

普惠托育需要满足三个基本要求：其一，服务质量要有保障，能够满足婴幼儿家庭对安全优质服务的要求；其二，服务价格要合理，不能超出绝大多数家庭的承受能力；其三，服务提供要便捷，能够适应婴幼儿照护服务特点，提供就近便利的托育服务。

普惠托育从无到有。2019年前后，我国普惠托育机构几乎空白。近两三年，国家发展改革委和卫生健康委积极开展普惠托育专项行动，通过中央预算内投资，直接带动新增普惠托位，托育服务供给初具规模，各类机构提供的托位数约占3岁以下婴幼儿的6%。但是，距离满足广大家庭的服务需求仍有较大差距，而且托育服务价格普遍偏高。调查显示，托育机构平均月收费2700元，占当年我国家庭可支配收入的36%。

普惠托育亟需凝聚社会合力。在行业发展初期，托育机构普遍面临成本高、抗风险能力弱等挑战，仅靠市场力量很难解决"入托难""入托贵"等问题。从国际经验来看，把托育服务纳入公共服务体系成为越来越多国家的政策选择。如欧盟提出为每个3岁以下儿童提供高质量的托育服务，到2017年欧盟国家平均入托率达35%，其中政府通过财政津贴、税收减免等方式，承担了近四成托育服务费用。

当前，发展普惠托育已成我国社会各界共识，各项支持政策也不断出台和完善。同时，各地积极开展先行先试，探索发展多种方式的普惠托育服务，形成了一些值得推广借鉴的经验做法。

一是整合社区资源，构建社区普惠服务网络。如安徽合肥采取社区免费提供场地和部分装修费用、委托第三方经营管理的方式，建成一批小型社区普惠托育中心，增加就近托育服务供给；四川成都整合利用社区资源，推动托育服务机构依托小区发展，初步形成了"方便、平价、优质"的社区托育特色优势。

二是发挥示范引领作用，建设普惠托育示范中心。如安徽合肥长丰县由政府免费提供场地，建成了集普惠托育示范服务和教育培训孵化功能为一体的托育示范孵化中心；江苏苏州提出，"十四五"期间建成至少50家市级示范性托育机构，由市级财政给予每个机构10万元奖励，并研究制定示范性托育机构评估标准，推进全市普惠托育服务标准化规范化。

三是立足家庭和工作平衡，发展依托工作场所的托育机构。如浙江杭州探索发展产业园区嵌入式托育服务，由企业提供场地并投资建设、配备维护设施设备，由教育部门配备师资、统一运营管理，共同提供托育服务。这种"陪爸妈上班"的托育服务，不仅解决了职工子女入托难题，而且送托便利，是实现职工、企业、政府多方共赢的新举措。

四是统筹推进，探索托幼一体化。鼓励有条件的幼儿园开设托班，是增加普惠托育供给的有效途径。如上海提出以普惠为导向、托幼一体为主、多方共同参与的托育服务发展方向。公办幼儿园托班收费采用相同的标准，地方财政对开设托班的公办园提供生均经费和编制方面的保障。目前上海1700所幼儿园中约有450个托幼一体机构，提供的托位数超过全市托位总数的一半。

五是加大政府投入，探索成本分担机制。在中央预算投资提供的建设补贴之外，很多地区尝试通过提供机构运营补贴、购买服务、家庭补贴等方式，支持社会力量提供普惠托位。如安徽淮北相山区从2019年开始采用以奖代补形式，对托育机构给予运营补贴，并对入托婴幼儿家庭给予补助。此外，北京等多个地区计划在"十四五"期间为新增普惠托位提供运营补贴。

三、统筹资源推动托育事业发展

问：当前实施普惠托育面临哪些问题？推动构建适应我国国情和发展阶段的普惠托育服务体系应从哪些方面着力？

贺丹（全国政协委员、中国人口与发展研究中心主任）：在国家政策和地方探索的积极推动下，我国托育服务进入快速发展期，托位总体数量显著增加。但普惠托位数量和比例不足也很突出，加之疫情影响，不少托育服务机构生存艰难。亟需推动"五个统筹"，做好"三个回应"，为构建适应我国国情和发展阶段的普惠托育服务体系提供支持保障。

当前，发展普惠托育主要面临以下问题与挑战。

首先，普惠优先的服务供给格局亟需强化。当前民办、营利性机构仍是托育服务的主体，占比达90%以上，而公办、民办公助和单位承办的普惠性机构发展严重不足。市场化托育服务价格较高，超出一般家庭的消费能力，在特大城市中心城区，高价问题更加突出。如北京、天津每月平均保育费高达六七千元，分别是当地居民人均月收入的1.12倍、1.26倍，较高的服务价格使很多家庭望而却步。

其次，普惠托育的支持政策体系有待完善。一是托育服务用地保障政策措施尚未完全落地，主城区普遍缺少可利用的土地空间资源，老旧社区缺少可利用的公共设施资源。二是托育机构房租、人员经费等运营成本高，不少地区对普惠托育机构仅提供建设补贴，缺乏可持续的运营补贴支持，民办托育机构担心转为普惠性机构后按照普惠限价难以实现营收平衡。三是行业发展支持政策有限，针对托育行业的普惠性金融保险产品较少，托育机构融资难度较大，相关责任险及托育机构运营保险等有待开发。

此外，普惠性托育资源统筹力度有待加强。伴随出生人口的连续大幅下降，各地幼儿园将出现一定数量空余学位，可以快速缓解托育服务资源供给不足的问题。各地需要综合研判出生人口形势，推动有条件的地区开展学前教育资源向托育服务资源转化的政策预案和制度安排。同时，解决幼儿园经费支持向托班延伸的问题，使托班享受幼儿园生均补贴，并按普惠价格提供托育服务。

为进一步推动发展普惠托育，一方面要推动资源整合利用，提高服务发展效率；另一方面要精准细化配套政策，打通服务发展瓶颈。具体而言，亟需推动"五个统筹"，做好"三个回应"。

统筹运用现有财政资源。加强普惠托育服务专项行动宣传，明确申报要求、流程、时限、补贴方式及权责关系，提高社会力量参与普惠服务的积极性。依托学前教育财政经费渠道，为幼儿园收托3岁以下婴幼儿提供财政经费支持。

统筹运用现有服务资源。加大对无证托育机构的规范和引导，为符合条件的托育机构改扩建提供建设资金补贴，推动托育服务资源合法合规转化和质量提升。

统筹运用现有卫生服务资源。通过"医育结合"，依托基层医疗卫生和妇幼保健网络，为托育机构提供业务指导和健康教育。

统筹运用现有社区资源。以社区为依托，探索社区自办、合作办、委托办等发展模式，支持通过新建、改扩建、以租代建、回收闲置空间等方式盘活未充分利用的社区空间。

统筹运用党政机关、企事业单位和产业园区资源。采取自办或委托专业机构等灵活方式举办福利性托育机构，为职工和周边群众提供普惠托育服务。

回应托育机构"运营之难"。建立常态化支持保障机制，对符合普惠条件的托育机构按照托位和收托人数进行运营补贴，将托育机构从业人员培训纳入公共预算保障范围。

回应托育行业"生存之难"。重视突发重大公共卫生事件的冲击，可参照对学前教育机构疫情期间的补贴支持政策，为运营困难的普惠性托育机构提供一定的运营补贴和人员经费支持，确保服务供给的稳定性和可持续性。

回应托育事业"发展之难"。放宽普惠支持政策范围，针对幼儿园托班、社区托育点、家庭托育点等不同类型的托育机构，提供政策支持、规范引导和人员培训，加强综合监管和质量评估。通过落实场地提供、租金减免、水电气优惠等方式，充分调动社会力量开展普惠托育服务的积极性。

立足妇联职能，找准工作定位，各级妇联组织积极探索 3 岁以下婴幼儿照护服务有效模式

发布时间：2020-04-22   来源：《全国妇联简报》

2019 年 4 月，国务院办公厅下发《关于促进 3 岁以下婴幼儿照护服务发展的指导意见》，提出了妇联组织要负责参与为家庭提供科学育儿指导服务的职责分工和任务要求。近年来，各级妇联组织立足职能，在大力开展科学育儿知识宣传普及基础上，积极探索，配合政府相关部门，在推进 3 岁以下婴幼儿照护服务方面取得了一些初步成效。

上海市妇联承接政府实事项目，推进托育服务工作。2017 年至 2019 年，市妇联协同市教委承接市政府社区幼儿托管点实事项目，在社区建立了 101 个托育点，通过公建民营、民建公助、托幼一体化等形式，为 2～3 岁幼儿提供全日制、半日制和计时制等就近就便、灵活多样的托管服务，探索出 0～3 岁托育服务的有效模式。

一是专题研讨，科学制定规范和标准。多次召开社区幼儿托管点实事项目专题座谈会，邀请市教委、市卫生健康委等单位领导、督导专家及各区妇联负责人就项目推进中的选址、建设过程、收费标准、供餐方式、卫生保健、承运组织或社区幼儿托管点的准入机制、日常监管、政策法规等问题进行全面交流和探讨。同时，为促进供需相对平衡、避免结构性富余和结构性紧缺矛盾、防止基础服务设施浪费，对长宁区、普陀区、虹口区、杨浦区及松江区的 15 个街道、镇开展全面入户调研，共收到有效问卷 9504 份，为公共决策提供了依据。全程参与制定市政府《关于促进和加强本市 3 岁以下幼儿托育服务工作的指导意见》《上海市 3 岁以下幼儿托育机构管理暂行办法》《上海市 3 岁以下幼儿托育机构设置标准（试行）》（"1+2 文件"），使实事项目过程中形成的经验、模式等转化为公共政策。

二是统筹落实，有序推进布点建设。召开市政府社区幼儿托管点实事项目总结及启动大会，对托育实事项目做专题布置动员。连续 2 年与市教委等 6 家单位联合下发关于落实市政府社区幼儿托管点实事项目的通知，对实事项目工作原则、工作任务、申报程序、资金来源、监督管理、项目保障、时间进度等做出规定，要求"各区政府、实事项目所在街镇要切实承担属地监管的主体责任"。根据适龄实有人口分布，按照"中心城区每区应建设 2 个以上社区幼儿托管点，郊区每区应建设 1 个以上社区幼儿托管点，为全市提供更丰富的幼儿托管服务"的示范要求，指导各区严格按照"1+2 文件"要求开展选址工作。2017 年至今，共建成 101 个托育点，新增托额 3178 个，目前已经开班的入托幼儿数有 2518 人。

三是全程督导，动态跟踪指导项目。委托上海市教育评估协会制定上海市"0～3

岁托育点督导评估指标"，召开督导专家培训会，成立 5 个督导专家组，226 人次分别赴 2017—2018 年的 45 个社区幼托点进行现场动态督查，指导各幼托点按照"1+2 文件"进行整改完善。主动向市人大、市政协专题汇报社区幼托点实事项目开展情况，并配合市人大、市政协现场调研、了解情况，形成咨询报告，为进一步推进托育事业提供建议。联合新民传媒有限公司，拍摄 14 条短视频，以全市布点地图的专题页形式开展线上宣传。制作短片《托起希望——2017 年市政府社区幼儿托管点实事项目工作纪实》，总结分享阶段成果。

四是专业培训，提升托管服务的专业支持。公开发行市政府"新建 20 个社区幼儿托管点"实事项目专用教材——社区托育课程方案《指导手册》《活动指引》《观察记录》，为确保实事项目质量提供了科学指导。委托上海开放大学等机构开展 6 期社区幼儿托管点上岗人员专题培训班，共有 500 余人次参加了培训，帮助幼托点工作人员提升服务理念，掌握科学的育儿内容与方式，提供安全有效的托管服务。聘请律师对社区幼托点实事项目中的有关法律问题进行梳理，对社区幼托点运营、房屋使用合同、购买服务范本等进行专题培训，确保社区幼儿托管点建设安全合规。

江苏省妇联利用所属幼儿园的资源优势，向低龄幼儿延伸开展托育服务。江苏省共有妇联所属幼儿园 31 个，其中 13 个幼儿园开办托班，延伸向 18～36 个月的幼儿开展托管服务。目前共有 24 个托班，700 名幼儿。各地幼儿园突出地域特点，利用丰富的优质教育资源，根据托班孩子的兴趣和生理特征，创新开展托育服务。

一是注重家园合作。根据 2～3 岁幼儿身心特点，开设半日制的托班，每班收 16 名幼儿，配备二教二保，为幼儿提供优质服务。泰州市欢乐亲子园遵循幼儿的年龄特点，通过新生家访、新生户外拓展、家长讲座、新生陪读等形式，增进家园沟通，让家长配合老师帮助幼儿度过焦虑期。连云港市妇联直属的幼儿园成立家长委员会、家长义工队，通过家长开放日、"家长接待日""家长走进课堂""家教心得分享""家园同乐会""亲子运动会"等丰富有趣的活动，实现家园互动。

二是注重优质课程开发。按照"生活即教育，课程即生活"的办学理念，以尊重幼儿的天性、本能和潜质为前提，不断开发引进优秀的课程体系，优化创新教研活动，创设了具有激发孩子探索力、增强孩子创造力、强化亲子互动性的搭建游戏、音乐游戏、智力游戏、亲子游戏等课程，提升了亲子互动教育的内涵。

三是注重师资队伍培养。坚持以人为本的管理模式，注重园本教研和学历提升，科学规划教师专业发展，并结合教学实际积极开展园本教研活动，以教研促教学，以教研促发展，培养了一支有爱心、有责任、有担当、业务素质过硬的师资队伍，各地幼儿园呈现百花齐放的多元发展格局。

中国儿童中心充分利用平台优势、教育优势、场地优势，积极打造综合性早期发展服务基地。从 2002 年与联合国儿童基金会合作发起的"'小脚印'家庭养护支持中心"项目开始，秉持"爱在开端综合发展"和"以儿童为中心，以家庭为基础，以社区为依托"的教育理念，逐步探索了一套集小时制亲子服务、托育服务、家长讲座、社区公益活动为一体的综合服务模式，打造了婴幼儿照护服务的国家基地，每年开办 22 个班次的亲子小时制班级、2 个托育班，全年开展家长讲座和社区公益活动 10 次，通过儿童早期发展社区家庭支持（ECD）项目直接参与培训的妇联管理人员和早期教育从业人员约 200 人次。目前，正在积极打造 1800 平方米的集医疗、教育、社工相结合的综合性早期发展服务基地。

山西省妇联依托专业机构太航幼教早教中心，挂牌家庭教育服务指导站，为早教中心提供家庭教育讲座和人员培训，接收 6 个月至 3 岁的婴幼儿，提供小时托、半日托、全日托的一体化托育试点服务，已服务 2600 余户家庭。临汾市妇联依托全国妇联和联合国儿童基金会"贫困地区儿童早期综合发展"汾西县试点（IECD）项目，充分调动社会力量，整合社会资源，在全市城乡社区特别是 10 个贫困地区大力推广项目经验，探索打造"妇联阵地 + 社区支持服务"托育新模式，为 50 余万个婴幼儿家庭提供了优质的家庭教育早期启蒙指导服务。深圳市盐田区妇联争取政府投入近 200 万元，利用区妇女儿童活动中心，采取购买社工服务的方法，开展 3 岁以下婴幼儿托育服务试点。

下一步，全国妇联将认真贯彻落实《国务院办公厅关于促进 3 岁以下婴幼儿照护服务发展的指导意见》，按照跃跃同志"妇联要按职责要求，做好为家庭提供科学育儿指导服务。同时要研究如何推动《意见》的落实，促进 3 岁以下婴幼儿照护服务积极健康发展"的批示精神，将重点开展以下工作：

一是组织开展专题调研，深入了解各地 3 岁以下婴幼儿照护服务的现状和需求，在此基础上，制定全国妇联推动落实《意见》的举措，就妇联组织如何发挥优势、创新开展科学育儿指导服务、积极探索托育服务的路径和方法等提出明确要求。

二是引导各地妇联从实际出发，立足家庭、面向社区，探索不同模式的 3 岁以下婴幼儿托育服务。鼓励有条件的妇联所属幼儿园积极创造条件，向低龄幼儿延伸开展托育服务；有条件的妇女儿童活动中心、儿童之家、儿童快乐家园等，采取购买专业社工服务，为有需求的家庭提供临时托管、计时托管等看护服务；推动有条件的企事业单位，兴办符合标准的托育点；有条件的家庭开展互助式托育服务。

三是依托新媒体平台和妇联系统服务阵地，利用行业协会专家资源，通过开设专栏专题、讲堂讲座、专家访谈、开发育儿指导书籍等形式，针对婴幼儿存在的营养、健康、情绪、心理等问题，向婴幼儿家长宣传科学育儿知识和方法。积极争取政府支持、协调社会力量和志愿者资源，大力推广与联合国儿童基金会共同实施的儿童早期发展社区家庭支持模式和工作经验。

北京市妇联推动多元参与共促托育服务发展

发布时间：2021-08-16　　　来源：《中国妇女报》

在深入调研、专家论证的基础上，北京市妇联联合北京市家庭教育研究会，共同编制完成《北京市家庭教育课程大纲》；组织编制出版家庭成长系列丛书；依托线上课堂为婴幼儿家庭提供指导服务。

结合为群众办实事，解难题，北京市妇联推动分阶段建设"家庭成长中心"，围绕推动市、区、街（乡）"1+16+N"的三级阵地联建。

北京市各级妇联组织通过整合资源、购买服务、项目合作等方式，分类别探索灵活多样照护服务；成立北京婴幼儿照护服务专业委员会，引领和推动北京市婴幼儿照护服务高质量发展编制《北京市家庭教育课程大纲》、推动分阶段建设"家庭成长中心"、对婴幼儿家庭进行指导服务。为落实《全国妇联推进落实〈国务院办公厅关于促进3岁以下婴幼儿照护服务发展的指导意见〉的意见》精神，北京市妇联围绕参与指导家庭科学育儿的工作职责，从加强课程建设、夯实阵地建设以及开展特色服务等方面，主动做好3岁以下婴幼儿照护服务相关工作。

（一）加强课程建设为婴幼儿家庭提供针对性指导

在深入调研、专家论证的基础上，北京市妇联联合北京市家庭教育研究会，共同编制完成《北京市家庭教育课程大纲》。

课程大纲以《全国家庭教育指导大纲（修订）》为基础，立足北京家庭教育现状和首都家庭特点，按照0～3岁、4～6岁、7～12岁、13～18岁不同年龄段少年儿童的成长规律编制，进一步明确了家庭教育的指导原则、核心理念、课程目标与内容、课程评价与建议，为家庭教育指导服务提供课程体系支持和实践指导。

提供养育支持，组织编制出版家庭成长系列丛书——《陪伴孩子走过0～3岁》，对本阶段儿童的身心发展特点做了简要说明，从"喂养与饮食习惯培养""照料与健康习惯养成""玩耍与基本能力形成""教养与行为习惯建立"等方面，针对早期养育重点和难点问题提供必知必会的知识和实操的具体步骤。

同时，秉持赋能父母和家庭的理念，分"做幸福父母""建美好家庭"两方面，针对0～3岁养育生活中父母和家庭可能面临的困难和问题，给予父母观念、环境、人际关系、自身状态等多方面调整的具体建议和方法指导，帮助父母保持良好的生活和心理状态、维持家庭功能的良好运行，为婴幼儿成长提供良好的环境保障。

此外，北京市妇联依托新蕊云课堂，邀请儿科医生崔玉涛、早教专家梁雅珠等不同领域的专家，通过线上直播和录制视频课等方式，为婴幼儿家庭在线解答养育的困惑问题，提供精准化和针对性的指导服务。

（二）夯实阵地建设搭建各具特色的家庭服务功能

结合为群众办实事，解难题，北京市妇联推动分阶段建设"家庭成长中心"围绕推动市、区、街（乡）"1+16+N"的三级阵地联建，今年开展市区试点"1+4"模式先行先试工作，在北京市妇女儿童服务中心搭建"和美家园、家长学校、萌娃乐园、童悦书馆、幸福驿站、健康秀场、安全体验、劳动工坊"八项服务功能，同步指导朝阳、石景山、通州、延庆四个区因地制宜，搭建各具特色的家庭服务功能。

北京市家庭成长中心，利用萌娃乐园服务功能，面向3岁以下婴幼儿家庭，开展亲子趣玩之幸运彩虹，"幸福糖果课""音乐花园课"等系列提升婴幼儿认知能力、肢体运动等方面的指导课，每周开展科学育儿相关指导服务项目6场次，同时提供"一对一"专家测评指导及跟踪测评，帮助家长了解儿童目前身心发展的水平、特点及其影响因素，并制定个性化的发展方案，全年将开展服务190场次。

同时，着力建实用好城乡社区家长学校，从0～3岁宝宝安全、家庭关系调整、与婴儿玩耍、教孩子自理、早期阅读、敏感照料、情绪安抚等方面，研发0～3岁家长学校示范课，并开发制作包括定制卡片、挂图、翻页书等内容的教具配套课程工具包，录制家长学校示范课指导视频，将在全市城乡社区家长学校进行课程推广和指导，提升家长学校指导服务的专业化和规范化。

为做好相关工作，今年4月初，北京市妇联党组书记、主席张雅君专门带领班子成员、相关部门负责同志到大兴调研3岁以下幼儿照护服务工作。对高米店街道蜜罐儿国际托育亲子中心围绕企业开办托育服务、0～3岁亲子服务经验和儿童早教研究等经验，对康馨园青少年活动中心围绕通过社会组织服务为0～3岁幼儿家庭提供公益性科学育儿指导、亲子活动等成效进行调研。

张雅君强调，如何做好启蒙教育，妇联组织大有文章可做，要充分发挥"联"字优势深入积极探索多种形式的0～3岁家庭教育服务模式，切实提升家长科学育儿水平。

（三）开展特色服务为新手爸妈提供育儿技巧和实践

目前，北京市各级妇联组织通过整合资源、购买服务、项目合作等方式，分类别探索灵活多样的照护服务。

海淀区妇联联合教委持续推进"蓓蕾工程"，开展幼儿园与社区结对子，发挥幼儿园教师的专业优势，为社区3岁以下婴幼儿家庭提供早教指导服务。

朝阳区妇联实施母婴安心项目，借助妇幼保健院的专业支持，采取线上线下相结合方式，为新手爸妈提供实用的育儿技巧和实践，缓解家长们的养育焦虑。

目前，在朝阳区垡头街道双合家园社区，家有婴幼儿的居民家庭不用出社区，就能免费学习到专业早教知识，并在参与亲子活动中提升养育照护婴幼儿的水平。这得益于在朝阳区妇联指导下开展的"爱育未来"项目，面向基层社区和家庭进行以0～3岁为主的学龄前儿童家庭早期教育干预，开展家庭教育精准指导服务，解决家庭教育指导

"最后一公里"的问题。

在东城区，区妇联则发挥全国家庭教育创新实践基地作用，开展了 0～6 岁学龄前儿童和家长开展绘本阅读、亲子阅读、绘本手工课堂等服务，从线上和线下同步打造"悠贝智爱家"亲子阅读活动品牌，帮助家长引导儿童从小养成阅读习惯。

此外，在加强行业规范方面，北京市积极行动。2021 年 8 月 7 日，北京市妇幼保健与优生优育协会下设组织——北京婴幼儿照护服务专业委员会正式成立。

该专委会的成立，一方面是落实中央优化生育政策，做好婴幼儿照护服务工作的具体举措。另一方面是为了凝聚社会各界力量，引领和推动北京市婴幼儿照护服务高质量发展，加强托育机构行业自律，提升从业人员素质能力，提高家庭科学育儿水平，促进 3 岁以下婴幼儿健康成长。

据北京市妇联相关负责人介绍，下一步，将结合落实中央、全国妇联、北京市关于优化生育政策、促进人口长期均衡发展，促进 3 岁以下婴幼儿照护服务发展等相关文件精神，配合市卫生健康委等部门，积极呼吁推动企事业单位、街道社区等多元参与共促托育服务发展；吸引社会组织打造家庭支持服务项目，探索实施适老适小的隔代养育、家庭互助等照护模式，更好满足妇女儿童多元化需求。

全国总工会、国家卫健委推动构建普惠托育服务体系

发布时间：2022-07-21　　来源：央视网

全国总工会、国家卫生健康委近日联合印发《关于推荐申报 2022 年全国爱心托育用人单位的通知》（简称《通知》），要求各级工会组织、卫生健康部门带动和支持有条件的用人单位为本单位职工举办托育机构、提供托育服务，形成一批可复制、可推广的典型经验，发挥示范引领作用。

《通知》明确了此次全国爱心托育用人单位的推荐对象和条件，推荐对象为单独或联合举办全日托、半日托托育机构，主要为本单位职工提供 3 岁以下婴幼儿照护服务的机关、企事业单位、产业园区等用人单位。《通知》指出用人单位要将托育服务工作纳入工作重点，在人员、资金、场地等方面给予大力支持，对于利用自有场地提供免费或低收费支持的用人单位，可以优先推荐申报。用人单位托育机构服务价格不应高于当地普惠托育服务收费标准，如当地没有统一的普惠托育服务收费标准，服务价格应不高于当地的平均托育服务收费标准。

"在现有工作基础上，我们将在提升托育机构从业人员的技能水平和素养上下功夫。"陆志瑛表示，下一步将与卫健、人社等部门加强合作，常态化开展岗位技能提升培训和职业道德教育，并通过技能竞赛等方式促进专业人才培养，不断提升托育机构，尤其是普惠型托育机构"教"的质量。同时，联合卫健为托育园提供幼儿健康咨询等服务，让家长更安心。

同时，加大对普惠型托育机构的资源倾斜力度，通过送培训、送教具等方式，帮助其健康发展，让3岁以下婴幼儿在普惠型托育机构里享受优质服务。

《通知》强调，鼓励用人单位通过购买第三方服务方式，引导社会力量参与机构建设和运营，提高托育服务专业化、规范化水平。

《通知》明确，对推荐申报成功的用人单位及相关工会组织，给予一定的政策和资金支持。全国总工会将对确定的全国爱心托育用人单位，下拨约10万元专项补助资金到全国爱心托育用人单位工会，省级工会要按照全总补助资金数量，对本省级单位内确定的全国爱心托育用人单位进行不低于1∶1的资金配套，并把托育服务工作作为评先评优的参考因素。基层工会开展的托育服务所需经费可以从工会经费中列支。

全国总工会开展用人单位
托育服务工作落实积极生育支持措施

发布时间：2022-08-17　　来源：央视新闻

据央视新闻，国家卫健委于8月17日上午举行新闻发布会，介绍《关于进一步完善和落实积极生育支持措施的指导意见》有关情况。

全国总工会女职工部副部长洪莎介绍：近年来，各级工会不断探索落实积极生育支持措施的方式载体，聚焦青年职工婚恋、孩子课后无人看管难题，为职工提供"会聚良缘"婚恋交友、工会爱心托管等服务。特别是去年以来，全国总工会开展了用人单位托育服务工作，是新时期工会组织帮助职工解决托育难题的一项具体举措。

全国总工会：鼓励政府机关、国有企事业单位 带头在单位内部兴办托育机构

发布时间：2022-08-17　　来源：央视网

8月17日，国家卫生健康委就《关于进一步完善和落实积极生育支持措施的指导意见》有关情况举行发布会，会上，全国总工会女职工部副部长洪莎介绍，近年来，各级工会不断探索落实积极生育支持措施的方式载体，聚焦青年职工婚恋、孩子课后无人看管难题，为职工提供了"会聚良缘"婚恋交友、工会爱心托管等服务。特别是去年以来，全国总工会开展了用人单位托育服务工作，是新时期工会组织帮助职工解决托育难题的具体举措。

一方面，全国总工会、国家卫生健康委已联合印发通知，启动了全国爱心托育用人单位推荐申报工作，以此带动和支持有条件的用人单位为职工提供托育服务。在托育模式上，鼓励用人单位通过购买第三方服务的方式，引导社会力量参与托育机构建设和运营，鼓励政府机关国有企事业单位带头在单位内部兴办托育机构。对于利用自有场地提供免费或低收费支持的用人单位，可以优先推荐申报。在支持保障上，对推荐申报成功的用人单位及相关工会组织，将给予一定的政策和资金支持。在服务指导上，将联合组建全国爱心托育工作专家组，为各地提供公益讲座、辅导培训等。

另一方面，联合召开用人单位提供托育服务工作推进会，总结交流工作经验，部署推荐申报工作。同时加强与有关部委的沟通协调，充分调动各方力量，积极支持用人单位参与普惠托育服务专项行动、全国婴幼儿照护服务示范城市创建活动等。

下一步，将积极配合国家卫生健康委加强研究适用于用人单位托育机构的设置标准和管理规范，针对用人单位不同性质、不同规模等具体情况，进行分类指导，稳妥推进。

我为职工办实事，工会爱心托管"托"稳职工的心

发布时间：2021-09-29　　来源：中工网

　　每到暑期，"放假孩子去哪儿"成为不少职工的烦心事，"娃去哪儿"成为职工家长最高频话题和全社会关注的热点问题之一。

　　今年以来，全总女职工委员会深入学习贯彻习近平总书记"七一"重要讲话精神，结合党史学习教育"我为群众办实事"活动，从职工群众急难愁盼的现实问题着手，积极倡导做好职工子女爱心服务，扎实推进工会爱心托管服务工作向纵深发展，受到职工群众一致称赞。在全总女职工委员会的倡导支持下，各级工会组织结合疫情防控实际，进一步加强顶层设计，促进内外联动、整合资源、建章立制，因地制宜开展托管服务，切实帮助职工群众解决实际困难。

高度重视，列入"我为群众办实事"项目

　　河南省总工会将工会爱心托管班建设纳入重点实施的"五大行动"和突出办好的"十件实事"，制定下发《河南省职工子女爱心托管服务工作专案》，并列入党组成员"我为群众办实事"项目清单。省总拿出专项资金100万元，拟选树100家省级工会示范爱心托管班进行资金补贴，带动各级工会分级分层打造工会爱心托管服务品牌。据不完全统计，今年全省共开办工会爱心托管班440家，覆盖职工子女18000余人。

　　湖北省总工会以"我为群众办实事"为着力点，把托管班创建工作作为全会重大事项，狠抓示范引领、强化顶层设计、出台激励政策，今年各级工会共开办了205家爱心托管班，帮助职工家庭解除后顾之忧。结合庆祝建党100周年，大力倡导将红色教育引入托管班，增强学党史和伟大抗疫精神宣教，加强爱党、爱国、爱社会主义教育，教育引导全省广大职工子女演绎红色血脉、传承红色基因。

　　陕西省总工会党组高度重视工会爱心托管服务建设工作，年初将此项工作列入全年重点工作，列支专款用于支持。全省各级工会充分发挥主观能动性，积极争取行政支持，并结合疫情防控形势和工作实际，严格做好人员健康监测、管理，配备必要防疫物资，做好托管场所清洁消毒等工作，确保托管班安全有效运行。今年，全省新建工会爱心托管班27家，托管职工子女1448人，受益职工2876人，得到了职工群众的普遍欢迎。

内外联动，合力推进托管服务工作

　　山西省阳泉市总工会与市教育局沟通协调并联合下发文件，采取因地制宜、分类指导、示范带动的方式对爱心托管班建设进行推动，根据各班托管职工子女人数分级给予

相应的资金补贴。据了解，山西全省共开办工会爱心托管班48个，托管子女2707人，惠及职工5000余人。

辽宁省总工会以开展"辽宁省工会职工子女托管班示范点"创建为牵引，鼓励支持各地工会进一步拓展职工子女托管服务工作。部分地市工会主动联合群团组织和相关部门，成立托管工作推进小组，出台资金扶持政策、整合公益阵地资源、招募志愿者等，有效破解资金、师资和场地等难题。据不完全统计，2021年全省由工会组织主办或参与联办的托管班共计38个，托管职工子女2435人，受益职工近5000余人。

重庆沙坪坝区总工会深入践行"我为职工办实事"实践活动，会同区委组织部、区教委、团区委等相关部门和镇街相关人员开展走访摸底20余次，摸清职工对托管班的需求，按需选择地址、安排课程，择优选取14个办班点（学校1个，社区13个），实现沙坪坝区东、中、西部均衡覆盖，服务能力可承载2000余个家庭。

建章立制，推动托管服务规范化、标准化建设

早在2017年，上海市总工会为满足职工需求、解决孩子寒暑假"看护难"问题，推出了爱心妈咪小屋升级版——"职工亲子工作室"，探索在职工需求集中且有条件的企业、园区、楼宇等单位开展职工子女晚托、暑托、寒托等各类形式的托育服务，从首批试点的12家单位发展至今，目前上海已有数百家亲子工作室，数万名职工子女受益。

安徽省总工会高度重视托管服务制度机制建设，今年下发了《安徽省女职工"阳光家园"创建及管理办法（试行）》，从创建要求、申请程序、日常管理、保障激励等6个方面做出规定，突出工会主推、规模达标、运行规范、权责明确等申报要求，明确实地审查、集体研究等推荐程序，并建立抽查制度和加强动态管理。

山东省总工会持续加强托管服务标准化建设，制定下发了《山东省工会寒暑假职工子女托管班建设标准》，就托管班的服务内容、设置标准、餐饮安全、疫情防控、应急处理等方面统一提出要求，实现了有章可循、有据可依，从源头上、制度上保障了托管服务标准化建设、规范化运作。据不完全统计，山东省共开办职工暑期托管班1330个，共计托管职工子女3.5万余名。

根据云南边疆少数民族地区的实际情况，云南省总工会深入调查研究，广泛征求意见，鼓励有条件的基层单位大胆创新，在资金、场地、师资等方面给予一定帮助，初步形成了确保公益、确保安全、规范有序的托管模式。特别是云南省监狱管理局系统工会自2008年成立以来，已在各基层单位工会活动中心开办寒暑假托管班218期，服务职工子女4360人次。

甘肃省总工会广泛开展"我为群众办实事"实践活动，积极调动主办单位、第三方社会组织、职工志愿者及各界力量，建设职工子女托管班，逐步形成工会组织主导、学校社会共同参与、多方联动协调发展的爱心托管体制机制。今年起草了《甘肃省总工会职工子女托管班评选命名管理办法》，甘肃省委第八巡视组将该办法纳入专项督查范围，大力推动该项管理办法落地实施。

精准服务，更多关爱特殊群体

今年 6 月，江苏省总工会在全省部署开展了"巾帼情绘爱心助成长"职工子女暑期托管助学活动。因局部发生疫情，部分暑托班停办或改为线上活动，但各地用心用情帮助女职工解决这项"急难愁盼"的工作没有停止。特别是扬州与泰州两地工会女职工部携手，搭建网上爱心小屋服务特殊群体，专门为隔离点婴幼儿和中小学儿童开设"亲亲宝贝"关爱微信群和"加油少年群"，请有关专家进群为孩子们普及知识、讲故事、搞比赛，引发强烈反响。

浙江省总工会积极拓展职工子女托管服务群体，既有暑期与父母团聚的"小候鸟"，也有随父母生活的"蒲公英"，还有为数不少的农村留守儿童，同时大力推动将服务群体向两新领域职工和"八大群体"职工延伸，尤其是向网约车、快递员等新型劳动模式工作者倾斜，留出专门的名额，让他们安心工作。今年，浙江各级工会共举办各种类型的托管班近 1400 家（场），参与职工子女人（次）近 4.7 万。

江西省总工会将建设 100 家职工子女假期爱心托管班列入了江西工会服务职工十件实事。特别是宜春市采用群团合办方式，联合宜春网络直播联合工会和希望之家志愿者协会专门开设了两个新业态就业群体劳动者子女"假日课堂"。今年，江西各级工会共建设假期职工子女托管班 161 家，共开设 246 个托管班，服务职工家庭 7700 余个。

湖北省完善普惠托育服务体系保证入学率持续增长

发布时间：2022-01-04　　来源：《楚天都市报》

过去十年，湖北省妇女人均预期寿命从 2011 年的 76.7 岁提高到 80.35 岁，全社会就业人员中的女性比例保持在 45% 以上。学前三年儿童毛入园率、九年义务教育巩固率、高中阶段毛入学率总体保持增长，高等教育毛入学率达 71.9%，超过全国平均水平。

近日，湖北省政府新闻办召开发布会，对新编制的《湖北省妇女发展规划（2021—2030 年）》和《湖北省儿童发展规划（2021—2030 年）》（以下简称"两个规划"）特色亮点进行了深入解读。

（一）发展普惠托育服务体系

湖北省妇女儿童工作委员会副主任、省妇女联合会主席李述永介绍，两个规划聚焦妇女儿童发展面临的新情况新问题，强调加强公共服务体系和制度机制建设，建立更全面的全生命周期家庭支持体系，发展普惠托育服务体系，缩小妇女儿童发展的城乡、区域和群体差距，完善学校、家庭、社会对儿童的全方位保护等。

两个规划分别增加了"妇女与家庭建设""儿童与家庭"两个领域；儿童规划新增加"儿童与安全"领域，扩大了儿童安全保护的范围。同时落实省委、省政府关于优化生育政策的重大决策，充实完善了支持家庭生育、养育、教育的政策措施。

两个规划将妇女儿童生存生活质量纳入规划内容，如关爱 65 岁以上女性老年期痴呆病患者，保障老年妇女享有公平可及的基本养老服务，提高老年妇女生活照料、紧急救援、精神慰藉等服务水平。同时，还结合湖北实际设置部分内容，如儿童与健康领域将中小学校、幼儿园、托育机构按规定配备校医和卫生保健人员纳入目标；儿童与安全领域在儿童食品安全的基础上增加了药品安全。

（二）公办园在园幼儿占比超 50%

"湖北将通过实施学前教育提升行动计划、县域普通高中提升行动计划，在'十四五'实现学前三年毛入园率达到 90% 以上，普惠性幼儿园覆盖率达到 85% 以上，公办园在园幼儿占比达到 50% 以上；高中阶段教育毛入学率达到 93% 以上。"省教育厅副厅长邓立红介绍。

为促进学生全面发展，我省还将推进德育和思政课大中小学一体化；开齐开足体育课，让每位学生掌握 1 至 2 项运动技能；健全学生视力健康综合干预体系，保障学生充足睡眠时间；实施美育浸润计划，广泛开展校园文化艺术活动；在中小学开设劳动教育课程，发挥劳动综合育人功能。

两个规划将反家庭暴力作为保障妇女儿童合法权益的重要内容，省公安厅治安总队总队长陈诚表示，近年来，全省公安机关共出具家庭暴力告诫书 2000 余份，有效预防家庭暴力行为的激化升级，家庭暴力警情连续三年呈下降趋势。

（三）落实出生缺陷三级预防措施

省卫健委副主任邓小川表示，未来十年，湖北将进一步完善妇幼健康服务体系建设，加强妇女全生命周期健康服务，完善宫颈癌和乳腺癌综合防治体系和救助政策。在围产期保健上，提供全程的、系统的、规范的优生优育服务，完善孕产妇危急重症救治网络，提高救治能力，为孕产妇提供心理指导和健康咨询。

在加强出生缺陷综合防治上，落实出生缺陷三级预防措施，强化免费婚前医学检查、免费孕前优生健康检查工作。同时，提高计划免疫接种率，加强儿童疾病综合管理，加强预防艾滋病、梅毒和乙肝母婴传播综合服务，实施母乳喂养促进行动，加强 0～6 岁儿童眼保健和视力检查工作。

省民政厅副厅长、一级巡视员龚定荣在会上介绍，下一步，湖北将继续推进"福彩圆梦·孤儿助学工程"和"孤儿医疗康复明天计划"项目，此外还将积极推进孤儿、事实无人抚养儿童申请认定受理"跨省通办"工作。全省集中供养和社会散居孤儿平均养育标准分别达到每人每月 2129 元和 1325 元，截至目前，已有 9964 名事实无人抚养儿童纳入了保障范围。

昌乐工会"三种模式""十条措施"
创新推动婴幼儿托育服务

发布时间：2022-02-10　　来源:《大众日报》

　　为帮助广大职工解决生育后顾之忧，实现"上班带娃两不误"，昌乐县总工会紧紧围绕政府所急、企业所难、家庭所愁、职工所盼的 3 岁以下婴幼儿托育照护问题，瞄准"痛点"，破解"难点"，找准切入点，多方整合社会资源，充分发挥工会组织优势，探索创新了一系列婴幼儿托育服务发展模式。

　　在充分调研的基础上，今年 1 月份，昌乐县总工会联合县妇联、县教体局、县卫健局印发《关于动员推动用人单位加强职工婴幼儿托育服务工作的意见》，推进"示范性托育机构、社区托育服务优化奖励补助""托育婴幼儿工会会员家庭直接补助""母婴托幼一体化中心建设""社区婴幼儿托育服务志愿者队伍建设"等"十条措施"，持续动员用人单位推进婴幼儿托育服务。

　　在托育机构试点推进中，选取了潍坊乐港食品婴幼儿托育室、昌乐农商银行母婴托幼一体化中心、经济开发区共享托育班、世纪东方社区托育机构等 4 家具有不同特点的企业、园区和社区，分别创新探索出适合自身的"三种模式"，即条件成熟的企业独立办、企业集中的园区共享办、新就业形态密集的社区集中办。

　　2021 年，潍坊乐港食品股份有限公司被圣沣集团收购，因部分外地职工来到昌乐县工作，职工子女得不到照护。该公司人力资源总监陈宇就遇到此类烦恼，从青岛市调任昌乐县，两岁小女儿的照看是个难题。为让优秀人才安心在昌乐县工作，同时解决他们的后顾之忧，自 2021 年 10 月开始，公司工会筹划组织开展职工婴幼儿福利性托育服务。作为县级第一批托育工作试点单位，昌乐县总工会对其补助 10 万元，企业再投资 10 万元，共同建立起企业婴幼儿托育室，配有常规教室、感统训练室等。

　　昌乐农商银行把"职工婴幼儿托育服务"纳入本单位 2022 年十大实事之一，通过摸底调研、充分征求职工意见建议后，该行工会结合现有的"爱心妈妈小屋"，打造"母婴托幼一体化中心"，在原先"妈妈小屋"基础配置上，增设具有保健、喂养、早教功能为一体的关爱中心，既为备孕、怀孕、哺乳期女职工提供了一个具备卫生条件和辅助设施的特殊功能休息场所，也实现了带娃上班两不误，让职工安心地投入到工作中去。

　　昌乐县经济开发区企业较多，单是建立工会的企业就有 56 个，职工 1.2 万人。为了让企业职工在辖区内安心工作，县总工会积极探索"企业集中的园区共享办"模式，指导开发区工会在同乐花园幼儿园增设托育班，建立经济开发区共享托育机构。辖区内所有企业工会会员 3 岁以下婴幼儿优先入学，县总工会为托育婴幼儿工会会员家庭提供入托补助每年每儿 500 元，并通过企业工会的广泛有效宣传，让有需求的婴幼儿职工家庭知晓、享受到优惠政策。

随着数字经济、共享经济等新技术新业态新模式蓬勃发展，以货车司机、网约车司机、快递员、外卖配送员等为代表的新就业形态劳动者大量涌现，他们大多工作在户外，且工作时间长、强度高，他们又将如何解决婴幼儿照护问题？宝都街道昌盛社区两新组织、新就业形态劳动者相对集中，社区依托专业机构世纪东方幼儿园，为广大职工，特别是新就业形态劳动者开设托育服务，县总工会为工会会员提供入托补助。

在推进中，昌乐县总工会发现，因企业参与度不高、托育机构不成熟等原因，还存在家庭中婴幼儿无人照看，家长又不放心送托育机构或因费用高没有条件送托育机构等问题。潍坊乐港食品虽然设立了托育室，却没有专业育儿老师，暂时由本单位职工负责集中轮流照看。托育机构专业资质申请困难，有些机构具体托育资质还在办理中。

下一步，昌乐县总工会将积极发挥群团组织优势，继续在全县开展婴幼儿托育服务示范创建活动，依托专业力量，引进社会资源，探索职工子女全托、半托、暑托、寒托等各类形式的托育服务，力求形成可复制、可借鉴的托育中心样板，倡导和鼓励各级工会积极开展托育服务。同时，不断总结推广先进经验，完善相关政策措施，通过媒体多方位跟踪宣传，引导更多的企业积极开展托育工作，更好地服务职工群众。

广西工会普惠托育服务减轻职工"后育之忧"

发布时间：2022-04-02　　来源：《工人日报》

近日，广西壮族自治区十三届人大常委会第二十八次会议表决通过了修订后的《广西壮族自治区人口和计划生育条例》。其中，生育假期调整为：增加男方产前检查陪护假，女方怀孕期间，男方享受产前检查陪护假 5 天；增加育儿假，夫妻双方在子女 0～3 周岁期间，每年分别累计享受育儿假 10 天；制定差异化的育儿假奖励措施，分娩后，女方除享受国家规定的生育假期（98 天）以外，一孩增加产假 60 天，二孩增加产假 70 天，三孩增加产假 80 天，同时给予男方护理假 25 天。

这是当地最新出台的生育配套措施之一，引起广大职工关注。实际上，为育龄职工争取更多权益，发展普惠托育服务，切实减轻职工的"后育之忧"，一直是广西工会重点关注的课题。

2019 年以来，广西壮族自治区总工会共投入经费 120 万元，分别在柳州、百色、南宁、北海、钦州等 5 个市选取 8 家机构开展 3 岁以下婴幼儿照护服务机构（试点）建设工作。目前，广西全区已建成的 5 个具有带动效应、承担一定指导功能的自治区区级示范性婴幼儿照护服务机构（试点），共开设托育班 19 个，招收 3 岁以下婴幼儿 316 名。

自治区总工会权益保障部负责人介绍，在全区 5 个试点中，柳州市潭医金润托育中心和南宁市妇幼保健院鲤湾院区托育园创立了公益性医教结合模式托育中心，打造新型"社区照护＋医疗保健＋教育促进"的模式，为 0～3 岁婴幼儿打造安全、温馨的教养环境，提供科学专业的医学早教和健康管理服务；百色市萌贝贝托育中心、北海安博佳宝托育服务中心和柳州柳钢第二幼儿园"优贝"亲子园，通过构建幼儿园、家庭、社区三结合的托育模式，形成正向合力。

这些托育班为职工 0～3 岁婴幼儿提供全日托、半日托、临时托服务，解决了职工急难愁盼问题，广受欢迎。据了解，今年，广西壮族自治区已有另外 3 家托育班列入预算待建设。不少职工希望这项服务能大力推广。

西宁市总工会做好职工子女托育托管服务，助力国家生育政策落实落地

发布时间：2022-06-19　　来源：西宁市总工会

西宁市总工会女职委坚持以服务女职工为工作导向，发挥工会在促进生育支持、人口长期发展中的积极作用，主动作为、精准发力，做好工会托育托管服务，助力国家生育政策落实落地。

积极回应女职工关切，构建托育托管服务主阵地。推动全面三孩政策下女职工维权服务工作，解决生育返岗女职工母乳喂养权益，积极创建"女职工温馨小屋"。目前全市已建立各级女职工温馨小屋 82 家，拨付资金 107.5 万元。把推进职工子女爱心托管班作为"我为职工办实事"的一项重要举措，帮助女职工解决好生育后顾之忧，共扶持建立全国、省、市级课后托管班和假期爱心托管班 9 家。今年，西宁市总工会将在全市继续创建女职工温馨小屋和爱心托管班各 5 家，配套专项资金 10 万元，同时培育扶持现有市级阵地积极申报省级、全国级温馨小屋和爱心托管班，不断提升阵地的服务内涵，融入健康知识传播、心理咨询、亲子教育等内容，使之成为能服务全年龄段女职工的平台。

及时了解女职工需求，架起全面关心关爱"连心桥"。聚焦初婚初育年龄提高、结

婚率、生育率降低的社会现状，紧扣单身职工恋爱难、结婚难的实际需求，各级工会女职工组织积极打造"会聚良缘"工会婚恋服务品牌，服务坚持公益性原则，引入第三方合作，通过项目化运作举办各种主题鲜明、形式新颖、气氛活跃的单身青年联谊活动，实现婚恋服务常态化、精准化，近年共举办 11 场（次）单身职工联谊活动，为 724 名单身职工牵线搭桥，90 对单身职工"脱单"。同时丰富活动内涵，延伸服务外延，举办婚恋指导服务、婚姻家庭心理讲座、鼓励集体婚礼、选树宣传最美家庭、绿色家庭等活动，倡导文明理性的婚恋观、家庭观、人生观。

依法维护女职工权益，扎实构筑常态暖心保障网。充分发挥女职工专项合同的依法维权载体作用，以女职工专项合同为抓手，助力女职工生育政策落实落地。要求女职工专项合同与集体合同同步布置、同步签订、同步考核，力争做到女职工专项合同全覆盖。根据现阶段女职工特殊权益保障出现的新形势、新问题，加强分类指导，对合同示范文本进行修订补充，明确将依法促进工作场所性别平等、孕产哺乳期待遇的落实、"两癌"筛查等生育政策法规明确纳入女职工专项合同内容，签订高于法律底线的个性化特色保护条款，全市签订女职工专项合同 594 份，覆盖企业 6565 家，覆盖女职工 83569 人，有力推动了生育政策在用人单位执行落实。

厦门市总工会出台政策扶持设立婴幼儿普惠托育点

发布时间：2022-06-21　　来源：中工网

讯厦门市总工会于近日出台政策，扶持推动有条件的基层单位为职工提供福利性婴幼儿照护服务，设立 3 岁以下婴幼儿照护日托服务的普惠托育点（中心），并予以资金支持。此前，福建省厦门市总工会已经积累了 5 年的暑托班工作经验。

据悉，托育点的创办模式分为两种：一种为单位自建自办的普惠性质托育点（中心），主要面向本单位职工子女招生，对本单位职工进行普惠性收费；一种由单位引进正规教育机构、托育机构联办，或者通过购买服务模式建立托育点（中心），并对本单位职工子女入托收费给予倾向性优惠。

其中，自建自办模式的单位，可申请建设补助资金。补助标准根据托育点建设规模和投入，分别予以 5 万元、8 万元、10 万元三档补助。此外，针对自建自办、联办、购买服务等模式的单位，每年经申请验收后，市总工会还将给予一次性运营补助资金。补助标准为招收 3 岁以下婴幼儿 5～9 人的每班补助 1.5 万元，招收 10～18 人的每班补助 2.5 万元。经费补助主要用于各单位托育点（中心）相关设施设备、教学用品、婴幼儿保险、餐食改善、特色课程等方面。

在推出托育全日制补助新政的同时，今年厦门市总工会还将继续实施去年的基层暑期托管班的扶持办法，鼓励更多单位新开班，尝试多元化托管模式和机制，扩大职工受益面。据了解，5 年来，厦门市总工会共扶持推动 153 家基层单位开办暑假托管班 301 个，招收职工子女近 7000 人。

安徽省合肥市财政局：事关养娃！
合肥出台托育机构补贴办法

发布时间：2022-06-29　　来源：财政部

托育服务，不仅关系婴幼儿的健康成长，也关系千家万户的幸福。日前，安徽省合肥市财政局与合肥市卫健委联合印发《合肥市托育机构市级财政补助资金管理暂行办法》（简称《办法》），通过实施新增托位补助、收托运营补助、职业技能培训补助等，进一步支持全市普惠托育机构发展。

新建托位最高补助 3000 元。截至今年 5 月，全市登记托育机构 778 个，其中完成备案托育机构 138 家。全市可提供托位 2.2 万个，已在卫生健康部门备案托位 9604 个，占 43%。《办法》通过新增托位补助，吸引社会各界力量进入托育行业，引导不符合备案条件的托育机构整改达标。对经卫生健康部门备案的托育机构，城区新建托位正常运营满一年后，按每个托位 3000 元标准给予补助；四县一市和安巢经开区新建托位正常运营满一年后，按每个托位 2000 元标准给予补助。城区改扩建的托位正常运营满一年后，按每个托位 2000 元标准给予补助；四县一市和安巢经开区改扩建的托位正常运营满一年后，按每个托位 1500 元标准给予补助。

分类实施收托运营补助。《办法》通过收托运营补助，解决托育机构运营困难，降低保育费价格，减轻居民育幼负担。对经卫生健康部门备案的托育机构，按实际收托数和保育费收费价格给予相应财政补助。其中，对月均保育费标准不超过 2000 元的托育机构，财政按照实际收托数给予每孩每月 600 元补助；对月均保育费标准在 2000 元以上至 3000 元的托育机构，财政根据实际收托数给予每孩每月 400 元补助；对月均保育费标准超过 3000 以上至 5000 元的托育机构，财政根据实际收托数给予每孩每月 200 元补助。为鼓励托育机构提高托位使用率，实际收托率低于 30% 的托育机构不享受收托运营补助。

开展职业技能培训补助。为加强托育行业人才队伍建设，增强机构服务专业性，《办法》提出，备案托育机构对新录用保育人员开展岗前培训，合肥市将根据培训合格人数，按人均 800 元标准给予所在备案托育机构培训补贴。备案托育机构对在职保育人员开展技能提升培训，并取得职业资格证书或职业技能等级证书，合肥市将参照高级工 2000 元、技师 3500 元、高级技师 5000 元标准，给予所在备案托育机构培训补贴。

此外，合肥市还将对市级示范托育机构给予奖补，根据《合肥市 3 岁以下婴幼儿照护服务奖补实施方案》，市级一等示范点，奖补金额为每年每个 12 万元；二等示范点，奖补金额为每年每个 10 万元；三等示范点，奖补金额为每年每个 8 万元。

南昌市职工托管托育服务补助来了

发布时间：2022-07-06　　来源：南昌市总工会

为进一步推动落实国家生育配套支持措施，助力"强省会"战略实施，做实做细全面三孩政策下的职工关心关爱工作，助力解决职工子女无人看护照管、照料的难题，缓解职工生育后顾之忧，市总工会决定对职工子女托管托育服务给予补助。

（一）补助对象

1.与各县（区）总工会，开发区、湾里管理局工会工委签订委托协议，且符合资质要求的托管托育服务机构各 1 家。

2.由市直有关单位自办且符合资质要求的托管托育服务机构。

3.与市直有关单位签订委托协议，完成 100 人（含）以上托管托育服务，且符合资质要求的托管托育机构。

托管服务机构资质要求可以参考省总工会《江西省职工子女假期托管服务操作手册》，托育服务机构资质要求可以参考国家卫健委《托育机构设置标准（试行）》和《托育机构管理规范（试行）》。

（二）补助方法

在南昌区域内用人单位（企业、个体经济组织）和与之形成劳动关系的劳动者，将子女送到上述定点机构托管托育的均可享受资金补助，机关、事业、社会团体和与之形成劳动合同关系的劳动者依照执行。全市工会对托管托育服务按以下方式进行补助：

托管服务补助标准：对职工托管 3 岁以上 12 岁以下的子女（托管时间为 2022 年 7

月—8月），按照公立入托保育费用的50%标准给予一次性资金补助。

托育服务补助标准：对职工托育3岁以下的子女（托育时间为2022年7月—12月），按照每人每月200元的标准给予资金补助。

上述两项，县、区托管托育的补助资金由市、县（区）按3：7的比例负担，市直有关单位的补助资金由市总工会本级全额拨付。鼓励全市各级工会组织适当给予配套补助。

（三）补助程序

申报初审。各县（区）总工会，开发区、湾里管理局工会工委负责其所签协议托管托育机构的申报和初审，市直有关单位工会负责自办或其所签协议托管托育机构的申报和初审。

审核审批。市总工会女职工部对申报材料进行审核和实地考察，并按程序上报市总党组审批。

公示结果。结果将在南昌市总工会官网公示5个工作日，公示无异后及时拨付资金。

详细政策请咨询市总工会女职工部联系人：罗玉婷、杨俊。联系电话：83868017。

北京市总工会：将推动用人单位"母婴室"应建尽建

发布时间：2022-07-12　　来源：《北京日报》

7月12日，北京市总工会女职工委员会召开七届五次会议，部署今年下半年女职工权益保障工作。今年，全市各级工会将推动用人单位"母婴关爱室"应建尽建，完善女职工职业晋升激励机制。

北京市总工会副主席赵丽君介绍，2021年，全市各级工会女职工组织工作成效显著。经市总工会评选和推荐，全市共有135人次女职工、17个次女职工集体分别荣获全总、全国妇联和市总、市妇联授予的荣誉称号；4名女职工荣获第二届"北京大工匠"；37名女职工摘取北京市"职工技协杯"职业技能竞赛冠军。建设以女性为领军人物的全国示范性劳模创新工作室2家，市级示范性创新工作室51家，市级职工创新工作室95家。

2021年，全市新增"母婴关爱室"授牌单位214家。91.5万人次女职工参加"在职女职工特殊疾病互助保障"，1169人次获得理赔，理赔金额2333.7万元。并为万名新就业形态女性劳动者赠送了女职工特殊疾病专项互助保障。

今年，市总工会还将重点面向新就业形态女性劳动者提供公益性"两癌"筛查服务。同时，联合市卫健委在用人单位和职工中广泛开展"两癌"筛查宣传和防治知识普及活动，依法推动用人单位为女性劳动者定期进行"两癌"筛查。

"全市各级工会女职工组织要围绕女职工最关心、最直接、最现实的利益问题，履职尽责，主动作为。"赵丽君表示，下半年，将加强女职工技术技能培训、转岗返岗培训，开展具有女职工特色和时代特征的劳动技能竞赛活动。加大女职工优秀创新成果培育力度，推动完善女职工创新扶持制度和职业晋升激励机制，培养和造就一支知识型、技能型、创新型女职工队伍。

积极参与和推动涉及女职工权益保护法律法规政策和支持生育与养育政策的制定修订。鼓励用人单位履行社会责任，围绕理念态度友好、职业发展友好、生育保护友好、照护支持友好、工作安排友好、职业健康友好六个环节，通过集体协商机制，制定有利于照顾婴幼儿和老人的灵活休假和弹性工作方式。开展家庭友好型工作场所建设，支持有条件的用人单位为职工提供托育服务，形成一批可复制、可推广的典型经验。

推动用人单位"母婴关爱室"应建尽建，继续开展女职工心理关爱服务活动。联合头部平台企业女性密集的用人单位，开展为女性劳动者送法律、送健康、送温暖系列活动。

北京市总工会部署女职工权益保障工作，支持用人单位提供托育服务

发布时间：2022-07-13　　来源：《北京日报》

北京日报讯（记者王天淇）昨天，市总工会女职工委员会召开七届五次会议，部署今年下半年女职工权益保障工作。今年，全市各级工会将推动用人单位"母婴关爱室"应建尽建，支持有条件的用人单位为职工提供托育服务。

市总工会副主席赵丽君介绍，去年，全市各级工会女职工组织工作成效显著。4名女职工荣获第二届"北京大工匠"，37名女职工摘取北京市"职工技协杯"职业技能竞赛冠军，建设以女性为领军人物的全国示范性劳模创新工作室2家、市级示范性创新工作室51家、市级职工创新工作室95家。全市新增"母婴关爱室"授牌单位214家。91.5万人次女职工参加"在职女职工特殊疾病互助保障"，1169人次获得理赔，理赔金

192　托育政策与法规

额 2333.7 万元。万名新就业形态女性劳动者获赠女职工特殊疾病专项互助保障。

今年，市总工会还将重点面向新就业形态女性劳动者提供公益性"两癌"筛查服务。

下半年，市总工会将加强女职工技术技能培训、转岗返岗培训，开展具有女职工特色和时代特征的劳动技能竞赛活动，加大女职工优秀创新成果培育力度，推动完善女职工创新扶持制度和职业晋升激励机制，培养和造就一支知识型、技能型、创新型女职工队伍。

市总工会将积极参与和推动涉及女职工权益保护法律法规政策和支持生育与养育政策的制定修订。鼓励用人单位履行社会责任，通过集体协商机制，制定有利于照顾婴幼儿和老人的灵活休假和弹性工作方式。开展家庭友好型工作场所建设，支持有条件的用人单位为职工提供托育服务，形成一批可复制、可推广的典型经验。推动用人单位"母婴关爱室"应建尽建。

杭州拱墅区总工会普惠性托育助力"浙有善育"

发布时间：2022-07-18　　来源：中工网

孩子上幼儿园前，谁来照顾，怎么照顾？这是摆在双职工家庭面前的一道难题。为破此难题，近年来，浙江省加快推进 3 岁以下婴幼儿照护服务工作，并把"浙有善育"作为浙江高质量发展建设共同富裕示范区将打造的标志性成果之一。

在此过程中，杭州市拱墅区总工会发挥工会优势和作用，以"爱职工惠宝贝"品牌工作为依托，积极推进普惠性托育，着力解决女职工"育"的难题，减轻"养"的负担，提高"教"的质量，为助力"浙有善育"贡献工会力量。

"供"上多突破，入托有多种方式可选

"有年龄相仿的小朋友一起玩耍，有老师、保育员照护着，我很放心。"8 点 10 分，谢晓燕把女儿送到初本幼园（北软园区），挥手作别后，走上四五分钟，便到了浙江盘石信息技术股份有限公司上班。在北部软件园，"带着孩子来上班"已成为现实。

"园区内有 30 余家企业 2 万余名职工，为让他们享受到易获得、能负担、高质量的普惠性托育服务，去年，在园区工会的努力下，办起了普惠型托育园。"拱墅区总工会副主席陆志瑛介绍，初本幼园（北软园区）是拱墅区第一家产业园区嵌入式托育中心，一共有 2 个全日托班共 40 个托育位。

除了北部软件园，杭州市儿童医院、杭州市红会医院、武林医院都已经建成了职工托育中心，解决内部职工的托育问题。

街道、社区、社会组织联办的普惠性托育园在拱墅区也遍地开花。位于拱墅区朝晖四区 12 栋的奶牛城堡（朝晖园）托育园便是典型的多方联办托育园。办学场地由朝晖街道免费提供，纳思教育集团旗下智乐托育团队负责运营。

除此之外，设在各小区的"成长驿站"则提供临时托管服务，并开展亲子活动、公益课堂讲座等。

目前，拱墅区共有各类婴幼儿照护服务机构 184 家，实际可提供托位数 4820 个。职工群众只要登录"浙里办"APP，搜索"托育一件事"，即可查找到附近已通过卫健部门备案的托育机构和成长驿站。

"育"上做文章，提升家庭科学育儿能力

为更好地服务职工，今年，拱墅区总工会与辖区内 3 家托育机构签订协议，给予工会会员在托育费上 8.5 折优惠，持续 3 年。

"提升家庭科学育儿能力也非常关键。"陆志瑛说，除了把婴幼儿送进托育机构，更多职工选择自己或长辈照护，为此，提升养护人的婴幼儿照护水平及科学育儿能力显得尤为重要。近年来，拱墅区总工会联合医院、心理咨询机构、托育园共同制定了 12 节"0 ～ 3 岁婴幼儿照护培训课"并制作成表格下发给各基层工会。职工"点单"，区总工会免费送课到企业、到园区。

"老师说，每个儿童都是独一无二的个体，家长的高质量陪伴是托育机构不能替代的，这让我很有启发。"7 月 8 日，一场"0 ～ 3 岁养育照护，亲子游戏分享"婴幼儿照护培训讲座在拱墅区东新街道举行，一个半小时的课程，让正准备抚育二孩的虞女士意犹未尽。

"这类培训很受职工欢迎，平均一个月要办三四场。"拱墅区总工会工作人员刘魏相告，12 节培训课程包括 0 ～ 3 岁婴幼儿发展规律、如何与婴儿说话、婴幼儿发烧如何护理等照护知识，家长以及负责照护婴幼儿的长辈都可以报名参加。

"训"上下功夫，提升从业人员素养

虽然拱墅区在托育方面走在了全市前列，但陆志瑛坦言，在平时的走访调研中也了解到，当前的托育服务与职工群众的需求仍有差距，职工对优质、普惠的需求尤为强烈，动辄上万元一个月托育费的社会办高端型托育机构深受欢迎，就可以从一个侧面反映出职工对"优质"的渴求。

"在现有工作基础上，我们将在提升托育机构从业人员的技能水平和素养上下功夫。"陆志瑛表示，下一步将与卫健、人社等部门加强合作，常态化开展岗位技能提升培训和职业道德教育，并通过技能竞赛等方式促进专业人才培养，不断提升托育机构，尤其是普惠型托育机构"教"的质量。同时，联合卫健为托育园提供幼儿健康咨询等服务，让家长更安心。

同时，加大对普惠型托育机构的资源倾斜力度，通过送培训、送教具等方式，帮助其健康发展，让 3 岁以下婴幼儿在普惠型托育机构里享受优质服务。

托育园，让职工可以带着宝宝上班

发布时间：2022-07-26　　来源：新浪财经

"孩子进托育园有专业的照护，费用又合理，太好了。"得知浙江省杭州市拱墅区总工会跟托育机构签订了协议，工会会员的托育费有优惠，正在为无人照顾女儿而发愁的王安毅十分高兴。

孩子上幼儿园前由谁照顾？这是摆在不少双职工家庭面前的一道难题。对此，近年来，拱墅区总整合社会资源，探索创新一系列惠及职工的婴幼儿托育服务发展模式，着力减轻职工"养"的负担，提高"教"的质量。

多方联办，给职工带来多种选择

8点10分，谢晓燕把女儿送到初本幼园（北软园区）后，几分钟便到了浙江盘石信息技术股份有限公司上班。在拱墅区北部软件园，"带着孩子来上班"已成为现实。

据拱墅区总工会副主席陆志瑛介绍，为解决职工育儿难题，拱墅区总鼓励街道园区、社区、社会组织、企业等联办普惠性托育园。初本幼园（北软园区）是拱墅区第一家产业园区嵌入式托育中心，一共有2个全日托班、40个托育位。除了北部软件园，目前杭州市儿童医院等单位也已建成职工托育中心。

位于拱墅区朝晖四区12栋的奶牛城堡托育园则是由街道、社区、社会组织联办的。办学场地由朝晖街道免费提供，纳思教育集团旗下智乐托团队负责运营。此外，设在各小区的成长驿站也提供临时托管服务，并开展亲子活动、公益讲座等。

据介绍，今年，拱墅区总与辖区内3家托育机构签订协议，给予工会会员托育费八五折优惠，持续3年。根据协议，区总负责0～3岁婴幼儿照护培训的组织发动工作，以及联合区卫生健康基层工会联合会为育托园提供幼儿健康咨询服务。托育机构负责提供专业师资、专业服务和专业资料等，不定期举办养育照护、家庭教育等服务活动。

职工"点单"，工会送课

除了把婴幼儿送进托育机构，更多职工选择由自己或老人照护，因此提升养护人的婴幼儿照护水平及科学育儿能力显得尤为重要。近年来，拱墅区总联合医院、心理咨询机构、托育园共同制定12节"0～3岁婴幼儿照护培训课"并制作成表格下发给各基层工会。职工"点单"，区总免费送课到企业和园区。

"老师说每个儿童都是独一无二的个体，家长的高质量陪伴很重要，这让我很受启发。"7月8日，一场婴幼儿照护培训讲座在拱墅区东新街道举行，一个半小时的课程让准二孩妈妈虞女士意犹未尽。

"这类培训很受职工欢迎，一个月要办 3 ～ 4 场。"拱墅区总相关工作人员告诉记者，12 节培训课程包括如何与婴儿说话、婴幼儿发烧如何护理等照护知识，家长和负责照护婴幼儿的老人都可以报名参加。

不断提高"教"的质量

"区总还在提升托育机构从业人员的技能水平和素养上下功夫。"陆志瑛介绍，区总下一步将与卫健、人社等部门加强合作，常态化开展岗位技能提升培训和职业道德教育，并通过技能竞赛等方式促进专业人才培养，不断提升托育机构，尤其是普惠型托育机构"教"的质量。

同时，区总加大对普惠型托育机构的资源倾斜力度，通过送培训、送教具等方式，帮助它们实现健康发展，让婴幼儿得到高质量照护。

梅梅老师怀孕前从事幼教工作，怀孕后一直在家做全职妈妈。直到孩子 18 个月送入托班以后，她才重返职场，并应聘成为潮邻份儿育托园的老师。得益于拱墅区总开展的培训课程，她学到了很多有关婴幼儿照护的职业技能。她说，有了技能的"加持"，她越干越有劲。

"工会托育"让职工告别"一心两用"

发布时间：2022-08-08　　来源：《工人日报》

"孩子有放心的去处，我们上下班能同步，工作起来也安心。"正值暑假，在福建省厦门市湖里创新园亿联网络技术公司工作的王先生刚一下班，就在园区里兴办的"天地 - 创新园托育中心"接到了 2 岁的孩子。

从公司工位到托育中心，步行不到 10 分钟。该园区已有 6 家企业与该中心签订了职工托育服务协议。从早上 8 时 30 分到晚上 6 时，园区职工可享受子女园内"入托"的工会服务。

作为厦门工会首个"产业园区共享普惠托育点"，位于湖里创新园的这个"托育中心"共设置了 3 个托班、60 个托位，为 3 岁以下的园区职工子女提供托育及早期教育服务。

在企业、产业园区内布局共享普惠托育中心，是厦门市工会服务职工、创建家庭友好型工作场所的一项探索。近日，厦门市总工会出台政策，扶持推动有条件的基层单位为职工提供福利性婴幼儿照护服务，设立 3 岁以下婴幼儿照护日托服务的普惠托育点

（中心），并予以资金支持。

据悉，托育点的创办模式分为两种：一种为单位自建自办的普惠性质托育点（中心），主要面向本单位职工子女招生，对本单位职工进行普惠性收费；一种由单位引进正规教育机构、托育机构联办，或者通过购买服务模式建立托育点（中心），并对本单位职工子女入托收费给予倾向性优惠。

采取自建自办模式的单位，可向工会申请建设补助资金。补助标准根据托育点建设规模和投入，设 5 万元、8 万元、10 万元三档。通过自建自办、联办、购买服务等方式提供托育服务的单位，每年经验收通过后，还可申请一次性运营补助资金。补助标准为招收 3 岁以下婴幼儿 5 ～ 9 人的，每班补助 1.5 万元；招收 10 ～ 18 人的，每班补助 2.5 万元。

据了解，厦门市 3 岁以下婴幼儿数约 12 万人，而全市目前提供托育服务的机构仅有 263 家，托位 12381 个，托位仍存在较大缺口。长期关注托育政策的厦门市政协委员吴启锋认为，工会此举有助于构建多层次托育服务供给体系，为职工家庭解决托育难题。

"工会版托育让职工轻松实现带着孩子上下班，让职工不必陷入工作、带娃一心两用的焦虑。"厦门市总工会相关负责人表示。

同时，今年厦门市总工会还将继续实施基层暑期托管班扶持办法，鼓励更多单位新开班，尝试多元化托管模式和机制，扩大职工受益面。5 年来，厦门市总工会共扶持推动 153 家基层单位开办暑假托管班 301 个，招收职工子女近 7000 人。

"脱"管变"托"管——江西推动全省各级工会规范开办职工子女假期爱心托管班

发布时间：2021-08-11　　来源：《中国妇女报》

家住江西省宜春市袁州区天宝路 199 号的网约车司机钟春平再也不用为自己上小学的孩子钟悦欣在暑假里的看管问题发愁了。"孩子过暑假，家里没人照顾，对于我们这样父母都要工作的家庭很是头疼。现在就不用担心了，真的很感谢工会提供的托管福利。"看着群里托管班老师发来的小悦欣演讲的视频，钟春平发自内心地说道。

钟春平所说的工会托管福利，指的是宜春市总工会开办的 2021 年新业态群体劳动者子女暑期"假日课堂"托管班。不只是作为网约车司机的钟春平，免费的"假日课堂"托管班还帮助解决了包括外卖送餐员、快递小哥、网约家政服务员等众多从事新业态家长的后顾之忧。

宜春市总工会聚焦新业态群体劳动者，为他们的子女开展暑期托管的温情之举，是江西省各级工会为职工子女提供假期爱心托管服务的一个缩影。

"假期托管，工会有爱。为缓解职工子女假期无人看管问题，帮助职工解决后顾之忧，结合党史学习教育'我为群众办实事'实践活动，今年，我们将建设100家职工子女假期爱心托管班列入了省总服务职工十件实事。"江西省总工会党组成员、副主席、女职委主任饶冬梅还介绍，为推动全省各级工会规范开办职工子女假期爱心托管班，江西省总工会早在今年5月底就下发了《江西省职工子女假期托管服务操作手册》来自江西省总工会的"顶层设计"得到了积极响应，这个暑假，全省各级工会纷纷开展各具特色的职工子女假期托管服务。

暑假伊始，该省信丰县总工会就开办了暑期爱心托管班。托管班实行"工会买单，职工子女免费托管"的方式。据悉，此次托管班在时间设置上，采取全日制托管，从早上8：30到下午17：30，与职工上下班时间保持一致。在课程设计上，主要设置暑期作业辅导、科普教育、益智游戏、素质拓展等。此外，还开展课外文艺、体育类活动以及多层次的特色教育和实践启迪，兼顾孩子们的课内学习、课外活动及兴趣爱好等。

贵溪市总工会联合该市小夫子国学馆共同开办爱心托管班，为双职工子女提供国学经典诵读、礼仪训练、思维训练、情商训练及作业辅导等教学课程。爱心托管班不仅帮助解决职工子女的假期托管难题，还注重提升职工子女在国学、思维等方面的综合素养。为了让家长安心、放心，该市总工会还与每位家长签订服务协议，并为每位孩子购买了人身意外伤害保险。

"假期爱心托管班，看似小事，但对有需要的职工家庭来说就是帮助解决了大问题，希望这样的托管班年年都能够举办。"采访中，不止一位职工发出了类似这样的感慨。这其中既有对工会组织开办爱心托管班的由衷肯定，也有常态化开办的呼声。

职工的呼声已在工会组织的考量之中。江西省总工会下发的《江西省职工子女假期托管服务操作手册》明确提出，以"积极稳妥、因地制宜、着眼长远、循序渐进"推进职工子女托管服务工作为总要求，有效解决职工子女假期无人看管照料问题，更好地满足不同职工家长的现实需求。

如今暑期已过半，但江西省各级工会提供的爱心托管服务仍在继续。此外江西省总工会今年"建设100家职工子女假期爱心托管班"的目标也已经提前实现并达到117家，受益家庭更是超过5000个。

"在全省工会系统推动建立假期爱心托管班，还有一个很重要的目的，就是响应党中央国务院做出的实施三孩生育政策及配套支持措施重大决策。"饶冬梅说，这同时也是贯彻落实全总关于帮助职工解决生育后顾之忧的工作部署，推动各级工会女职工组织做实做细现行生育政策下女职工维权服务工作的要求。

河南省总工会三部门联合推进用人单位
为职工提供普惠托育服务

发布时间：2022-10-10　　来源：《河南工人日报》

近日，省总工会、省卫生健康委员会、省教育厅联合印发《推进用人单位提供托育服务工作方案（试行）》（简称《方案》）提出，各省辖市 2022 年 10 月起开展试点，到 2023 年底有条件的市至少建立 1 家以上用人单位举办的托育机构，为本单位职工和附近居民提供托育服务。

做好托育工作对于激发"生"的意愿、解决"育"的难题、减轻"养"的负担具有重要作用。《方案》坚持以职工为中心，以满足职工群众托育服务需求为导向，以提供普惠托育服务为目标，加强政府部门、群团组织和社会力量的工作协同，充分发挥工会组织、卫生健康和教育行政部门在生育支持方面的重要作用，带动和支持用人单位为本单位职工提供托育服务，推动解决职工群众生育、养育后顾之忧。《方案》明确提出了工作目标：全省各用人单位结合行业特点，立足职工需求，挖掘现有资源或引进社会资源，单独或联合相关单位，在工作场所为职工提供全日托、半日托、计时托、临时托等多样化的普惠托育服务，实现用人单位办得起、办得好、可持续，职工送得起、负担轻、很满意的用人单位托育服务良性发展。

根据《方案》部署，各级工会组织、卫生健康部门和教育行政部门将在摸底调研的基础上，按照"分步实施、试点先行、有序推进"的原则，推动用人单位为职工提供福利性托育服务。试点可以采取以下任一形式：一是深入推进"医育结合"，在二级（含）以上公立医疗机构组织开展托育服务试点，利用自有或租赁房屋设施，新建、改扩建托育机构，满足本单位职工的托育需求，有条件的可向附近居民开放。二是在开设托育相关专业的职业（技工）院校、高等院校开展试点，根据教育部《关于印发〈职业教育专业目录（2021 年）〉的通知》，设置婴幼儿托育（中职）、婴幼儿托育服务与管理（高职专科）、婴幼儿发展与健康管理（高职本科）等专业的中等和高等职业学校，可以发挥教学优势，利用自有或租赁房屋设施，采取自办或联办、委托经营等方式，举办托育机构，作为培养托育相关专业学生的实习实训场所，同时为本单位职工提供福利性托育服务，并向附近居民开放。三是在机关、事业单位和国有及国有控股企业开展试点，用人单位利用工作场所或租赁房屋，按托育机构设置标准进行改造，单独或联合相关单位或驻地街道、社区新建或改扩建托育机构，为本单位职工提供福利性托育服务。四是在工业园区开展试点，由园区举办托育机构，可以通过市场化方式，采取公建民营、民办公助等多种方式，为园区职工提供福利性托育服务。

为抓紧抓好普惠托育服务体系建设工作，各级工会组织、卫生健康部门和教育行政部门将积极配合，加强研究、密切协作、强化监管，在已备案的市级示范托育机构中有重点、有计划地培育一批具有示范效应的普惠托育机构，充分发挥示范性托育机构的典型引领、带动辐射作用，积极培育更多富有特色、具有创新意义的基层经验和托育模式，努力营造全社会重视、支持用人单位托育服务的良好氛围，推动用人单位托育服务工作取得实效。

河南推进用人单位提供托育服务

发布时间：2022-10-18　　来源：《医药卫生报》

做好托育工作，对于激发"生"的意愿、解决"育"的难题、减轻"养"的负担具有重要作用。近日，河南省总工会、河南省卫生健康委、河南省教育厅联合印发《推进用人单位提供托育服务工作方案（试行）》（简称《方案》）提出，全省各用人单位结合行业特点，立足职工需求，为本单位职工和附近居民提供托育服务。

《方案》明确提出，全省各用人单位挖掘现有资源或引进社会资源，单独或联合相关单位，在工作场所为职工提供全日托、半日托、计时托、临时托等多样化的普惠托育服务，实现用人单位办得起、办得好、可持续，职工送得起、负担轻、很满意的用人单位托育服务良性发展。

根据方案部署，各级工会组织、卫生健康部门和教育行政部门将在摸底调研的基础上，按照"分步实施、试点先行、有序推进"的原则，推动有条件的用人单位为职工提供福利性托育服务。

《方案》要求，各省辖市 2022 年 10 月起开展试点，到 2023 年年底有条件的市至少建立 1 家以上用人单位举办的托育机构，为本单位职工和附近居民提供托育服务。

试点可以采用以下任一形式：深入推进"医育结合"，在二级（含）以上公立医疗机构组织开展托育服务试点，利用自有或租赁房屋设施，新建、改扩建托育机构，满足本单位职工的托育需求，有条件的可向附近居民开放；在开设托育相关专业的职业（技工）院校、高等院校开展试点，根据教育部《关于印发〈职业教育专业目录（2021 年）〉的通知》，设置婴幼儿托育（中职）、婴幼儿托育服务与管理（高职专科）、婴幼儿发展与健康管理（高职本科）等专业的中等和高等职业学校，可以发挥教学优势，利用自有或租赁房屋设施，采取自办或联办、委托经营等方式，举办托育机构，作为培养托育相关专业学生的实习实训场所，同时为本单位职工提供福利性托育服务，并向附近居民开放；在机关、事业单位和国有及国有控股企业开展试点，用人单位利用工作场所或租赁房屋，按托育机构设置标准进行改造，单独或联合相关单位或驻地街道、社区新建或改扩建托育机构，为本单位职工提供福利性托育服务；在工业园区开展试点，由园区举办托育机构，可以通过市场化方式，采取公建民营、民办公助等多种方式，为园区职工提供福利性托育服务。

砀山县总工会：率先设立"托育室"，解决职工"带娃难"

发布时间：2022-10-21　　来源：中安在线

"小手拍拍，小手拍拍。"日前，在砀山县总工会的"阳光家园"——托育室，透过窗户传来了孩子稚嫩的声音。原来这是萌山县总工会的托育老师正带着孩子们一起上亲子课。

为推进工会普惠服务工作，解决职工带娃难题，砀山县总工会在全市工会系统率先推进"阳光家园"——托育室建设。县总工会利用自有场地，通过购买第三方服务方式，为本单位职工开办托育室，并辐射周边单位职工。请专业人员对托育室进行布置，精心装修，安装直饮净水机、幼儿专用洗手台等，铺设 PVC 防滑垫，制作宣传墙，采购大量玩具教具。托育室整体环境整洁大方、明亮欢快，丰富的玩具教具供孩子们自由使用，为职工子女提供了一个干净、舒适、安全、可信赖的托育环境。

"托育室建在单位里，离办公室只有几十米距离，把孩子送到托育室我们放心，孩子有专业托育老师看管，有丰富的玩教具，和其他孩子们一起玩耍，非常开心，让我们职工安心工作，提高工作效率，工会组织为职工办了一件大好事！"一名职工开心地说。

砀山县总工会设立托育室，既解决了职工家庭的后顾之忧，也让职工更加专注地投身于工作之中，大大提升了职工的幸福感和归属感。下一步，该县总工会将在实践中逐步探索托育服务经验，不断提升托育服务工作的专业化、标准化、规范化水平。

河南鼓励用人单位提供托育服务

发布时间：2022-10-26　　来源：《健康报》

近日，河南省总工会、河南省卫生健康委、河南省教育厅联合印发《推进用人单位提供托育服务工作方案（试行）》（简称《方案》）。《方案》提出，各用人单位要结合行业特点，立足职工需求，为本单位职工和附近居民提供托育服务。

《方案》提出，各用人单位要挖掘现有资源或引进社会资源，单独或联合相关单位，在工作场所为职工提供全日托、半日托、计时托、临时托等多样化的普惠托育服务，实现用人单位"办得起、办得好、可持续"，职工"送得起、负担轻、满意"的用人单位托育服务良性发展。

各省辖市从 2022 年 10 月起开展试点，到 2023 年年底，有条件的地市要建立 1 家以上用人单位举办的托育机构，为本单位职工和附近居民提供托育服务。各级工会组织、卫生健康部门和教育行政部门将在摸底调研的基础上，推动有条件的用人单位为职工提供福利性托育服务。